JN303310

チェック・トランケーション研究

「決済の経営学」による考察

河野 憲嗣
Kenji Kono

学文社

チェック・トランケーション研究
―「決済の経営学」による考察―

まえがき

　チェック・トランケーションは銀行の決済システムの分野で使われる用語である。しかしチェック・トランケーションと聞いて具体的に説明できる人は銀行員でもまずいない。そもそも決済システム自体，経済社会で果たす重責に比してその存在や機能が一般に十分理解されているとはいいがたい。認識していない事象の良し悪しを判断できないという意味で，わが国の決済システムは潜在的に大きなリスクを抱えている。こうした現状認識に基づいて，第Ⅰ章では，決済システム全般の課題を視野に入れつつ，チェック・トランケーションを主題とした問題意識を整理するとともに副題でも示した「決済の経営学」という分析のフレームワークを提示した。第Ⅱ章では，チェック・トランケーションの定義や仕組みを述べている。第Ⅲ章では，先行研究を振り返りチェック・トランケーションや決済システムにまつわる多義的な言説を検証した。

　チェック・トランケーションとは，手形交換に関する一連の業務を抜本的に合理化するプロジェクトである。わが国では2001年4月，全国銀行協会に検討部会が設置されて，そこで導入の具体的な検討がはじめられた。しかし翌年12月には検討そのものを凍結する機関決定がなされている。かたや欧米諸国やアジアの主要国では，曲折はあれ，チェック・トランケーションの導入が進んでいった。こうした事情について，第Ⅳ章では，日本におけるチェック・トランケーション導入検討の経緯として述べた。第Ⅴ章では，アメリカなど主要7ヵ国の導入状況を概括している。

　わが国でチェック・トランケーションを公式に検討する場がなくなって久しい。諸外国での取組みに比してわが国の状況は乖離する一方である。この事態にどう対処できるのか。途方にくれながら自分なりに試行錯誤して分析した内容を第Ⅵ章以降にまとめた。先行研究を振り返ったとき，決済という業務は単なる機能としてのみ認知されており，決済業務を担う主体の存在を明確に認識

した研究はほとんどみられなかった。しかしチェック・トランケーションという新しい決済システムの立ち上げを議論するには，その運営を担う一個の独立した事業主体を意識せざるを得ない。そこで第Ⅵ章では，わが国におけるチェック・トランケーション導入の事例を経営戦略論の観点から分析してみた。ポーターの five-forces framework を用い，決済システムの属する世界をひとつの業界ととらえている。支払手段の電子化が進むなか，チェック・トランケーションが減少傾向にある紙ベースの手形・小切手を扱っていることから，第Ⅶ章では同じくポーターの衰退産業分析を援用することで，手形交換業務を運営する事業主体がとりうる戦略について検証した。

決済システムは利用者同士が資金をやり取りする仕組みであり，いわゆるネットワーク外部性が働くことは容易に想像できる。本書ではネットワーク外部性という範囲にとどまらず，決済システムのもつプラットフォーム外部性に着目した。第Ⅷ章では産業組織論の視点からプラットフォーム財の概念を用いて，決済業務を担う独立した事業主体の存在が当該分野のイノベーション促進に有効であることをあらためて確認した。

一個の事業主体がチェック・トランケーションを運営するとしたとき，この機能を普及させるマーケティングも考察すべき対象だと考えた。第Ⅸ章ではレビットにならい，チェック・トランケーションの本質的機能を突き詰めて検証した。この作業を通じて「銀行事務の抜本的合理化プロジェクト」という呪縛をはなれ「紙と電子化技術が共生する場」という新たな立ち位置が確認できた。そこから発想されるベンチャービジネスとしてのチェック・トランケーションの可能性も展望している。

本書では，学問的信条の桎梏から解き放たれたフィールドとしての経営学を選択し，チェック・トランケーション導入を巡る経緯を説明する方法論を模索した。方法論的制約から離れて対象規定的なアプローチを採用したことにより，執筆と並行して新たな着想をいくつか得た。第Ⅹ章では今後の課題としてこれらを取り上げている。すなわち，経営人類学の手法による全国銀行協会の研究

であったり，還流装置としての決済システムが，基軸通貨の代替機能として次世代の金融業を担う可能性について比較文明論をベースとして論じることである。

　本書の出発点には，チェック・トランケーションにおける未必の故意ともいえる本邦銀行業界の対応への危機感がある。導入はもとより検討することさえ放棄された真の原因は何か。海外諸国の潮流やネットワーク外部性の脅威に背を向けて，何故わが国の決済制度はガラパゴス化を目指すのか。こうしている間にもイギリスではチェック・トランケーション導入にむけて検討再開の機運が高まり，フィリピンでも数年内に実現しそうだとの動向が聞こえてくる。筆者自身，納得のいく答えを未だ見いだせていない。公の検討が凍結されるなか，只々個人としてチェック・トランケーションの本質を追求する作業に専心してきた。結果，チェック・トランケーションが，銀行業という枠にとどまらず，紙の特性を活かした幅広い分野で付加価値を創りだす可能性をもつソリューションであると確信するに至った。

　これまで各国固有の進化を遂げてきた決済制度だが，今後，国際的な見地からその位置づけや機能をとらえ直す作業は不可避となろう。本書の刊行によって，グローバル化する経済への適応や先進技術の積極的な活用を展望した全般的な決済制度の見直しがわが国で始まり，チェック・トランケーションの議論が活性化することに一石を投じられれば望外の喜びである。

　本書は 2013（平成 25）年度 1 月に授与された京都大学博士（経済学）の博士学位論文を基に構成している。刊行にあたっては科学研究費助成事業―科研費―研究成果公開促進費（種目：学術図書）による助成を受けている。博士論文作成にあたり，その一部に公益財団法人全国銀行学術研究振興財団による 2007（平成 19）年度の研究助成を受けている［共同研究，代表：吉田和男教授（申込時所属：京都大学），研究テーマ「決済システムの数理経済学的分析―諸外国における手形交換業務電子化の導入状況と課題をベースとして―」］。

2013 年 10 月 15 日　　　　　　　　　　　　　　　　　　　河野　憲嗣

目　次

I　はじめに …………………………………………………………………… 1
　1　問題意識　1
　2　本論文のアプローチ　4

II　チェック・トランケーションについて ……………………………… 7
　1　定　義　7
　2　スキーム　8
　　（1）電子手形交換所の新設　9／（2）受入銀行の処理　10／（3）電子手形交換所の処理　11／（4）支払銀行の処理　11／（5）共同保管センター　12
　3　導入効果　12
　　（1）銀行のメリット　12／（2）銀行利用者のメリット　14

III　先行研究 ……………………………………………………………… 18
　1　決済システムが内包する課題　18
　　（1）銀行の背後に隠れた存在　18／（2）運営主体の不在　19／（3）実務優先の職場環境　20／（4）学際的な特性　20
　2　チェック・トランケーションを巡るわが国の議論　21
　　（1）検討前夜(1999年以前)　21／（2）本格的検討期(1999〜2002年)　23／（3）凍結期(2003年〜現在)　29
　3　決済システムをめぐる言説　34
　　（1）構成要素でとらえた決済システム　35／（2）機能／プロセスの集合体としての決済システム　37／（3）決済制度との対比でみる決済システム　38／（4）決済方法の類型化によるアプローチ　39／（5）運営主体からみた決済システム　41／（6）存在論から認識論へ　42

目　次

Ⅳ　わが国の取組状況（事例研究１） ……………………………………… 45
　　1　本格的検討のきっかけ　45
　　2　導入推進期の検討状況　46
　　　　（1）海外視察(2001年5月7日〜20日)　46／（2）第1回検討部会（6月12日）　46／（3）第2回検討部会（6月26日）　47／（4）第3回検討部会（7月17日）　47／（5）第4回検討部会（7月24日）　49／（6）第5回検討部会（9月13日）　51／（7）第6回検討部会（9月25日）　51／（8）第7回検討部会(10月9日)　53／（9）第8回検討部会(10月23日)　54／（10）第9回検討部会(11月6日)　58／（11）第10回検討部会(11月20日)　59／（12）第11回検討部会(12月18日)　62／（13）第12〜14回検討部会　65／（14）全国銀行協会理事会(02年3月19日)　66
　　3　検討凍結への道　66
　　　　（1）全国銀行協会理事会(2002年12月24日)その1「検討結果」　66／（2）全国銀行協会理事会(2002年12月24日)その2「導入に関する問題点等」　77／（3）導入凍結を巡る真の問題点　81

Ⅴ　諸外国の取組状況（事例研究２） ……………………………………… 84
　　1　アメリカ　87
　　　　（1）本格的導入までの経緯　87／（2）Check 21法　88／（3）米銀の取組状況　89／（4）導入メリット　92／（5）普及への課題　93
　　2　中　　国　95
　　　　（1）小口決済を巡る経緯と小切手の現状　95／（2）中国のチェック・トランケーション　96／（3）小口決済改善の動き　97
　　3　インド　98
　　4　フランス　99
　　5　ドイツ　102
　　6　シンガポール　104
　　7　韓　　国　105
　　8　諸外国の動向に留意すべき理由　107

VI 決済システムの業界構造分析 … 111

1 分析のための準備　111

2 顧客(購入者)分析　113

(1)顧客数　114／(2)サービスの差別化　116／(3)サービスの価格が顧客の最終コストに占める割合　117／(4)顧客の経済的利益　117／(5)後方垂直統合の可能性　118

3 供給者分析　119

(1)少数による供給者の業界支配　119／(2)サービスの独自性,差別化　123／(3)代替の脅威　125／(4)前方垂直統合の可能性　127／(5)供給者に対する自社の位置づけ　130

4 代替品分析　130

(1)フロート　132／(2)地理的特性　132／(3)管理工数　132／(4)適正な金額範囲　133／(5)手形・小切手の将来性　134

5 競合分析　138

(1)競合企業の存在　139／(2)競合企業の規模と市場への影響力　141／(3)業界の市場成長率　147／(4)サービスの差別化　148／(5)生産(処理)能力の増強単位　149／(6)採算の検証　150

6 新規参入　159

(1)規模の経済　162／(2)サービスの差別化　163／(3)規模に無関係なコスト優位性　164／(4)意図的抑止　165／(5)政府による参入規制　166

VII 衰退業界における戦略と戦略的撤退 … 175

1 わが国における手形・小切手の取扱状況　175

2 衰退業界としての手形交換業務の評価　176

(1)需要状態　178／(2)撤退障壁　179／(3)競合状態の決定要因　179／(4)方向性　180

Ⅷ　プラットフォームとしてのチェック・トランケーション……184
　　1　ネットワーク外部性に基づく考察　184
　　2　業界標準の視点からみた普及可能性　185
　　　（1）業界標準の諸類型　185／（2）事前提携先の例示と検証　187
　　3　プラットフォーム財としてのチェック・トランケーション　190

Ⅸ　ベンチャービジネスとしての可能性………………………194
　　1　考察の起点　194
　　　（1）顧客志向による成長可能性　195／（2）本質的な機能　195／（3）紙という価値　196
　　2　新規事業化に向けた戦略の可能性　198
　　　（1）銀行本体の事務合理化への提案　198／（2）交換所単位での導入　201／（3）地域振興および観光活性化の起爆剤　203／（4）支払手段としての小切手の活用促進　207／（5）他の紙片への機能転用　210
　　3　経済政策としての決済システム　212
　　　（1）金融特区の活用／企業間信用振興　213／（2）第二全銀システムの創設　215／（3）決済コンソーシアムの設置　217
　　4　戦術の重み　218

Ⅹ　まとめと今後の課題………………………………………221
　　参考文献　232
　　おわりに　238

索　引…………………………………………………………243

I はじめに[1]

1 問題意識

　チェック・トランケーション(check truncation)とは，電子化技術や情報通信技術を用いて銀行間の手形・小切手(check)の交換業務を抜本的に合理化するプロセスを示す用語である。電子的な小切手支払呈示を指す用語としては他にECP(Electronic Check Presentation)という語句が使われるケースがある。チェック・トランケーションとECPはともに手形交換業務を電子化する仕組みを示す用語ではあるが，同義ではない。青木[2000]によると，2000年当時，アメリカのSVPCo[2]で扱われていたECPサービスはMICR[3]の電子データを送信して支払銀行での口座引落しを先に行い，その後電子データの流れを追う形で紙ベースの小切手を飛行機などで搬送する仕組みであった。チェック・トランケーションは，決済用データだけでなく券面イメージまで電子データ化して送受信することによって，小切手紙片の物流そのものをなくす取り組みである。小切手の支払呈示を電子化技術で支援する点では似ているが，紙現物の取扱いの点で，チェック・トランケーションとECPは大きく異なっている。

　2010年12月末現在，わが国には243ヵ所[4]の手形交換所がある(図I-1)。手形交換所は，手形・小切手など交換証券とよばれる紙片の物流を銀行間で効率的に処理する役割を果たしている。チェック・トランケーションが導入されると，銀行間で行われている紙片の物流が省略(truncate)される。紙片が電子化されることによって，物流以外にも物理的な仕訳や整理保管，期日管理といった多くの人手を要する事務を効率化する手法が工夫できる。また既存の手形

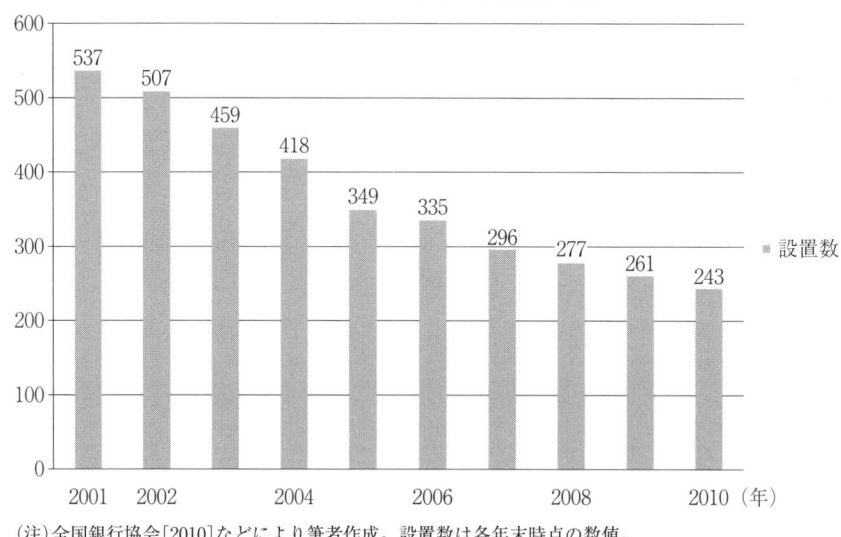

図 I-1　わが国の手形交換所数の推移

年	設置数
2001	537
2002	507
2003	459
2004	418
2005	349
2006	335
2007	296
2008	277
2009	261
2010	243

（注）全国銀行協会[2010]などにより筆者作成。設置数は各年末時点の数値。

交換所は理論上，全国でひとつに集約することが可能となる。こうした合理化効果に加えて物流に伴うさまざまなリスク削減効果も見込まれることから，諸外国ではチェック・トランケーション導入への取組みが盛んである。

　わが国における手形交換所の歴史は1879年に大阪ではじまった。手形交換所の設立時期は世界各国と比べても遅くない[5]。しかし手形交換所を紙片の物流から電子化に移行するチェック・トランケーションの試みに関してみると，わが国は大きく劣後している。銀行業界における導入検討といった実務面においても，研究対象としてとらえた学術面においても，チェック・トランケーションを対象としたわが国における成果の蓄積は極めて限られている。欧米やアジアの主要各国の多くはすでにチェック・トランケーションの導入，稼動をすすめている。決済システムが経済活動に果たすインフラストラクチャとしての重要性を斟酌したとき，わが国のチェック・トランケーションに対する取組み姿勢は世界の潮流からみて異例である。しかも経済活動の血流ともいうべきマ

ネーの還流を担う決済システムがこうした状況にあることを，わが国の多くの人がほとんど認識していない。

　わが国におけるチェック・トランケーションへの関心の低さは，決済実務の現場で検討の気配さえみえない銀行業界の現状に起因する。実務的には2001年から2002年にかけて全国銀行協会でチェック・トランケーション導入に向けた本格的な検討が行われた。しかしその検討は開始から1年余り経過した2002年末に検討は凍結されて現在に至っている。外部環境の変化などのせいで大規模プロジェクトが凍結されるケース自体は珍しいことではない。しかしプロジェクトの外部環境に著しい変化が認められず，客観的・科学的な根拠も明らかにされないなかで，導入計画はもとより継続的な検討すら凍結する判断がなされるケースは珍しい。国民経済のインフラとしての重要性を顧みたとき，新しい決済システム構築というプロジェクトに対するわが国の検討体制，検討過程でみられる個々の判断基準，また理論的根拠の脆弱さなどについて危惧を抱かざるを得ない。

　導入検討に携わった当事者として，チェック・トランケーション導入を巡るわが国の実状に対する強い危機感は今も変わらない。ただし当初の危機感は次第に具体的な問いへと変わっていった。なぜチェック・トランケーションがわが国で導入できなかったのか。導入の検討すら放棄されてしまった原因は何なのか。チェック・トランケーション自体に何か問題があるのか。それとも外的環境に問題があるのか。そもそもチェック・トランケーションの本質とは何なのか。重要な経済インフラであるにもかかわらず，こうした事実が世間から見過ごされている決済システムとはどのような存在なのか。いくつもの問いが浮かぶなかで，問題意識はこうした問いの答えを探すことへと移行した。チェック・トランケーションのことを考えて自分のなかで繰り返してきた思考実験を体系的に整理する作業である本書が自分なりの答えのひとつである。この作業がわが国の決済システムの領域で起きた事実を風化させない記録となることにも一定の意義があると考えている。

とはいえ，チェック・トランケーションに対する考察の成果は机上だけでは測れない。決済システムとは現実の機能であり，実際に稼動するなかではじめて真の評価が下されるべき存在である。そこで本書では，チェック・トランケーション導入を新規のビジネスプランととらえ，わが国における周辺状況を考慮した現実的な事業としての可能性についても考察する。チェック・トランケーションは本当に事業として継続可能な決済システムなのか，電子手形交換所の運営主体はベンチャービジネスとしてどのような展開可能性をもつのかといった視点からも検証を試みる。

2 本書のアプローチ

決済機能を対象とした理論的分析として貨幣論と産業組織論の接点にある分野ととらえた学術研究がある。決済の経済学(The Economics of Payments)ともよばれるこの領域での議論では，送金人と受取人の間で生じる代り金の不可避なズレから生じる流動性の過不足に介入する中央銀行の役割や影響が分析できるとされている。しかし決済の経済学は決済システムがすでに構築された状態を前提としている。決済機能を有する仕組みそのものをひとつの運営主体と認識して，その性能や効率的な運営をダイナミックに分析する視点はない。

わが国におけるチェック・トランケーション導入の検討経緯を検証するためには，決済の経営学(The Business Administration of Payments)とでもいうべきアプローチの必要性を痛感する。ここで決済の経営学とは，決済システムの運営を一種の企業経営と認識することによって，社会科学としての経営学の特徴である対象規定的な理論領域として論じることに他ならない。換言すれば，実務と学術の狭間にあって学際的な性質をもつ決済システムを「学問的信条の桎梏から解きはなたれた研究のフィールド」ととらえ，方法論的制約から離れて議論するアプローチをとる(日置[1987])。

本書では，まずチェック・トランケーションの定義や仕組み，および導入の

意義について説明する。次にわが国におけるチェック・トランケーションを対象とした先行研究を概説する。先行研究のレビューではチェック・トランケーションが属する決済システムという領域に焦点をあてて，決済システムをめぐる言説を通じて決済システムに対する認識の仕方を整理する。チェック・トランケーションと周辺領域をモデル化して分析するための起点として，箕輪[1994]による「仲介者の仲介者」という考え方に着目する。

わが国でチェック・トランケーション導入の検討が凍結された経緯を理解するために，2001年度から2002年度にかけて全国銀行協会の検討部会で行われた導入に関する議論の様子を時系列でたどる。また諸外国のチェック・トランケーションへの取組み事例を紹介することで，わが国の置かれている状況を国際的な視野をもって客観的に理解する。

チェック・トランケーションが属する決済システムの領域は階層化やネットワーク化が進んでいる。前提のないままに一定の認識を共有することはむずかしい。本書では手形交換所やSWIFTなどいくつかの銀行間の共同システムが存立している世界をひとつの業界，例えば決済ネットワーク業界と規定して議論を進める。そしてチェック・トランケーションを実現する具体的な組織である電子手形交換所設立を決済ネットワーク業界に属するひとつの事業体と考える。ビジネスプランとしてのチェック・トランケーションの可能性を探るために決済ネットワーク業界を対象とした業界構造分析を行う。業界構造分析はPorter[1980]のfive-forces frameworkに依拠するが，5つの競争要因の具体的な指標としてはBarney[2002]の整理による記述に依拠して考察をすすめる。

チェック・トランケーションを取り巻く外部環境として手形・小切手の交換高の逓減傾向は無視できない。そこで決済ネットワーク業界における手形交換所を衰退業種としてとらえ，チェック・トランケーションを新規に事業化することの魅力についてPorter[1980]，Porter[1998]で整理された衰退産業における戦略の枠組みを用いて検証する。

決済機能のネットワーク外部性については，依田[2001]を通じて需要サイド

の規模の経済性やFarrel & Salonerの過剰慣性，Katz & Shapiroの既得基盤，業界標準の類型化を援用して論じる。出口[2005]によるプラットフォーム財に関する議論を整理しながら決済ネットワーク産業を説明することで，チェック・トランケーションが抱える問題の所在を明らかにする。

　チェック・トランケーション導入をわが国で実現するための提言として，ベンチャービジネスとしての可能性を考察する。成長分野とはいえない業種への新規参入を成功させるために，Levittが問題提起したマーケティング・マイオピアにおける顧客志向の概念を先行して戦略に取り込む方法を採用した。具体的には，チェック・トランケーションの機能を「手形交換業務の合理化」に限定せず，「紙片の券面イメージを電子データ化する」，あるいは「紙片と電子データの共生による新サービス」といった一般化を図る試みである。電子化することが先進的とされる現代において「紙」が残ることを前提とした仕組みである点に本質的な価値を見いだす。顧客志向に適合するさまざまな事業アイデアを提示して，その実現可能性を考察する。本来の事業領域である手形交換業務の合理化を実現する方向性についても，ターゲットとなる銀行や市場領域の選択に関する具体的なプランを提示して考察する。

　最後に，まとめと本書に残された課題および今後の研究の方向性について述べる。

II チェック・トランケーションについて

1 定義

　チェック・トランケーションについてわが国で明確な定義はない。一般的には「受入銀行に手形や小切手を留め置いたまま，電子化などの技術によって電子データを支払銀行へ伝送し，紙現物の呈示を行わずに手形交換業務などを行うプロセス」と説明できる[6]。チェック・トランケーションとは直訳すれば小切手の省略という意味である。省略といっても，紙ベースの手形や小切手を省略するのは銀行間での物理的な搬送や支払呈示といった手形交換の領域のみである。一般に人々が使用する場面で紙片の手形・小切手がなくなるわけではない[7]。紙ベースの手形や小切手に関する情報を券面イメージまで含めて電子データ化することにより，銀行間の物流だけでなく個別銀行内の業務プロセスまで省略の対象となる。具体的には紙片の手形・小切手の仕訳，持ち出しや持ち帰り，マイクロ撮影，期日管理，保管などの工程である。
　わが国では小切手だけでなく約束手形や為替手形なども一般的な支払手段として定着している。また小切手は江戸時代の大阪では振出手形とよばれていた。すなわち手形という言葉が小切手を包含する意味を有していた。そのためわが国では銀行間で手形・小切手を搬送，授受する処理プロセスを総称して手形交換とよんでいる。他方，諸外国では総じて手形ではなく小切手(check)の使用が一般的である。そのため国際的にはこの業務処理を合理化するプロセスをチェック・トランケーションとよんでいる。わが国で省略対象とされるプロセスを「手形交換」とよぶ慣習からすると多少の違和感はあるが，本書でも国際的な

通例にならう。したがってチェック・トランケーションという言葉を用いているが，処理対象とされる交換証券は小切手だけでなく手形も含んでいる。さらにいえば，わが国の交換証券には手形・小切手のほかにも公金，債券，配当金，年金に関する領収書や交換請求依頼書なども含まれている。これらは手形や小切手と寸法や規格が異なり，多くの種類が少量ずつ交換されている。これらの交換証券の取扱いはチェック・トランケーション導入の成否に影響を与える一因ともいわれる。

2 スキーム

　川邉[2002]で公表されているモデルプラン（試案）に基づいてチェック・トランケーションの仕組みを説明する。基本的枠組みの概要は図Ⅱ-1のとおりである。

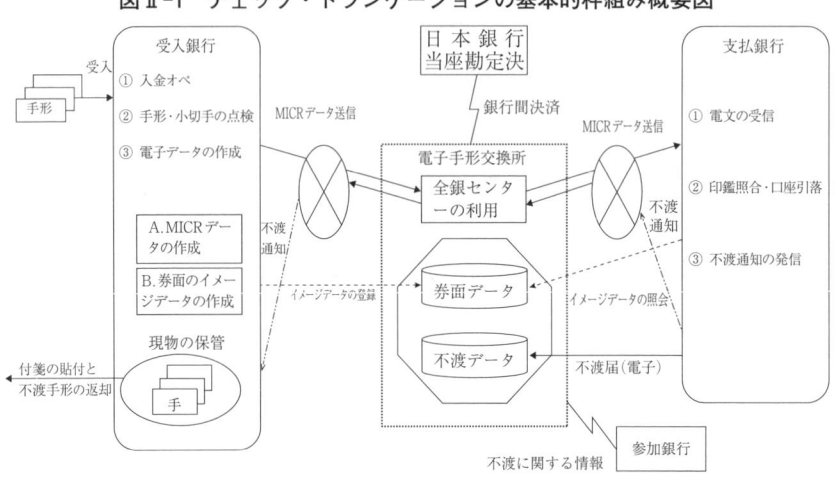

図Ⅱ-1　チェック・トランケーションの基本的枠組み概要図

出所）川邉光信[2002]，5ページ

(1) 電子手形交換所の新設

　交換証券を電子化したデータを用いて手形交換業務を行うために中心的な機能を果たす電子手形交換所を全国にひとつ、既存の手形交換所とは別に設置する方法が呈示されている。交換証券が電子データ化されているため地理的制約を受けないことから、電子手形交換所は全国にひとつ設置されればチェック・トランケーションを実現できる。この点、既存の手形交換所が紙片の交換証券を前提とする仕組みであるため、全国各地に立会拠点を物理的に設置しなければならない状況とは対照的である。

　運営主体をみると、例えばわが国で流通する交換枚数の1/3を取り扱う東京手形交換所は全国銀行協会の一組織である東京銀行協会が運営している。電子手形交換所も検討の流れから全国銀行協会が実質的な主体となる運営形態を想定している。公表時点において運営の中心として全国銀行協会、東京銀行協会を定めることは次の点で合理的な選択とみられる。第1に、全国銀行協会には手形交換業務に関するノウハウや各地手形交換所の事情など関連する情報が集約、蓄積されている。手形交換業務は銀行が行うオペレーションであるが、銀行の間に立って手形・小切手の仲介を行う機能は各銀行から切り離され、東京手形交換所の固有機能として保持されている。第2に全国銀行協会が銀行横断的なプロジェクトの意思決定や推進を担うために機能している組織である。全国銀行協会は国内で活動する銀行や銀行協会を会員とする組織であり、金融業界共通の業務インフラである手形交換制度の企画・運営を担うことは組織の役割課題として銘記されている。

　しかし、電子手形交換所の設置主体はかならずしも全国銀行協会、東京銀行協会である必要はない。例えば、全国地方銀行協会といった他の銀行業界団体が主体となる選択肢もあるし、歴史的経緯をみれば日本銀行を中心とした交換所の組織化も実績がある。またアメリカにみられるように、一部の銀行がシステムベンダーと協働して交換機能を具現化して参加銀行を募るといった進め方も考えられる。

運営ルールは，参加銀行間の協定と導入にあたり作成されるであろう「電子手形交換所規則」がベースとなる。わが国の手形・小切手法は大陸法の流れを汲んでおり，ジュネーブ条約に基づいて制定されているため，チェック・トランケーションの法的有効性を確保するためにわが国単独で法改正することはむずかしい。そこで，わが国と同様の法的制約をもち，1985年に「データ化された小切手取立方式」の取扱いをはじめた西ドイツの事例を踏襲して銀行間協定を結ぶことが妥当とされている。実際の業務処理手順は，既存の手形交換所と同様に規則を定めて運用することになる。

(2) 受入銀行の処理

　受入銀行ではまず手形・小切手の点検を行う。手形・小切手は受入銀行で電子データ化されて後続の処理工程に流されるため，紙現物の点検を行えるのは受入銀行だけとなる。この点検は詐欺や不正利用など犯罪防止の観点から重要な工程となる。次に手形・小切手を電子データに置き換える作業を行う。電子データには2種類ある。ひとつは決済用データで，全銀システム経由で送受信

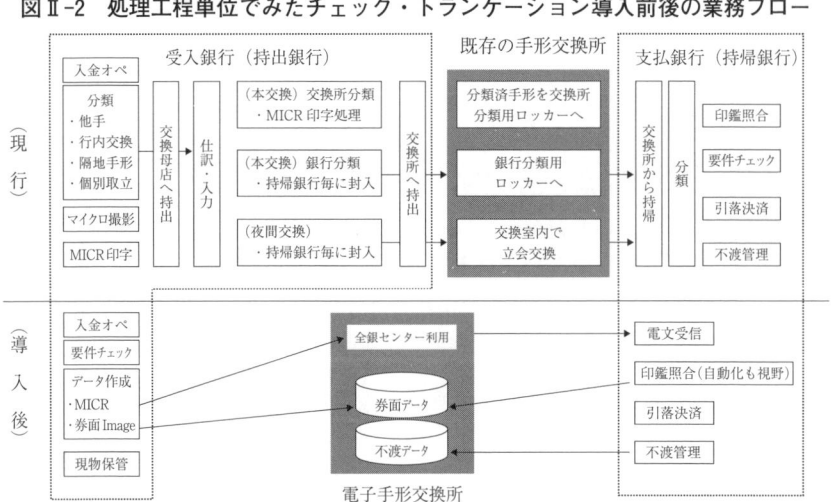

図Ⅱ-2　処理工程単位でみたチェック・トランケーション導入前後の業務フロー

される。もうひとつは券面イメージデータで，データ量が大きいことを想定してデータ送信のほかに媒体で電子手形交換所へ登録する方法も考慮される。これらの処理を終えた手形・小切手は，手形交換所に持ち出すことなく保管される手続きを想定している。現行の業務フローとチェック・トランケーション導入後の流れを処理工程単位で対比したものが図Ⅱ-2である。

(3) 電子手形交換所の処理

電子手形交換所の機能・役割として当初想定されるのは次の項目である。

・決済データの交換／決済／期日管理
・交換尻決済電文作成／送信
・券面イメージデータの期日管理
・金融機関情報の蓄積／管理
・不渡データの交換／決済
・不渡情報の呈示／管理／照会対応

電子手形交換所はアーカイブセンターとして「決済用データ」「券面イメージデータ」「不渡りデータ」の3つのデータを取り扱う。「決済用データ」「券面イメージデータ」は受入銀行から，「不渡りデータ」は支払銀行から伝送される。決済用データはMICRデータに基づいて作成され，電子手形交換所において手形交換尻を算出して日銀当座勘定決済を行う。券面イメージデータはアーカイブして支払銀行による印鑑照合や券面情報の確認など必要な照会に備えておく。不渡りデータとして支払銀行から受けた不渡り情報の電子データで受けてアーカイブする。電子手形交換所を経由して支払銀行に送信するとともに，交換尻の算出や券面イメージデータの保管・管理機能を備える。

(4) 支払銀行の処理

受入銀行から電子手形交換所経由で送信された決済用データに基づき，口座引落処理を行う。必要に応じて電子手形交換所に対し，券面イメージデータを照会して印鑑照合など確認作業を行う。不渡りの場合には，不渡り通知等を行う。

(5)共同保管センター

　モデルプランでは言及されていないが，受入銀行が保管する紙現物の交換証券を保管するセンターを参加銀行が共同で設置する案も検討されていた。紙片の保管を共同化することでスペースや管理作業の効率化を図る狙いがある。

　チェック・トランケーションを導入したスキームでは，電子データ化した後の紙片は通常使われない。基本的には受入銀行で電子データ化した後，保管されるだけである。ただし事故や異例対応で実物の確認が必要となった際には支払銀行や捜査当局の要請に応じて検索，送付する対応が求められる。また法定の保存期限を考慮した廃棄作業なども順次必要となる。こうしたルーチンは受入銀行で共通する作業であり，標準化が容易である。また人件費や賃料など単価の安い地域に保管場所を集約することで，こうした後工程にかかるコストを削減する効果が見込まれる。ただし2001年度全国銀行協会の検討時には電子手形交換所の議論に特化するため，共同保管センターのプラン提示は割愛された。

3　導入効果

　河野[2001]や川邉[2002]をもとにチェック・トランケーション導入によるメリットや効果をまとめると次のとおりである。

(1)銀行のメリット

① 事務負担の軽減

　手形・小切手は有価証券である。紙片の状態では仕訳，搬送，保存といった管理において紛失や盗難などに対して一般的な書類以上に負担を伴う。銀行に持ち込まれた手形・小切手が紙片のまま搬送されたり支払期日までの日数を要するなど，紙片として存在する範囲や期間が拡大するほど銀行の負担は増大する。チェック・トランケーションを導入することにより手形・小切手を受け入れた銀行は，その場で紙ベースの手形・小切手を電子データに置き換える。後

続の処理工程において紙片に代えて電子データを利用することができれば，受け入れ以降に生じる事務負担の大幅な軽減が見込まれる。

② 天災・テロ・事故発生時の業務継続性強化

　紙ベースの手形・小切手を交通手段によって搬送する現行の仕組みは，台風，大雨，雪害，地震といった自然災害の影響を受けやすい。交通事故や強盗など事故や犯罪に巻き込まれる事態も避けられない。また2001年9月11日に起きた同時多発テロは，飛行機による物流に依存していたアメリカの小切手交換業務に大きな影響を与え，小切手の紛失や搬送遅延に伴うシステミック・リスクを顕在化させた(Dener[2006])。現在，わが国では手形交換業務の継続性を確保する対策として災害時の緊急措置の規定を設けるなどの対応がとられている。チェック・トランケーション導入により銀行間の業務工程を電子データで処理することで，事故や災害が発生しても資金化の流れを止めることなく円滑な経済活動を下支えするインフラストラクチャの安定的な運営が強化される。

③ 決済リスク管理強化

　現在の手形交換制度では，参加金融機関が破綻して決済尻が不払いとなった場合のリスク管理策として繰戻し制度が設けられている。繰戻しとは，破綻した金融機関が持ち出し，持ち帰った手形・小切手の枚数・金額をなかったものとして交換決済尻を再計算することである。破綻金融機関の勘定を健全な金融機関から切り離し，対応する必要な流動性を供給することによって破綻の連鎖，システミック・リスクを回避する仕組みが規定されている。ところが繰戻しにおいて紙ベースの手形・小切手を扱う場合，破綻の規模や発生タイミングによっては手形・小切手の所在を迅速に特定することがむずかしい。所在の特定に大きな事務負担がかかるだけでなく，繰戻しが現実的に機能しない懸念がある。チェック・トランケーション導入によって持ち出し・持ち帰り工程を電子データで処理すれば，紙現物の繰戻しを行うことなく安定的かつ迅速に再計算が可能となる。決済リスクを防止する対策としてチェック・トランケーション導入による効果があることはBIS，国際決済銀行でも示唆されている。

④ 国際金融における競争力の維持

　紙現物を電子データ化することで地理的・時間的な制約を受けないチェック・トランケーションの機能は，国際間決済においてかつてないサービスを創造する可能性を秘めている。例えばチェック・トランケーションに参加している銀行同士が連携することによって，地球上のどこの支店で受け入れた小切手でも迅速に資金化するサービスを提供することが理論上は可能となる。母国で日常的に使用している小切手を外国でもそのまま利用できるという環境が実現する。世界の主要国がチェック・トランケーション導入を着実に進めているなか，各国のチェック・トランケーションが国境を越えてネットワーク化される決済サービスを絵空事と看過することはできない状況にきている。国際間決済のネットワーク化には，各国法制の相違や異なる通貨間のファイナリティの問題，また利害関係の調整や主導権の所在など課題は多い。誰が，どのタイミングで，いつネットワーク化に着手するかも未知数である。しかし，国際金融における決済ネットワーク化が構想されても自国内でチェック・トランケーションが導入されていなければ，この決済サービスのネットワークに主体的に参加することはできない。資金決済システムの国際競争力強化を意識するならば，チェック・トランケーションへの配意は欠かせない。

(2) 銀行利用者のメリット

① 資金管理負担の軽減

　現行制度の下では取立に出した手形・小切手の支払場所が遠隔地の場合，資金化までに3日から4日かかるケースがある。また会社の経理部門では支払期日までに十分余裕をもって取引銀行に持ち込むよう管理負担が生じている。期近の手形を銀行に持ち込むと手数料が高くなるためである。チェック・トランケーション導入によって取立の手段が従来の物流による搬送でなく電子データで伝送できるようになれば，経理部門で資金化までに要する日数を考慮した資金繰りなどの事務負担はなくなる。手形・小切手の情報は電子データで送受信されるため，取立を依頼する先方の銀行が隣りの銀行であっても取引銀行と異

なる遠方の銀行であっても，処理に要する時間は基本的には変わらない。チェック・トランケーションに加盟する銀行同士であれば，手形交換にかかる処理内容はあたかも同じ銀行内で処理されるような迅速性や効率性が実現する。ただし手形・小切手の受取人にとっては効率的となる一方で，振出人にとっては資金化までの時間の猶予がなくなるという既得権を失うことになる点に留意する必要がある。

　手形・小切手を持ち込んだ法人や個人の顧客が，受入銀行で電子化した手形・小切手のデータをパソコンなどで利用するといったサービスの提供も想定される。銀行の利用者は資金繰りや期日管理，取引明細の照会などで電子データを利用することが可能となる。

② スイッチング・コストが不要

　小切手の概念を含む手形制度は明治期に手形交換所が組成されるよりはるか昔から発達しており，わが国の高度な信用決済機能の一翼を担っていた。鶴見［1988］によれば，江戸時代にあって手形制度は幕府鋳造による金属貨幣や各地で発行される藩札よりも安定した決済制度として機能していた。商品やサービスの代価をやりとりする方法として，紙片の手形・小切手は商習慣や取引慣行に定着している。これには紙がもつ特性も大きく影響している。近年は電子マネーや電子記録債権などの出現により，商行為の当事者の段階から紙片をなくす動きも盛んである。ところが，慣れ親しんだ紙片の授受という慣行の変更を強いられることは一般の人々にとって抵抗感や負担感が大きい。逆にいえば，こうしたスイッチング・コストを上回る利便性が提供されて一般利用者がメリットを感じた場合には，キャッシュレスやペーパーレスは普及する可能性がある。電子マネーは交通機関やコンビニエンス・ストアなど利用可能なエリアを拡充している。定期券の更新や小銭を扱うといった負担を解消することで，スイッチング・コストを上回る利便性を提供することに成功している。

　チェック・トランケーションを導入しても一般の人々が日々の経済活動で行う支払動作に変更を求めることはない。チェック・トランケーションは銀行バ

ックオフィスの合理化施策であり，銀行の利用者は従来どおり紙片の手形・小切手を授受していればよい。したがって導入にあたり，基本的には銀行の利用者に負担や制約を求めることはない。

③ 企業間信用機能の維持，活性化

　紙片の手形は市中の中小企業にとって重宝されているツールである。支払の手段として用いられるだけでなく，割引手形として金融機関に持ち込まれたり企業間信用創造のために回されるなど，資金調達の手段としても確固たる地位を確立している。紙片の手形がチェック・トランケーションによって利便性を向上させれば，市中に流通する手形も増えて中小企業にとって資金調達の手段が潤沢となる効果が期待できる。

　企業の資金調達促進に関連して2008年12月に施行された電子記録債権法に触れておく。本法は手形や売掛債権の電子化を通じて債権の流動化を促進して事業会社の資金調達を円滑にする狙いがあるとされている。電子債権記録機関を経由することで，債権の発生，譲渡，消滅に至るまで一連の手続きをインターネット上で行うことが可能となる。金額が確定した金銭債権はすべて対象となる。債権が電子的に登録されているため分割が容易であり，債権流動化を促進する効果も見込んでいる。

　電子債権の導入にあたり，手形が紙片であることに伴うコストやリスクに言及する論調が多い。しかし手形が紙片であることには当然メリットも多い。特に留意すべきは手形や小切手が流通するシーンである。手形・小切手が紙片であることの必要性は，経済活動の当事者間を流通している段階と，銀行に持ち込まれた後の事務処理が行われる段階とでは異なるだろう。紙には一覧性があり，券面をみればパソコンや電源がなくとも債権に関する内容が一目で確認できる。授受も極めて簡便であり，電子債権のように事前に記録機関へ登録する必要もない。電子債権の場合，利用者はさまざまな局面で記録機関を経由しなければならない。利用前の登録準備といった作業負担や中央の記録機関に管理されているという心理的な負担も含めて，利用者にかかる有形無形のスイッチ

ング・コストの問題は無視できない。

　電子債権制度の普及によって紙ベースの手形がなくなる可能性も想定できることから，一見すると電子債権制度とチェック・トランケーションとは相反する動きとみられがちである[8]。しかし，電子債権とチェック・トランケーションにはそれぞれのメリットがあり，工夫次第で共生できる可能性がある。例えば，いずれ電子債権記録機関を設立するのであれば，2010年に施行された資金決済法に基づく銀行間の資金清算業を営む機関としての機能を併用することで，電子債権とチェック・トランケーションのどちらも処理できる組織を立ち上げるのもひとつのアイデアである。制度の普及は手段であって目的ではないはずだ。事業者の円滑な資金調達を支援するという目標をともにしているのであれば協働して施策を展開するといった取組みもあってよい。

④ 銀行によるコスト削減効果の還元

　チェック・トランケーション導入によって人件費や経費の削減が見込まれる組織の対象は広範にわたる。2010年末で全国になお240ヵ所以上ある手形交換所はその存立自体を解消する方向で合理化が可能となる。手形交換制度に加盟する在日外国銀行を含む銀行，信用金庫，信用組合，労働金庫，農業協同組合，郵便局などの金融機関における支店および交換母店においては，紙片の手形・小切手を前提とした業務処理に関わる従業員や機器，スペース，郵送費などの効率化を見込むことができる。こうして削減されたコストから電子手形交換所の設置にかかる費用を差し引いた余剰が，金融機関にとって最終的な合理化効果となる。合理化に伴う余剰は，直接的には手形・小切手の取立手数料引下げに反映されるほか，振込手数料やATM利用手数料など他の決済関連手数料を引き下げる原資としても期待できる。チェック・トランケーション導入による採算の検証については後述する。

III 先行研究

1 決済システムが内包する課題

　あらためて論ずるまでもなく経済活動において決済システムの安定性は重要である。受け取るはずのお金が期日に受け取れなかったり，少なく支払われる事態がわが身におこることを想像すればよい。受け取るはずのお金を別の支払に充当する計画をたてている場合，決済システムの安定性への希求はさらに強まるであろう。しかし，こうした責任の大きさに比べて決済システムの運営のあり方に関する議論が世間で正面きって行われる機会は多くみられなかった。2002年末にわが国でチェック・トランケーション導入が見送られた事実は一般の耳目をひかなかった。また学術の分野でも決済システムの運営機能をひとつの事業体ととらえてテーマとした研究成果を見つけることはむずかしい。チェック・トランケーション導入のために必要な電子手形交換所はまさに決済システムの運営主体である。このようにわが国におけるチェック・トランケーション研究が欧米諸国から遅れている状況は金融法務研究会［2000］でも指摘されている。こうした事情の背景や原因について，ここでは以下の4つに整理して説明する。

（1）銀行の背後に隠れた存在

　物理的な所在としても，機能的な側面からみても，決済システムは銀行の背後に隠れた存在である。一般の人々にとって日々の商取引を行うときに利用する振込やクレジットカード，また手形や小切手といった支払手段にはなじみがある。しかし支払指図を行った後，銀行間でその指図が処理されるプロセスに

接する機会はない。例えば振込は全銀システムとよばれるシステムを利用してデータを交換している。利用者は銀行の店舗やATMの所在は知っているが，全銀システムがどこにあるかを意識することはない。万一，全銀システムに障害が発生すると振込決済は滞り日本経済が麻痺することは必至である。しかし決済の基幹となる全銀システムについて日本国民はその運用を銀行業界に委ねている。

　それでなくとも金融業は目にみえるかたちの商品やサービスを扱っておらず，製造業に比べて構造を理解しにくい業界だと認識されている。銀行でも銀行間決済を直接担当する者は数少ない。窓口で振込や手形の取り立てを受け付ける担当者も，銀行と利用者のやりとりとしての手続きは熟知していても銀行間にある決済システムの働きなどを含めた決済全体の実務に精通しているわけではない。ましてや銀行業界の外から決済システム実務を対象にしようとする研究者にとって，実態を正確に把握するのはむずかしい。これが金融論における決済システム研究の現状といえる[9]。

(2) 運営主体の不在

　決済システムのなかで中核となる銀行間システムには，経営責任をもった当事者が明確でない。例えば2010年に資金決済法が施行されるまで，東京手形交換所は東京銀行協会によって運営されていた。東京銀行協会は全国銀行協会の事務全般について委嘱をうける形で業界案件の事務局を担う組織である。全国銀行協会は銀行や銀行持株会社，および地方の銀行協会を会員とする任意団体である。東京銀行協会はプロパー社員を有する組織だが，組織のトップは主要都市銀行が1年交代で会長行となりトップを務める慣例となっていた。会長行は長らく三井，三菱，第一勧業銀行，富士銀行の都市銀行四行で輪番していたが，2000年度には初めて住友銀行が会長行となった。2011年度の時点では三井住友，東京三菱UFJ，みずほのいわゆる3メガバンクで持ち回りされる慣習が続いている。会長行となる金融機関が1年ごとにリーダーシップをとる組織であるため，意思決定の連続性に乏しく，個別銀行単位で利害対立するプ

ロジェクトが進まないという欠点をもつ。決済システムは多数の銀行が参加する事業であることから，こうした形態の組織で運営されることは中立性確保の面からみると一定のメリットはある。ただし1年という短期間で実務を進めるには負担が重い。業界内外の利害調整には相応の時間もかかる。そのため，長期的視点から決済システムのあるべき姿を議論するという本来取り組むべき課題が後回しにされるデメリットもある。

（3）実務優先の職場環境

決済システムは理論先行ではなく実務が中心となって形成された機能である。経済活動の重要なインフラストラクチャを担っている自負をもつ銀行間システムの現場には，理屈よりも業務の円滑な遂行を最優先する傾向がある。経済の血流ともライフラインとも例えられる決済システムの現場には1日たりとも止めてはならないとの緊張感，使命感もある。実際，100年以上の歴史をもつ手形交換所を支障なく運営する術は，机上の金融理論よりもむしろ実務経験の蓄積から導かれるノウハウに負うところが大きい。かつて護送船団方式で庇護されてきた銀行業界の閉鎖性ともあいまって，決済システムの運営体制は外部からの干渉を好まない。その結果，経営という視点をもった決済システムの見直しや分析がこれまで意図的に回避されてきたとも考えられる。

決済システムがこうした閉鎖的な環境のもとで運営されていることもあり，これを一個の事業体ととらえて経営するという発想は銀行業界の内部からも外部からも出てこなかったと推察される。結果として，経営学として整理されている知見によって決済システムを分析しようとするアプローチもこれまで試みられてこなかった。

（4）学際的な特性

決済システムは学術的に多様なアプローチが可能な領域である。決済が当事者間の債権・債務を清算する行為である点から法律上の研究課題とする取り組みがある。ただし法学のなかでもチェック・トランケーションを学問の対象とすることに困難があった。その理由は，決済システムが銀行実務を中心として

発達してきたことから民法と商法の領域にまたがる点にある(後藤[1986a])。決済システムは経済活動に不可欠な貨幣や資金の流通に深く関与することから，経済学や金融論のテーマとして取り上げられることもある。また決済システムの当事者間のネットワーク性に着目して社会学や産業組織論による議論もある。本書で試みるように決済システムの世界をひとつの業界ととらえて経営学的視点から分析することもできる。

　多くの学問分野からのアプローチが可能であったにもかかわらず，決済システムをテーマとしたアカデミックな議論が盛んになったのは1990年代に入ってからである(酒井・前多[2003])。しかし実務の分野では，通信技術や電子化の領域以外で決済システムが学問的成果を理論的に取り入れて進化を遂げた様子は未だにみられない。多様なアプローチが可能であることの表裏として軽々に決済システムを語ると，さまざまな方面から指摘を受けやすい状況にあることも一因だろう。そうしたリスクを冒してまでアカデミズムの立場から決済システムを語るには，自ら専門家を任ずる現場担当者との情報格差がネックとなる。結局，決済システムを語る際は実務とアカデミズム，またアカデミズムのなかでもそれぞれ棲み分けられてしまうため，互いの成果を共有して実体経済に活かす動きには至らなかった。

2　チェック・トランケーションを巡るわが国の議論

(1) 検討前夜(1999年以前)

　決済システムを巡る前述の環境もあり，チェック・トランケーションを研究対象とする上で近い立場とみられる経済学や金融論においても本格的な研究成果はみられない。この時期，チェック・トランケーションに関する学術的成果の嚆矢は法学の分野でみられる。今日ますます重要性を高めている決済の電子化というテーマにいち早く着目して，1985年から西独で取り組まれた「データ化された小切手取立方式」を学術的研究の対象としたのは後藤[1986a，1986b]

である．支払銀行の引落権限，各銀行の調査義務，顧客に対する通知方法，不渡と遡及，小切手原本の保管期間といったチェック・トランケーションにかかわる法的課題の着眼点を明示し，かつわが国の法制における実現可能性について，いち早く言及していた．後の全国銀行協会での検討においても法的課題の検証の際に拠り所とされるなど，わが国のチェック・トランケーション研究に大きな足跡を残した．

　チェック・トランケーションの立ち位置を象徴するかのように，民間企業を中心とした研究のなかにもテーマとしての萌芽がみられる．磯部・カーニー[1993]では「小切手トランケーション」とよんでアメリカでの事例を中心に機能の紹介や評価を行っている．1974年に世界で最も早くトランケーションを実施したベルギーでは，当初1万ベルギーフラン以内のリスクの少ない少額小切手の取り扱いからスタートして，その後25万ベルギーフランまで範囲が拡大され，全小切手の95％以上がトランケーションで処理されたという．また，トランケーションによる処理時間の短縮は必ずしも導入を促進する要因ではないとの指摘は重要である．小切手が持ち込まれてから資金化するまでの処理時間が短縮すると，従来振出人が小切手を使用する大きなメリットとなっていたフロート，すなわち振り出しから口座引落しまでのタイムラグが失われ，小切手のもつ振出人に対する与信機能が損なわれるという．フロートを失った結果，小切手離れが加速するのか，それとも処理の効率化によりコスト削減がすすんで小切手利用が進むのかについては今後の重要な検討課題である．

　1980年代後半になると金融システムのあり方を問い直す動きが盛んになる．この流れの一環として決済システムを重要な金融インフラとした研究もみられる．こうした研究成果を総括するものとして日本銀行の金融研究会[1988]がある．この研究会で議論している金融リストラクチャリングとは，金融の自由化や規制緩和あるいは再規制といった個々の動きにとらわれない総合的な金融の再構築を意味している（南波[1988]）．吉田[1988]ではここでの議論を先鋭化して「決済サービス」あるいは「決済サービス供給者」といった用語を使って決済制度の

あり方を論じようとしている。残念ながら本研究会でもチェック・トランケーションに触れた議論はない。また，ネットワーク化された決済システムの結節点にあって重要な役割を果たす交換所の運営自体をひとつの事業活動とみなして分析する視点もみられない。とはいえ本研究会が決済システムを金融における重要な一分野と認識して取り上げた点は重要である。経済理論や産業組織論の立場から，あるいは歴史的，法的視点などから多角的に決済制度を分析した業績として，金融研究会の活動はわが国の決済システム分析において重要な先行研究と位置づけられる。本書では金融研究会[1988]で議論されていないアプローチのひとつとして，決済システムを事業体ととらえて経営学における理論的成果を適用して分析する。

　バブルが崩壊した1990年代は不良債権問題が銀行業界に対する最大の関心事であった。そのため決済システムに対する社会的な関心は相対的に低く，実務の面からも決済システムへの抜本的な見直しを行うといった積極的な動きはみられなかった。チェック・トランケーションはもとより，決済システム自体について語られることの少なかったこの時期，関連研究として内国為替の運営主体における実務の立場から日本の決済制度を網羅的に整理した箕輪[1994]がある。箕輪[1994]は互助会的な民間システムとしての内国為替制度の運営実務に携わった立場から，決済システムの進化について興味深い認識を提示している。そこでは決済方式が当事者間の相対で行われる基本形態から仲介者としての銀行が介在する決済の形態，さらにその形態から発展して決済の仲介者自体がネットワーク化されるという姿が進化形として明示されている。後述するとおり，手形交換所をひとつの事業体ととらえて分析するという視座は，銀行間の共同システムを「仲介者の仲介者」とした箕輪[1994]の認識から出発している。

(2)本格的検討期(1999～2002年)

　1999年にわが国のチェック・トランケーション研究は新たな局面を迎える。銀行業界が手形交換の実務の立場からはじめてチェック・トランケーションに関与，協働した研究がこの時期に行われている。研究は全国銀行協会が事務局

となっている金融法務研究会(座長:前田庸学習院大学法学部教授)で進められた。金融法務研究会でチェック・トランケーションが取り上げられ，第1回会合が行われた1999年1月21日に銀行側から手形実務について報告されている[10]。

その後，同研究会において同年3月24日には神田秀樹東京大学法学政治学研究科教授が「チェック・トランケーションの米国の動向」，岩原紳作東京大学法学政治学研究科教授が「イギリス1996年流通証券法改正によるチェック・トランケーションの認容」を報告している。同年5月20日には前田重行筑波大学社会科学系教授が「ドイツにおけるチェック・トランケーション(belglose Scheckeinzugusverfahren)の制度について」，野村豊弘学習院大学法学部教授が「フランスの小切手交換制度」を報告している。同年8月2日には前田庸学習院大学法学部教授が「チェック・トランケーションを導入する場合の日本における法律上の問題について」を報告している。同年10月22日には岩原紳作東京大学法学政治学研究科教授が「チェック・トランケーションにおける法律上の問題について」を報告している。これらの報告がとりまとめられた報告書が金融法務研究会[2000]である。

この報告書では，わが国でチェック・トランケーションを導入する際に問題となりうる法的課題として偽造手形・小切手支払のリスク，裏書の連続，手形・小切手要件，変造の調査義務，支払済手形・小切手の処理，手形交換所の意義などを取り上げている。注目すべき点は遡及権の保全に関する議論である。チェック・トランケーションによる取立に遡及権保全の効力を与える方法として，占有改定による支払呈示という法律構成と代理構成が示されている。占有改定では，金融機関の間の包括的合意に基づいて，顧客から手形・小切手の取立依頼を受けその占有を取得した取立銀行が，当該手形・小切手を以後は支払銀行のために占有する旨の占有改定の意思表示を電子的方法により支払銀行に対して行う，という説である。占有改定した結果，取立銀行は支払銀行の代理人として手形・小切手を占有していることとなり，支払銀行事態が手形・小切手を受け取ったのと同視して，そこで支払呈示があったものと扱う。支払呈示

があったものとされれば遡及権保全の効果が発生する，という構成である。この議論では，過去の技術水準では署名鑑や印鑑の保存や口座勘定の記帳や残高確認といった当座預金口座の管理が各店舗単位でしか行えなかったため，支払場所を各金融機関の店舗毎とせざるを得なかったとされ，コンピューター化の進展や通信システムの発展に伴う口座管理技術が飛躍的に進展した現在では，支払場所としての金融機関を個別の店舗単位で考える必要がなくなりつつあるとしている。

　さらに，異なる金融機関であっても例えばわが国の手形・小切手の署名・印影を一ヵ所に集中させて第三のセンターを構築し，どの銀行のどの店舗でも署名・印影の照合が可能となれば支払場所に関する問題は解決する，といいながらも，実際には他行の署名・印影を照合する取扱いは難しいと説明している。ただし裏書人・保証人は本来的に遡及権を行使される者であり，チェック・トランケーションによる支払呈示には遡及権保全効果がないとすれば，その方が裏書人・保証人に思わぬ棚ぼたの利益を与えてしまうことになる懸念から，占有改定による代理占有構成を採っても実質的に問題がないようにみえる，としている。占有改定をさらに進めて考えると代理構成に至る。すなわち，取立銀行が支払銀行の代理人になるという構成を用いるのであれば，わざわざ占有改定という手続を行わなくてもすべての金融機関の間の協定に基づいてすべての取立が支払銀行への直接取立になると位置づけるものである。占有改定という形式的な手続により取立銀行としての行為と支払銀行の代理人としての行為を区別する必要がないとする説明である。支払場所を金融機関の個別店舗毎に厳格に考えるかどうかが実質的な問題であり，これを厳格に考えないならば，法律構成上の抵抗感を薄めるためだけの占有改定ではなく，代理構成で徹底すべきだとされている。

　2001年度に全国銀行協会がチェック・トランケーションの本格的な導入検討を開始するか否かを決める最大のポイントは，支払銀行に手形・小切手現物を提示できないという処理工程の法的論拠の有無であった。金融法務研究会

[2000]が，占有改定または代理の法律構成によって遡及権保全の問題に対応することは可能とする見解を示した意味は大きい。現行法制のもとでチェック・トランケーションの法的有効性が認められる可能性が高いと結論づけたこの研究成果は，わが国のチェック・トランケーション導入を本格的な検討へと進めた画期的な業績である。また金融法務研究会[2000]が，現実の手形交換業務の重い負担を解消するためチェック・トランケーションを対象とした研究の必要性を強く認識していた点も注目に値する。

決済システムにおける海外の先進的な取組み事例に過ぎなかったチェック・トランケーションが，わが国で実現に向けた取組み過程にあることに言及し，銀行業界や周辺業界が広くチェック・トランケーションを認識する契機となった論文として河野[2001]がある。全国銀行協会におけるチェック・トランケーション導入検討の一環として2001年5月に海外主要4ヵ国を視察した結果報告をまじえつつ，全国銀行協会の事務委員会の下にあるチェック・トランケーション検討部会で議論されていた論点を整理し，実現を前提とした問題提起を行っている。

2002年3月，全国銀行協会はチェック・トランケーションについて2006年8月導入を目途に検討・準備を進めることを正式に決定した。この決定を受けて先の金融法務研究会はチェック・トランケーション導入にあたっての法的課題の再検証を実施，金融法務研究会[2002]にとりまとめた。金融法務研究会[2002]では，具体化されつつある電子手形交換所のスキーム案を前提要件として，金融法務研究会[2000]で触れられていない現物の廃棄，電磁的記録媒体による保管，不渡付箋，不渡処分等，法務大臣指定交換所との関係，約款免責などの項目について検討を加えている。金融法務研究会[2000]で示された法的構成は全国銀行協会で検討，構築した電子手形交換所スキーム案でも適用可能であることが結論として示された。

こうしてBIS（国際決済銀行）によるシステミック・リスク管理に関する指針への対応充足も見据えつつ検討が進められていたにもかかわらず，2002年12月，

全国銀行協会では導入検討を凍結する決定を行った。西村・大野[2003]では当時進行中であったアメリカにおけるチェック・トランケーション導入のための立法の進捗状況に配意しながら，わが国における検討凍結まで議論されてきた法的課題の経緯をまとめている。

　国際金融の世界でも決済システムを巡るトラブルが勃発しており，システミック・リスクの管理は世界的に重要な課題となっていた。こうした動きを背景としてCPSS[2001]が公表され，決済システムのリスク管理に関する国際的な指針が10項目の原則，コア・プリンシプルとして提示された[11]。手形交換業務はコア・プリンシプルに照らして検証したとき，原則Ⅲ，Ⅳ，Ⅴ，Ⅷに適合が困難であるとCPSS[2001]は指摘する。チェック・トランケーションはこうした原則に適合するためのひとつの手段として提示されている。

　原則Ⅲは，金融リスクの管理に関する内容である。具体的には決済システムが信用リスク，流動性リスクを管理するための明確な手続きをもつべきであるとして，その手続きは当該システムの運営者や参加者それぞれの責任を特定し，リスクを管理抑制するための適切なインセンティブを与えるものでなければならないとしている。手形交換の決済金額は比較的大きい。そのため取立による予定受取総額と銀行間で行われる最終決済金額に関する差額に関する流動性管理が難しくなる。この金融リスクを適切に管理できるかどうかが懸念されている。

　原則Ⅳは，迅速かつファイナルな決済に関する内容である。具体的には決済システムが決済日にファイナルな決済を迅速に提供すべきであるとし，そのファイナルな決済は日中に提供されることが望ましく，少なくとも決済日の終了時までには提供されるべきであるとしている。手形交換においてファイナルな決済を迅速に完了させるためには，電子的処理に広範で多額の投資が必要となる。一方で，ファイナルな決済の迅速化させることで原則Ⅲや原則Ⅴを充足するためのコストが増大するという関係が指摘されている。

　原則Ⅴは，マルチラテラル・ネッティングが行われるシステムにおける決済

に関する内容である。具体的にはマルチラテラル・ネッティングが行われるシステムでは，少なくとも最大のネット負債額を有する参加者が決済不能となった場合でも，日々の決済をタイムリーに完了できるようにするべきであるとしている。手形交換制度の銀行が破たんした場合の対応のひとつとして，破たん銀行分を除いた決済金額を再計算する「繰り戻し」が考慮されているが，紙ベースの交換証券から破たん銀行分を除いて再計算するための所要時間を考えると現実的ではない。破たん銀行の債務不履行分を保証するファンドを参加者が拠出，設定することはひとつの解決策とされている。

　原則Ⅷは，効率性に関する内容である。具体的には決済システムは利用者にとって実用的であり，経済全体にとって効率的な決済手段を提供すべきであるとしている。小切手は，利用者にとっては実用的であるため世界でも一般に普及していると考えられている。しかし原則Ⅲ，Ⅳ，Ⅴを充足するには高コストとなるため，この原則Ⅷと相反する懸念がある。

　チェック・トランケーションは物理的な支払呈示を不要にして，不渡小切手の返還を含めたクリアリングと決済処理のスピードを速めることが可能である[12]。また券面イメージをはじめ手形・小切手の情報がすべて電子データ化されるため，繰り戻しも迅速に処理できる。原則Ⅷを充足する採算性をもったチェック・トランケーションが，コア・プリンシプルに適合しない従来の手形交換所に代わる決済システムとなる可能性は，BISも認識するところである。

　チェック・トランケーションに関する直接的な研究ではないが，この時期の関連研究として海外における小切手交換決済の実態を紹介した資料に青木[2000]と中島・宿輪[2000]がある。青木[2000]はアメリカにおける小口決済の実情を整理した。当時すでに逓減傾向にあったものの，小切手がアメリカで果たす役割は今なお大きいとする立場をとり，小切手の支払呈示について伝統的な紙ベースの物流と電子的呈示の方法などの事例を紹介している。中島・宿輪[2000]は海外の決済制度の事例紹介とともに決済システムに関する言葉の使い方を整理した。1990年代後半の金融危機で銀行のデフォルトが現実のものと

してシステミック・リスク回避が銀行の重要なテーマとなるなか，中島・宿輪[2000]の刊行と重版は決済システムへの社会的関心が高まってきた状況を示す現象ともいえる。

(3) 凍結期(2003年〜現在)

わが国における導入の検討が凍結された後，わが国でチェック・トランケーションを主題とした研究は見あたらない。決済システムのもつ課題や新たな決済システムの展開に関連して補足的にチェック・トランケーションに言及した研究として久保田[2003]，大垣[2005]，中島[2007]がある。

久保田[2003]はマルチラテラル・ネッティングにおける法的課題を指摘して，いわゆる資金決済システム法と決済サービス法の立案をその解決策として提言する。現在，銀行固有の業として位置づけられている為替業務の担い手としてコンビニエンス・ストアの収納代行やプリペイドカードなどの普及が既成事実化している。これらの業務は行政の黙認のもとで行われているが，一方で司法による処罰の可能性をはらんでいる。決済サービスにおける現実と法制のねじれを解消するため，為替業務を対象とした法制整備が必要だとして久保田が提言するのが資金決済システム法である。また為替の仲介者である銀行が破綻した時に当該銀行が受付，受領していた決済代り金の所有権が誰にあるか，法的に不明確であるという問題がある。これについては現在の法制では明確に定まっていない。BISによってコア・プリンシプルが公表された当時，対策に試行錯誤していた熱気も今は遠くなった。銀行破たんが身近に存在した時期を過ぎた現在，銀行破たん時の対応の優先度は薄らいだかのようにみえる。しかし経済活動のインフラストラクチャとして，あらゆるケースを想定して業務の継続性を確保しなければならない決済システムにとって，銀行破たん時のコンティンジェンシープランは放置されてよい問題ではない。久保田[2003]は，法的側面からの研究といいながらも，わが国の決済システムとして克服すべき重要な抜本的課題を指摘する内容となっている。チェック・トランケーションとの関係でみると，特に銀行機能を決済の側面から解体，再構築を促進するための法

制整備の重要性を提示した点が鍵となる。すなわちチェック・トランケーションによって手形交換業務が統一された後，銀行バックオフィスのその他の処理工程まで含めて，大規模な統合や共通プラットフォーム化が進む可能性を示唆したものとも読める。

久保田[2003]の後，2010年に資金決済法が施行された。資金決済法ではサーバ型前払式支払手段が規制対象にされるとともに，登録制のもとで銀行以外の者が為替取引を行うことができる旨を規定した。また銀行間資金決済についても，免許制によって債務引受等により資金清算業を営むことができることが明確にされた。逆にいえば免許を取得しなければ資金清算を行うことができなくなる。例えば一般社団法人の全国銀行資金決済ネットワークは，2010年9月に資金清算業の免許を取得した。「全銀ネット」と通称されるこの法人は2010年4月に設立されたが，これまで全銀システムなど多くの銀行間決済システムに関与していた内国為替運営機構を運営してきた東京銀行協会から業務を引き継いでいる。

大垣[2005]では，手形法・小切手法の解釈を整理して電子登録債権法を推進・啓蒙する立場から，債権流動化や管理負担の軽減など電子債権の活用方法を提示している。電子債権は紙ベースの手形・小切手をなくそうとする動きも伴うため，チェック・トランケーションと対立，競合する存在ととらえることも可能である。しかし電子債権を利用するには，支払行為の当事者同士がともに電子債権という新たな制度への関与を要するものであり，一般の銀行利用者にとってスイッチング・コストの負担を伴う。手形・小切手は利用件数こそ年々減少しているが100年以上の歴史を有しており，広く経済活動に浸透している仕組みである。決済ネットワーク業界におけるポジショニングを考えたとき，電子債権の推進者はチェック・トランケーションが単なる競合ではなく協働できる可能性も考慮する必要があろう。

中島[2007]は2007年6月1日，金融審議会金融分科会のわが国金融・資本市場の国際化に関するスタディグループで報告を行った。そこでは決済システ

ムの高度化のためのひとつの方向性として，チェック・トランケーション導入が実施されている海外の状況とともにわが国における導入の検討再開の必要性が述べられた。しかし，チェック・トランケーション導入に関する議論はこれ以上の展開をみることはなかった。

　広義の決済システムを研究対象とする経済学は，貨幣論と産業組織論に共通するテーマを含むと Green[2004]は規定する。貨幣論のアプローチからは Freeman[1996]による一連の理論モデルが展開されている。Freeman[1996]によるモデルは，貨幣の価値がもつ財やサービスとの交換機能と債券を最終的に決済する手段としての機能に着目する。さらに，決済の場における代り金の受け手と出し手が参加するタイミングのずれから生じる一時的な流動性不足に伴う決済リスクの存在を認識する。そこへ中央銀行による債券市場への介入，流動性供給が名目利子率の上昇を回避する形で経済厚生を改善する可能性が検討されている。

　わが国では今久保[2005a]が，決済システムの経済分析に関する研究状況を金融論と産業組織論の視点からサーベイしている。産業組織論については，決済システムの運営者と利用者をそれぞれ決済サービスの供給者と需要者とみなすことで分析対象になることを示している。また決済システムの市場構造を説明するために，ネットワーク外部性と自然独占の概念を用いている。需要側の市場構造をネットワーク外部性でとらえ，供給側の市場構造を規模の経済性と自然独占で解説している。藤木・渡邉[2006]は，決済システムの経済分析の理論的基礎を提供した研究として，Freeman 以降発展した決済制度に関する一連の理論モデルと学術的論点を示している。Freeman モデルは，① 人々が借用証書を媒介とした取引を行うこと，② 借用証書が貨幣で決済されること，③ 借用証書の流通市場が存在すること，の3つの条件をモデル化した。3つの条件を一般均衡モデルで示した世界において，中央銀行による貨幣供給が流動性制約を改善することを Freeman は述べている。藤木・渡邉[2006]は金融恐慌時の民間銀行による流動性供給や CLS (Continvous Linked Settlement) シス

テムによる貨幣代替物の発行といった事例を挙げて，このモデルが中央銀行だけに当てはまる分析モデルではないことを留意点としている。また借用証書に書かれた契約が必ず遵守されるという仮定があれば，②借用証書が貨幣で決済されることという条件は不要であるとするMills[2004]の指摘を踏まえて，借用証書の契約を遵守するという仮定の重要性も指摘している。

　今久保や藤木・渡邉の研究に共通する問題意識は，決済システムに与える中央銀行の政策の影響とシステミック・リスク対策に重心が置かれている。同じく中央銀行を軸として，決済システムのガバナンスあるいはオーナーの担い手を論ずる研究に折谷[2009a, 2009b, 2009c]がある。折谷は組織の経済学における仲間組織(peer group)の理論や多角化理論などを分析ツールとして，中央銀行が決済システムのオーナーシップをとる正当性の理論的検証を試みている。現実には，銀行間共同システムのオーナーシップは多くの国でユーザー所有の仲間組織(会員組織)である。決済システムのオーナーが階層組織としての中央銀行である場合と，民間銀行の仲間組織である場合の功罪を折谷は表Ⅲ-1の

表Ⅲ-1　中央銀行と民間銀行の仲間組織との比較

	中央銀行（階層組織）	民間銀行の仲間組織
優位性	①情報の経済性 ②監査・モニタリング ③競争相手同士の公平な扱い	①規模の利益(メンバーが必要とする物的資産や情報に関して) ②リスク負担(予想外の損失に対して仲間組織がバッファーとなる) ③参加者意識の強さ(メンバーが公平な責任感を感じることで生産性が向上)
非効率性	折谷[2006]では明記なし。ただし折谷[2009b]で利益相反の可能性，官僚制コストが中央銀行決済システムの課題として挙げられている。	①情報伝達の非効率性(メンバーすべてがネットワーク構造のためすべてのことがすべてのメンバーに伝えられて意思決定) ②甘い監査・モニタリング(監査機能を強めることが仲間組織の精神に反するため参加者意識の優位性をなくす) ③メンバー間の競争

(出所)折谷[2006]により筆者作成

とおり整理している。

　中央銀行のガバナンスによる決済システムのデメリットを削減する議論では，官僚制コストへの対策として中央銀行の意思決定機関を金融政策と決済システムに分離する「ツー・ボード」制など具体的な問題提起を行っている。折谷の研究は決済システムにおける銀行間システムの運営主体のあり方を正面から問うものである。しかも決済システムを具体的に改善する方策まで視野にいれて分析している。決済システムの本質を追求することにも通ずる折谷の一連の業績は，わが国の決済システム研究において画期的といえる。

　折谷は一貫して銀行間システムの運営主体が民間銀行の仲間組織から中央銀行へと移行することを主張する。しかし本書は，より良い決済システムを模索するという視座は共有しながらも折谷とは異なる到達点を志向する。すなわち，決済システムのプレーヤーは仲間組織から脱皮すべきではあるが，その行く先は中央銀行ではなく純粋な民間組織であると考えている。折谷[2009b]も述べているとおり，決済システムの担い手が中央銀行から遠ざかり民間に移行する（決済が階層化する）現実の状況は，決済サービスの供給者に手数料収入増大というインセンティブがある。またサービスの需要者には決済事務の効率化によるコスト低下というインセンティブが働く。そこには効率性という軸がみえてくる。

　決済システムを論ずるうえで折谷は効率性よりも安全性を重視する。しかし本書では効率化など経済合理性の議論を安全性に劣後させない。経済合理性を重視した決済システムが民間の金融機関によって運営されることで，一般の事業法人や個人の銀行利用者にとっても歓迎すべき影響をもたらすと考えるからである。理論的には，最上位のエキスパートである中央銀行がその機能を喪失しない限り下位エキスパートの参入が直ちにシステム全体の機能を不安定化させるものではないし，決済手段の選択において一定の市場原理が作用すれば問題のかなりの部分は解消する（深浦[1995]，86ページ）。中央銀行の預け金を振り返るという資産の移転との連結が確保されていれば，末端の資産移転を誰が

遂行しても決済システムとして本質的な変化が生じるものではないとの指摘も重要である。

　また本書では銀行間決済システムが相互に競争する状況を軽視しない[13]。決済システム相互間の競争の効果は効率性の向上だけでなく付加価値をもった決済サービスの開発や提供に通ずると考える。本書の主題であるチェック・トランケーションはまさにこの付加価値をもった決済サービスのパイロットケースである。仲間組織による運営では銀行間決済システムの社会厚生を高められないことは，チェック・トランケーションの導入が凍結された経緯からも明らかである。この事実に基づき，本書では民間企業が銀行間決済システムのオーナーシップをとる可能性について経営戦略的思考に基づいて分析を試みる。

3　決済システムをめぐる言説

　チェック・トランケーションは銀行間決済システムのひとつである，と表現することに一見違和感はない。しかし，この「決済システム」という言葉を聞いてすべての人が共通するイメージを得ていると考えることはむずかしい。例えば，決済システムとは銀行間の決済を円滑に行うために決済をとりまとめて行う仕組みである，といった定義を援用することはできる。しかし実務に携わる者はもとより，金融を学術研究の対象とする者であっても，特に意識しないかぎり決済システムという言葉で表そうとする対象は各人各様であることが多い。実際の使用例をみてもニュアンスの違いは明らかである。決済にかかわるさまざまな関係者を総称するかたちで使われることもあれば，そこで提供される決済機能を指していることもある。情報通信技術の提供が多くみられる領域であることから，コンピューターシステムそのものを示す用語として決済システムとよぶことも少なくない。類似した表現に金融システムがあるが，ここで決済システムとよぶものはもちろん金融システムと同じではない。決済サービスを提供する決済システムは，資金仲介による資金取引の円滑化とともに金融シス

テムの一部として存在することを前提としている(酒井・前多[2004])。

決済システムという言葉は多義性をもっている。「システム」という字句はそうした傾向に拍車をかける。公文[1979]によれば「システムということばは，論者によって―その専門分野や認識論，嗜好の違いなどに応じて―さまざまに異なる意味で用いられていることが多い」。とはいえ，人が何かを決済システムと表現する以上，決済システムという語句に通底する含意はあるだろう。社会システム論の視点からその含意を評価するならば，誰もが決済システムを名辞としてのシステム[14]と認識している点だといえる。しかし，ここでは決済システムを無味乾燥に定義化することに注力しない。むしろ決済システムの解釈を巡る豊穣な多様性を受けとめることによって，チェック・トランケーションを考察するための糸口を探る。経済あるいは金融という現実界から切断された名辞としての決済システムが切断されたその先でどのように語られてきたのか。以下で決済システムにみられる多義性について先行研究を概括していく。

(1) 構成要素でとらえた決済システム

決済システムを認識するひとつの方法として構成要素に着目するアプローチがある。片木[1986]では要素の分類に応じて決済システムを狭義と広義に分けて論じている(表Ⅲ-2)。

狭義の決済システムは「貨幣の決済機能をはたすべく支払い決済に関する情報を効率的かつ安全に伝達する種々の方法」と定義し，「決済媒体」とそれを処理する「インフラストラクチャ」を構成要素としている。片木は，決済システムの大きな流れをとらえるアプローチとして，狭義の決済システムを構成する「決済媒体」と「インフラストラクチャ」に，「決済主体」と「決済手段」を加えた4つの要素で構成するアプローチを重視する。

各要素をどう規定するかということ自体，議論のあるところだが，片木[1986]では，決済主体として銀行，決済手段として信用貨幣，決済媒体として銀行券等，インフラストラクチャとして手形交換制度などが挙げられている。

広義の決済システムの有効性を重視する背景となる大きな流れについて考え

表Ⅲ-2 構成要素からみた決済システム

広義の決済システム			
① 決済主体[1]	② 決済手段 means of payment	狭義の決済システム	
		③ 決済手段を運搬する 決済媒体 medium of exchange	④ 決済媒体を処理する infra-structure
銀行 外国銀行 証券 郵貯 小売業	信用貨幣,要求払預金 居住者の在外外貨預金 MMMF 郵貯振替口座 プリペイド資金	銀行券等, 小切手,手形, クレジットカード, EFT振替指図[2] プリペイドカード	手形交換制度 内国為替制度 郵便制度 オンラインシステム ATMの普及,ICカード

注1)債権者,債務者はのぞく。
 2)Electronic Funds Transferの略。具体的には自動振込み,自動引落し,ホームバンキング,ファームバンキング,POSなど。
出所)片木[1986]をもとに筆者作成

る。1980年代は諸外国で決済への関心が高まった時期である。アメリカにおける銀行や貯蓄金融機関の倒産を契機に議論されたナローバンク論が提起されたのが1980年代半ばである。決済リスクの面では1974年のヘルシュタット銀行事件に端を発し,1985年のBONY事件で改めて決済リスク管理の重要性が認識された。金融自由化や技術革新の流れのなかで決済業務への新規参入や新たな決済サービスに関する議論が諸外国ではじまったのもこの時期である。わが国でも1987年に,金融制度調査会がはじめて決済問題を取り上げた「エレクトロニックバンキング専門委員会」を設置する動きがみられた。このように決済システムという分野が注目を集める潮流にあって,決済システムの構成要素をより包括的に提示して精緻化を目指す方向に進んだとしても不思議ではない。

広義の決済システムというフレームワークは決済システム変革の明確な基準を与えるものとして,その有効性を積極的に評価する意見がある(吉田[1988])。構成要素が細分化されることで決済システムの何が変革されたか,認識を共有できる。吉田[1988]は,細分化によって決済媒体から決済手段を峻別してとらえることの意義に着目するとともに,決済主体と決済手段に変革が及ぶときが

決済システムにとって本質的な変化であることを主張する。

　1980年代のわが国において，決済システムに対する認識は広義の決済システムがスタンダードとして定着した感がある。しかし，この認識は普遍的なものではなく時代の流れにそった動きであった。当時，ノンバンクや証券会社による決済業務への参入問題，またMMFや電子マネーの出現など大きな課題が生じていた。吉田の主張の背景には，当時の新規参入する決済主体や新たに出現した決済手段の影響がみられる。ここで注目したいのはRevell [1983]，Frazer & Vittas [1982] によるアプローチである。Revell, Frazer & Vittasは吉田 [1988] の主張とは異なり，広義の決済システムを構成する4つの要素のうち決済媒体とそれを処理するインフラストラクチャが決済システムの本質であると規定する。

　決済システムへの関心が高まった当時，決済システムをとらえる基準を適切に規定しようとしたこれらの取組みは時代の要請でもあったともいえる。ここで，決済システムの構成要素のいずれを重視すべきか述べることは大変重要な選択である。吉田 [1988] は決済主体と決済手段に着目した。それは決済システムの他の構成要素であるインフラストラクチャと決済媒体への関心が相対的に劣後することを意味する。わが国では1980年代以降，2010年の資金決済法施行をみるまで，永らく学術および実務の双方においてインフラストラクチャである銀行間決済システムのあり方についてメスが入ってこなかった。決済システムを巡る議論が注目を浴びはじめた1980年代に「構成要素としてのインフラストラクチャの変革こそが決済システムの本質的な変化である」とのRevell, Frazer & Vittasの主張が強調されていれば，チェック・トランケーションを巡るわが国の現状は違ったかたちで進んでいたもしれない。

(2) 機能／プロセスの集合体としての決済システム

　決済システムとは3つの機能，① プロセス，すなわち支払い(payment／ペイメント)，② 清算(clearing／クリーニング)，③ 決済(settlement／セトルメント)の集まりだとする考え方がある(磯部・カーニー[1993])。金融界，特に中央銀

行を中心とする議論となったとき，決済システムというと清算(clearing)と決済(settlement)のみを指すことが多いと磯部・カーニーは指摘する。例えば債権者と債務者の間でやりとりされる小切手や手形といった支払い指図の手段や，プロセスとしての支払い(payment)は，決済システムの一角としてとらえられていないとの理解である。磯部・カーニーは銀行利用者にとって「支払指図の手段そのものが決済システムとして映る」ことを指摘する。これにより銀行間の清算(clearing)や中央銀行における決済(settlement)と並んで，消費者や企業による支払い(payment)までを総称して決済システムとよぶことを提案している。

要素間のプロセスに着目するアプローチは決済システムを動的な存在として認識しているといえる。すなわち，要素間で資金や情報がやりとりされている状態そのものが決済システムであるとの感覚である。前述の構成要素によるアプローチをみたとき，決済システムは静的に存在するレベルの異なる要素の集まりとして認識されている。レベルの異なる要素とは決済主体，決済媒体，インフラストラクチャといった物理的な存在に対して，名辞的には存在するものの目視できない概念的な存在としての決済手段が挙げられる。また物理的な構成要素のなかでも，行為者である決済主体やインフラストラクチャに対して決済媒体である小切手や手形は異なるレベルの存在といえる。

(3) 決済制度との対比でみる決済システム

わが国における決済実務の分野では，「全国銀行内国為替制度」や「手形交換制度」，「全国銀行データ通信システム」といったかたちで，「制度」や「システム」という単語が固有名詞の一部として頻繁に使われている。箕輪[1994]では決済にかかる仕組みの名称として，個々に用いられている「○○制度」や「△△システム」という言葉の使い方を見直した。これらを包括する概念として「決済システム」あるいは「決済制度」の両方の用語が使われている事実に着目し，それぞれが意味するところを区別した。

箕輪[1994]において「制度」とは，法令や規則などによって定められた主体者・参加者，組織・機構，業務・商品，手続きなどに関するフレームワーク(枠組み)

を強調する場合に使われる。これに対して「システム」は，それらが全体として発揮する機能面を強調するものと規定される。したがって決済システムは決済制度よりも広い概念をもっていると規定する。ただし，わが国では決済の分野で個別の「△△システム」と用いる場合，多くの決済関係当事者が参加する下で，主としてコンピューターと通信ネットワークを利用して構築された決済の仕組みを指して使われるとして注意を促している。

　箕輪は決済システムという概念を理解するために「決済制度」を対峙させた。制度が主体者や参加者，あるいは手続きといった個々の要素で構成される枠組みであるのに対して，決済システムは機能面を強調する用語だと主張している。機能することに着目した箕輪の理解する決済システムとは，前述「（2）機能／プロセスの集合体としての決済システム」に近いと考えられる。全国銀行協会という銀行間決済のインフラストラクチャの実務運営に携わっていた経験をもつ箕輪が，決済システムを理解する際，構成要素の集まりではなく機能的な存在としている点は，後の議論にとってさまざまな意味で興味深いポイントである。

（4）決済方法の類型化によるアプローチ

　さらに箕輪[1994]では，複雑で高度化した決済のあり方を理解するために，決済方法を類型化して分類するアプローチをとっている。決済方法を類型化する際のキーワードは合理化である。決済システムを複雑たらしめる多くの決済方法には，それぞれ元となる基本形があると規定する。しかし現実の経済取引のニーズに対して基本形だけでは対応しきれない。そこで決済方法はより合理的な方法を求めて多様化していく。類型化はこの合理化の展開に沿って整理されている。

　表Ⅲ-3には「基本形態と合理化」のペアが輻輳している。例えば，箕輪が示した合理化の第1のステップは，当事者の間で行われる決済に関するものである。当事者間の決済における基本形態は現金の直接授受である。しかし現金の直接授受だけでは対応しきれない決済ニーズが生じる。そこで代金後払い，代

表Ⅲ-3　決済方法の類型化

当事者間の決済	基本形態	預金の直接授受
	合理化された形態	代金後払い，代金前払い，相殺
仲介者の介在した決済	預金業務利用の決済	預金預かり証書の利用（銀行券，自己宛小切手），預金債権の移転（振替の指図，小切手，手形）
	送金業務利用の決済	現金書留，送金証書の利用（送金小切手，マネーオーダー），預金口座の利用-振込
	代理収納業務利用の決済	集金代行，窓口収納，預金口座の利用-自動振替，支払いの集約
	その他の仲介	代金後払いの仲介，代金前払いの仲介，相殺の仲介
カードを利用した決済		クレジットカード，キャッシュカード（銀行POS）
決済のネットワーク化		企業のネットワーク化，決済の仲介者のネットワーク化（銀行間共同システム）

出所）箕輪［1994］，23ページ

金前払い，相殺という合理化された形態が展開する。第2のステップは，当事者間の決済そのものを基本形態とする合理化である。当事者間の決済で合理化が試みられるが，それだけでは対応しきれない決済ニーズがさらに生じる。そこで当事者以外に仲介者の介在した決済という合理化への展開を規定する。仲介者の介在した決済の基本形とは，預金，送金，代理収納といった業務を利用した決済である。

　しかし，仲介者の介在した決済を基本形態とみなしたとき，さらなる合理化があると箕輪は規定する。この合理化には2つの方向性がある。そのひとつは「カードを利用した決済」である。もうひとつの方向性は「決済のネットワーク化」，すなわち決済の当事者や決済の仲介者をネットワーク化することである。決済の仲介者とは銀行のことである。決済のネットワーク化には手形交換や内国為替といった伝統的な仕組みもあれば，MT交換やCDオンライン提携，SWIFTなど当時としては新しいネットワークもある。箕輪のアプローチにおける合理化の到達点にあるものは，表Ⅲ-2によれば決済媒体とインフラスト

ラクチャのことである。この点において箕輪の類型化アプローチは，狭義の決済システムの定義がその本質であると主張するRevell[1983]，Frazer & Vittas[1982]と通じるものがある。

(5)運営主体からみた決済システム

前述のとおり，折谷[2009a, 2009b, 2009c]は決済システムの運営主体が誰であるべきかについて精力的に検討している。折谷自身がのべているとおり，「リスクの観点から経済理論を使った決済システムに関する研究は数多いものの，決済システムのオーナーシップ問題に組織の経済学を適用した研究は見当たらない」（折谷[2009c]）。折谷はオーナーシップのあり方に関する議論を通じて，決済システムの「より良い」「より優れている」姿を模索する価値判断を行い，決済システムを改変しうる存在としている。従来の決済システムを巡る学術的議論では，決済システムのことをあたかも空気や水のように存在することを所与とするケースが多い。しかし決済システムは人工物である。各地にはそれぞれの決済システムがあり，あるいは決済システムが存在しない地域もある。必要な決済システムは新しく構築されるべきであり，不要な決済システムは廃止されることもあるだろう。銀行間決済システムを聖域とすることなく存在自体の価値認識に言及している点で，折谷のアプローチは刮目に値する。

ただし折谷のアプローチには重要な欠落もある。オーナーシップを論ずるために折谷は決済システムを客体化している。ひとつの総体として決済システムをとらえたために個々の決済システムのもつ機能や有用性，付加価値など，決済システムの認識を具体的に形づくる要素からはむしろ後退してしまった。客体化かつ階層化が進行する決済システムの「ガバナンスのあり方」を重視するあまり，決済システム「そのもののあり方」についての議論はなされていない。その決済システムで何ができるのか，といった機能の良し悪しに焦点をあてなければ，社会にとって有用な決済システムの本質的な議論はできない。そもそも社会に有用な決済システムが存在しなければ，ガバナンス自体を論じることに大きな意味は存在しない。

（6）存在論から認識論へ

　ここまで「システム」という言葉を起点として決済システムに対する認識の多義性について振り返ってきた。一方で，システムは一般にいくつかのパターンに識別できる。公文[1979]による一般システムの諸類型にしたがえば，ここまで整理してきた決済システムは「集体としてのシステム」か「関係としてのシステム」のいずれかで表現できる。ここで集体としてのシステムとは $\{$名辞(S)，状態名(v)，状態の変域$\}$ で示すことができるものとする。

① 片木・吉田アプローチ

　$\{$決済システム，構成要素，$\{$決済主体，決済手段，決済媒体，インフラストラクチャ$\}\}$

② 磯部・カーニーアプローチ

　$\{$決済システム，機能／プロセス，$\{$決済，清算，支払$\}\}$

③ 折谷アプローチ

　$\{$決済システム，オーナーシップ，$\{$中央銀行，民間組織$\}\}$

　①から③までは「集体としてのシステム」として表現したものである。片木・吉田を例にとれば，決済システムとは銀行や中央銀行預金，手形・小切手やクレジットカード，手形交換所や全銀システムなどを変項とする変域空間としてのシステムである，と説明できる。

　これに対し，箕輪によるアプローチは「集体としてのシステム」よりも複雑な内容を含んでおり，「関係としてのシステム」として表現することが適切である。閉じたシステムの変域空間 V の中に1つの多項関係 $R(V) \leq V$ を定めたとき，この関係 R をシステムの変域関係とよび，集合 $\{S, v, V, R\}$ を関係としてのシステムとよぶ。

④ 箕輪アプローチ

S →「決済システム」

v → $\{$基本形態，合理化された形態$\}$

V_{11} → $\{$現金の直接授受$\}$　　V_{12} → $\{$代金後払い，代金前払い，相殺$\}$

$V_{21} \rightarrow \{当事者間の決済\}$　　$V_{22} \rightarrow \{仲介者の介在した決済\}$

$V_{31} \rightarrow \{仲介者の介在した決済\}$

$V_{32} \rightarrow \{カードを利用した決済, 決済のネットワーク化\}$

　箕輪のアプローチにはチェック・トランケーションを考察していく上で重要な示唆を2つみることができる。ひとつは，決済システムが基本形態から合理化された形態へと変化する動的なイメージが含まれている点である。決済システムは経済活動のニーズにあわせて，合理的な形態へと変化していくことを認識している。決済システムを所与の存在と考えていない点は新しい決済システムを構築するための着意として重要である。

　もうひとつの注目すべきポイントは，手形交換所，全銀センター，MICS，SWIFTといった銀行間共同システムが「仲介者の仲介者」の役割を果たしていると論じている点である。決済システムが合理化へ進化する究極の姿として決済のネットワーク化を規定している。仲介者の仲介者，すなわち銀行間にあって決済を遂行するために機能していた銀行間共同システムを，単なる機能ではなく一個の運営主体として明示的に認識していることの意義は大きい。決済媒体を処理するインフラストラクチャの存在は，1980年代以降の決済システムに関する議論のなかで相対的な存在感を一時失っていた。しかしインターバンクの決済実務にいた箕輪は，銀行の間にあってクリアリングを遂行するインフラストラクチャの重要性を認識していた。債権者や債務者，また決済において両者を仲介する銀行といった各主体と同じレベルで銀行間の共同システムをとらえていた。

　チェック・トランケーションは付加価値をもつ新しい銀行間決済システムであるが，過去には2つの意味で現存しないテーマであった。第1に，チェック・トランケーションは文字通りわが国には存在しない仕組みである。もっともわが国には導入されていないだけで，諸外国では着々と導入が進められていた。わが国で著しく欠落しているチェック・トランケーションに対する認識は今後改善されるべきである。第2に，チェック・トランケーションが位置する銀行

間決済システムという領域を事業主体として認識する土壌がなかった点である。2010年に施行された資金決済法では，銀行間の資金清算業は免許制となり，存在としては明確に認識されるようになったともいえる。しかしこれはシステミック・リスクや事故トラブルへの対応を前提とした「管理・監督の対象」としての認識である。銀行間決済システムが盛衰を伴った主体として切磋琢磨しながら「効率性と付加価値を追求して事業展開していく姿」を前提としたものではない。

　決済システムを論じた研究は経済学の分野などで相応に蓄積されている[15]。しかし先行研究は総じて，決済システムが存在すること自体については無批判である。現実に存在する銀行間決済システムはどれも独自の機能や個性をもった存在であるにもかかわらず，そのあり方や本質的な存在価値，あるいは進化の可能性について突き詰めて考えた形跡はみあたらない。チェック・トランケーションという新たな決済システム構築を論じるためには，「経済学が実在としての価値を前提として価値についての存在論的分析を行う立場だとしたとき，主体とものとの関係性を問題とする立場から価値の認識論的分析によって事象をより良く説明する接近法」（日置［2002］）が必要である。もとより「方法的無節操と志の低さに特徴づけられる」[16]との指摘は承知のうえで，存在論から認識論へと舵をきり，「決済の経営学」を志向してチェック・トランケーションを論じていく。

IV わが国の取組状況
（事例研究１）

　全国銀行協会が2001年度に実施した検討部会での作業を中心に，チェック・トランケーション導入に関する検討経緯を詳述する。具体的には検討部会の現場でなされた折々の議論を丹念に追跡することで，チェック・トランケーションを事業としてみたとき，その運営主体が有する競争優位性の源泉を目撃する。この作業はBarney［2002］の模倣困難性（inimitability）の議論を意識している。すなわち，独自の歴史的条件における時間圧縮の不経済の生成過程，あるいは模倣困難性を形成する因果関係不明性における無数の小さな意思決定（numerous small decisions）の実証事例として，チェック・トランケーション導入実現のために検討されたさまざまな要件定義のプロセスをみていく。

1　本格的検討のきっかけ

　銀行業界が実務ベースでチェック・トランケーション導入に着手した2001年当時，銀行事務の分野では電話やパソコンによる銀行サービスの提供（いわゆるテレホンバンキングやパソコンバンキング）や印鑑の電子化といった合理化施策が盛んであった。事務の合理化や効率化，また事務リスク削減の観点から「紙をなくす」をキーワードとしてあらゆる事務が見直し・合理化の対象となっていた時期でもあった。

　こうした環境を背景として，2001年度に全国銀行協会の会長行に上番する予定だった富士銀行では，前年度の後半から検討テーマの情報収集を行っていた。全国銀行協会は当時の主要都市銀行が持ち回りで1年毎に会長行を務め，

銀行業界全体に関わる各種業務の企画・調整・推進・運営を担う慣例となっていた。会長行は全銀協内に設置された各種委員会および傘下の検討部会を統括・運営するが，その委員会のひとつである事務委員会は，銀行事務の合理化を巡る検討のなかで個別の銀行単位だけでは対応できない問題を設定して取り組むことが求められていた。テーマ選定の情報収集を行うため，事務委員会専任担当者であった筆者は挨拶まわりで横浜銀行を訪問した。その際，過去に全国銀行協会でスタッフを務めた横浜銀行の担当者との会話のなかで話題となったのがチェック・トランケーションであった。チェック・トランケーションという概念はコロンブスの卵である。説明されると「それくらい思いつくだろう」といわれるかもしれないが，手形交換実務に深く関わる人間ほど紙現物を支払呈示せずに処理しようと発想する者はいなかった[17]。

　チェック・トランケーションを検討課題として採用することが具体化したのは2001年初である。その後，2001年3月には富士銀行内でチェック・トランケーションを検討課題とすることが諮られた。4月には全国銀行協会で事務委員会傘下に「チェック・トランケーション検討部会」が設置され，それ以降導入に向けた具体的な検討が進められる。以下，時系列に沿って検討の詳細を整理する[18]。

2　導入推進期の検討状況

(1) 海外視察(2001年5月7日〜20日)

　検討部会での議論に先立ち，主要4ヵ国の手形・小切手システムについて視察が行われた[19]。メンバーは2001年度の全国銀行協会の会長行である富士銀行，副会長行の大和銀行，全国銀行協会から各1名，NTTデータから2名の計5名である。

(2) 第1回検討部会(6月12日)

　協会事務局から委員会メンバーに対して，チェック・トランケーションの定

義や意義，期待される効果，金融法務研究会[2000]の概要説明などが行われる。メンバーからの質疑は次のとおりである。まずチェック・トランケーション導入で期待される効果のうち，顧客サービス向上とは具体的には何か，との質問があった。回答としては，取立依頼者の資金化時限短縮や持込時限に余裕ができる点，地理的な制約をうけない資金決済が可能になる点などを説明した。また電子手形交換所を設立するとなると従来の地域単位を前提とした手形交換制度そのものを見直すかどうかについて質問があった。回答としては交換制度を見直す旨，不渡処分制度についても地域の枠を越えた仕組みを検討する必要がある旨を説明した。

(3) 第2回検討部会(6月26日)

検討部会メンバーに対して海外視察の結果について概略が報告された(小切手・手形交換の電子化状況)。視察による各国の取組み状況をとりまとめたものに河野[2001]がある。

あわせて交換証券の実態調査に関する依頼とその内容が提示された。2001(平成13)年6月分の交換所分類手形を対象としており調査は次の3つに分けられる。① 調査依頼先の持ち帰り交換証券を全種類コピーしたものを収集する種類調査，② 交換所分類手形を対象とした交換証券の金額分布を把握する調査，③ 不渡手形の種類(手形・小切手別)，金額，事由等別の調査である。実態調査の狙いは，額面10万円以下の手形・小切手について券面イメージデータ化を一部割愛することでデータ量抑制にどの程度効果があるかを調べるものであった。調査結果と削減効果の検証については後述する。実態調査ではあわせて事務の二元化のもととなる電子データ化される手形・小切手以外の交換証券の種類の確認も行われた。

(4) 第3回検討部会(7月17日)

協会事務局からチェック・トランケーションのモデルプラン(試案)の基本的枠組みが提示された。モデルプラン(試案)の主要な項目について検討部会メンバーへアンケート調査の依頼が行われた。アンケート調査項目とその論点は表

表Ⅳ-1　アンケート調査項目と主な論点

項　目	論　点
1．電子手形交換所の設立	① 既存の手形交換所とは別に，全国1つの電子手形交換所を設置することについて ② 本件の導入推進は全国銀行協会を中心に展開することについて ③ できる限り多くの金融機関が参加できる環境整備（代理交換制度等）について ④ 電子手形交換所の法的有効性について ⑤ 電子交換所の役割・機能について
2．取扱対象とする交換証券	①「手形」「小切手」用紙の様式改訂要否について ②「その他交換証券」の取扱範囲，様式ひな型制定等について
3．手形・小切手の点検	① 紙ベースの現物は受入銀行に留まるため，手形，小切手に係る必要な点検等は受入銀行で実施することについて ② 点検項目に関する取扱について
4．電子データの作成	① 支払銀行での決済に必要なMICRデータの内容について ② 券面イメージの電子化する範囲（表面・裏面），レベル（解像度）等について
5．電子データの取扱い	① テレ為替の仕組を参考としつつ別体系の業務とすることについて ② 運用時間帯について ③ 支払銀行からの印鑑照合，不渡に関する参加銀行からの照会等について ④ 電子手形交換所までの距離，取扱量，時限等を勘案し，登録方法を参加銀行の実状にあわせて選択できることについて
6．現物の保管	① 保管期間や廃棄可否等について（法的な問題を含む） ② 現物に関する照会等があった場合の対応について
7．印鑑照合	① 照会の運用時間帯，照会対象データの範囲等について ② 一定の金額基準を設定するなどにより，印鑑照合を省略することについて
8．銀行間決済	① 決済時限等について
9．不渡手形の取扱い	① 不渡通知は集中取立をベースとした別体系の仕組について 　（入金報告は行わず不渡通知時限までに不渡通知がなければ決済済とみなす） ② 不渡通知時限について
10．不渡情報の開示	① 不渡届の具体的な内容や電子手形交換所への通知方法等について ② 手形交換所単位で運営している取引停止処分（取引停止処分者FAX照会を含む）および異議申立制度の見直しについて

出所）金融法務研究会［2002］45-47ページに基づいて筆者が一部加工して作成

Ⅳ-1のとおりである。

(5)第4回検討部会(7月24日)

　チェック・トランケーション導入後の交換処理タイム・スケジュールを検討した。

　前述(4)のアンケート調査項目では「5.電子データの取扱い」の論点②,「7.印鑑照合」の論点①,「8.銀行間決済」,「9.不渡手形の取扱い」の論点②に該当する。

　MICRデータと券面イメージデータのデータの性質や作業可能時間の相違なども考慮して,両者の取扱時間帯は別々に設定することとしている。例えば券面イメージデータの照会時間は,当日の引落作業に支障を来たさないよう配慮している。電子データの取扱時間帯については表Ⅳ-2のとおりである。

　電子手形交換所のタイムスケジュールについてはアンケート調査でも意見が分かれた。不渡通知時限を短縮して資金解放時限を早めるべきだとする意見も

表Ⅳ-2　電子データの取扱時間帯

	MICRデータ	券面イメージデータ
送信(持込)時間帯	送信　8：30〜21：00	媒体　16：30〜21：00 送信　8：30〜22：00
	交換尻の集計対象は,交換日前営業日までの送信分とする	交換日の前営業日までに持込・送信する
先日付データの送信(持込)	交換日の5営業日前から送信可能とする	取立・入金依頼の都度,可能とする
	送信データの期日管理は,受入銀行が行う	ただし期日までの期間が中長期の場合については今後検討する
照会時間帯	なし	7：30〜22：00
		受入銀行から持込・送信された翌営業日以降照会可能とする。ただし,電子手形交換所に登録済の場合,支払銀行は,交換日の5営業日前から事前照会可能とする

出所)金融法務研究会[2002]62ページに基づいて筆者が一部加工して作成

あれば，現行の時限を踏襲するのがベターとする意見もあった。資金解放時限を早めた場合でも受入銀行のシステムトラブルによってデータ送信が不能となった場合の対応を考慮すべきとの声もあった。またチェック・トランケーション導入によって決済リスク管理を向上させる観点から，デフォルト発生時の繰戻が現実に行えるよう時限を定めるべきだとする指摘も導入効果を具現化させるうえでは重要な意見である。最終的には現行の時限を踏襲する案を含めて次の4つの案が提示された。

案①：現行の時限を踏襲した場合
案②：不渡通知時限を前倒しし，資金解放時限を前倒しした場合
案③：資金決済システムに関するコア・プリンシプルに準拠した場合
案④：コア・プリンシプルに準拠し，かつ繰戻のフィージビリティを考慮した場合

最終確定は次年度に持ち越されることとなった。手形交換のタイムスケジュールについては表Ⅳ-3，表Ⅳ-4のとおりである。

表Ⅳ-3　東京手形交換所の現行スケジュール

項　　目	現　　行（東京手形交換所）
手形等の持出	交換所分類手形：交換日前営業日 16：30～21：00 銀行分類手形　：　〃　　　～交換日の 8：00 計数報告帳票　：　〃　　　～ 22：00
交換尻決済時刻	交換日当日 12：30
不渡届提出時限	支払銀行：交換日翌営業日 9：30 持出銀行：交換日翌々営業日 9：30
不渡手形の返却	逆交換　：当日の持出手形に組入れて持出 店頭返還：交換日翌営業日 11：00 までに返還
不渡手形代り金の決済時刻	逆交換：当日の持出手形に組入れて持出 店頭返還：手形現物と同時（差替）に現金等で決済
資金解放時刻	交換日翌営業日 13：00

注）代金取立における不渡の決済は，期日の翌営業日の 15：30 までに不渡通知を発信し，16：15 の内国為替の決済尻で処理する。
出所）金融法務研究会[2002] 63 ページに基づいて筆者が一部加工して作成

Ⅳ　わが国の取組状況（事例研究１）

表Ⅳ-4　チェック・トランケーション導入後のタイムスケジュール

項　目	案①	案②	案③[1]	案④[2]
電子データの送信	表Ⅳ-3を参照			
交換尻決済時刻	交換日当日 12：30	交換日当日 12：30	交換日当日 16：45	交換日当日 12：30
不渡通知時限	交換日翌営業日 11：00	交換日翌営業日 9：00	交換日当日 16：00	交換日当日 16：00
不渡手形代り金の決済時刻	交換日翌営業日 12：30	交換日翌営業日 9：45	－	交換日当日 16：45
資金解放時刻	交換日翌営業日 13：00	交換日翌営業日 11：00	交換日翌営業日 9：00	交換日翌営業日 9：00

注１）交換日当日16：00までに不渡通知を送信することにより，当日の交換尻決済は不渡手形分も含めて完了させる。これにより，デフォルト発生時における不渡手形代り金の回収不能事態の回避が可能となる。
　２）案③，案④ともに不渡通知時限は交換日当日16：00までとしており，不渡の確定時限が現状より厳しい取扱いとなる。このため，電子手形交換所における不渡情報の開示方法の取扱いについて別途検討が必要となる。
出所）金融法務研究会［2002］63-64ページに基づいて筆者が一部加工して作成

（6）第5回検討部会（9月13日）

　モデルプラン（試案）に関するアンケート調査結果，および交換証券の種類調査結果をとりまとめた件について事務局から報告された。

（7）第6回検討部会（9月25日）

　アンケート結果から「チェック・トランケーションへの移行についての考え方」を抽出して検討した。前述（4）のアンケート調査項目では「１.電子手形交換所の設立」の論点②および③に該当する。この論点がはじめに検討課題とされたのは，電子手形交換所のあり方が今後のシステム開発や採算の検討に極めて大きな影響を与える，との事務局サイドの認識が背景にあったからである。
　結論からいえば，「全金融機関が一斉に移行することを原則とする体制」で検討を進める方向性が定められた。チェック・トランケーションへの移行を検討するうえで整理すべきポイントは２つある。ひとつは移行単位であり，具体的にいうと「交換所単位」か「金融機関単位」のどちらの単位で移行するかを確定す

ることである。元来，手形交換所は紙現物の物流を効率化する役割を担って組織化されたものであり，近隣にある金融機関の店舗が参加している。交換所ごとに定められた手形交換所規則によって運営されているため，手形交換業務を切り出して移行するための検討はしやすい。しかし地域単位で移行する場合，地域によって電子交換と現物交換が併存することが想定される。金融機関にとって店舗ごとに電子化に対応したり，対応店舗を個別に管理する負担は大きい。また地域ごとに参加金融機関が合意する必要があることも本検討ではデメリットと考えていた。そもそも地域単位での移行では，地域的制約からの解放(全国どこへでも呈示できる)というチェック・トランケーションのメリットが享受できない。こうしたことから移行単位は「金融機関」が妥当であるとの方向性を定めた。もうひとつのポイントは，既存の手形交換所の併存をどの程度許容するかである。既存の交換所が併存することを積極的に許容して，電子化の対応準備ができた金融機関から順次電子手形交換所に移行する，という選択肢も想定はできる。しかしこの場合，電子手形交換所に参加しない金融機関による現物交換のために，参加金融機関は事務の二元化，二重投資化は避けられない。そこで結論として電子化メリットを最大限実現するためには一斉参加が最も効果的であると考えて，移行後は基本的には既存の手形交換所で現物交換は行わないという方針がとられた。

　ただし一斉移行といっても，閉ざされた地域内で関係銀行の合意により現物の手形交換を行うことを妨げるものではないことも部会では確認されている。2002年3月の報告では以下の環境整備を図ることを念頭におくことが示されている。
・持帰のみの参加，決済データのみの電子化等多様な参加形態の許容
・参加に伴う設備投資費用等を極力抑える観点からの簡易な電子化ツールの開発
・既存の内国為替制度における代金取立制度の存続
・電子手形交換事務の委託制度の導入
・電子化が困難な交換証券の代替策

(8) 第7回検討部会(10月9日)

　アンケート結果のうちチェック・トランケーション導入後の取引停止処分制度の在り方を検討した。前述(4)のアンケート調査項目では「10. 不渡情報の開示」の論点②に該当する。アンケート結果から事務局にて整理，提示された選択肢は次の3通りである。第1は現行制度を踏襲する案。当座勘定規定などを含めて既存への影響もなく，信用秩序機能も従来どおりの形で維持できる。ただし，再生のための融資等も原則不可という従来の規制もそのまま受け継ぐという案である。第2は制度を一部改善する案。導入を機会に取引停止処分は残すが，禁止取引や期間など処分の内容を見直す。例えば再生のための融資等のニーズに対応できる改善を取り込むといった案である。第3は信用情報制度に改変する案。不渡情報を開示することにとどめ，不渡手形の振出人等との取引の解約は銀行の裁量により行う。これを機に取引停止処分は廃止する。不渡情報は参考情報の位置づけとなるため，当該振出人と取引は銀行の裁量により行うことが可能である。この案では信用秩序の維持に懸念が生じるほか，取引停止処分の情報は公的機関にも利用されているため各種規定の改正等が必要となる。なお第3案は独禁法上の検証は不要だが，第1案，第2案は独禁法上の検証が必要との意見があった。メンバーの意見は総じて「第1案を支持，現行どおりにしてほしい」というものであり，一部改正するにしても慎重な議論を要するとの声もあった。

　異議申立提供金については，異議申立提供金制度は入金人の立場を考慮，不渡手形の乱発や横行等を回避する観点から存続させる必要があるとの意見がだされた。ただ現行手続では，支払銀行が異議申立書と不渡手形金額相当額を交換所に持ち込んでいる。こうした物流の残存は電子化の趣旨に反すること，地理的に全国でひとつの電子手形交換所へ物理的に搬送することの時間的制約などから，現行手続に代わる対応策が必要となる。具体的には，振出人から異議申立預託金を別段預金で受けた場合には，支払銀行がその旨を電子手形交換所に通知するか，支払銀行に電子手形交換所名義の口座を設け，そこに提供金を

振替える方法が考えられる。他にも異議申立提供金の返還と免除申請の取扱い，返還の特例扱いの手続への対応策も検討する必要がある。

既存の手形交換所における不渡報告および取引停止報告等の取扱い（取引停止処分を存続させることにした場合）についても説明された。基本としては従来からの手形交換所の廃止・合併にともなう取引停止処分制度の取り扱いに準じて次のとおり扱う方向性が出された。(a)既存の手形交換所における不渡情報および異議申立提供金は，電子手形交換所には引き継がない。例えば，東京手形交換所で1回目不渡届が提出されていた場合において，新たに電子手形交換所で不渡届が提出されたときは2回目とカウントしない。(b)既取引停止処分者の照会は，当面，既存の手形交換所においても対応する。電子手形交換所参加銀行はその照会結果は参考情報として取扱う。(c)電子手形交換所の不渡情報は，既存の手形交換所には開示しない。

不渡情報の開示については，現行を踏襲すべきとの意見のほか，融資不可条項の見直しにより再生融資を許容するなど一部改正を求める声，また情報開示にとどめて交換所として取引停止措置までは行わない，いわば信用情報制度へ改変すべきといった意見が出された。信用情報制度への改変については銀行の裁量で取引適否判断が可能となるが，信用秩序機能の水準確保と銀行業界を越えた影響が出るとの問題点も指摘された。方向感としては個別行とも総じて「現行どおりにしてほしい」との意見であり，一部改正するにしても慎重な議論が必要であるとする声が多かった。

(9)第8回検討部会(10月23日)

アンケート結果から法的課題の整理，モデルプラン試案の業務要件について検討した。

法的課題の整理は前述(4)のアンケート調査項目では「1.電子手形交換所の設立」の論点④に該当する。金融法務研究会[2000]によってチェック・トランケーションの法的有効性には一定の根拠があると認識しつつも，電子手形交換全般の法的有効性について外部のリーガルオピニオンを取得するべきとの提案

があった。また全国ひとつの電子手形交換所を設置することについて，独占禁止法との調整の要否に関して確認を要するべきとの指摘があった。法的課題はチェック・トランケーション実現の根幹に触れる部分であり，金融法務研究会の報告書に依拠するだけでなく，より確実に有効性を確立すべきとの合意が形成された。この方針に基づいて，後に金融法務研究会へモデルプラン試案についての再検証が依頼された。再検証の結果をとりまとめた報告書が金融法務研究会[2002]である。なお検討部会で議論，整理された法的課題の一覧は表Ⅳ-5のとおりである。

　モデルプラン試案の業務要件に関する論点についても検討した。前述（4）のアンケート調査項目では「4.電子データの作成」および「5.電子データの取扱い」に該当する。「4.電子データの作成」で対象となる電子データは「MICR情報をベースとしたデータ（以下，MICRデータ）」と「券面イメージに関するデータ（以下，イメージデータ）」の2つである。両者のうちシステム開発の要件確定や採算の見積りに大きく影響するMICRデータについて詳細な確認が行われた。

　チェック・トランケーションではテレ為替に準じてMICRデータを送受信する仕組みを想定している。全銀センター，持帰（支払）銀行，持出（受入）銀行の立場からMICRデータが充足すべき要件を整理する。

① 交換尻決済処理（全銀センター）

>　全銀センターでは次のデータにより交換尻を算出して決済処理を行う。
>・持出（受入）銀行
>・持帰（支払）銀行
>・委託銀行[※1]
>・交換日
>・通信種目コード[※2]
>・交換証券の額面金額
>・銀行間手数料（設定する場合）[※3]

表Ⅳ-5　チェック・トランケーション導入にあたっての法的課題の整理について

項　　　目	内　　　容	金法研報告書※
（1）呈示の効力 　　遡及権保全の効力	現物は受入銀行にとどめ，券面イメージデータを交換所に登録・照会して呈示を行うことが，手形・小切手法における支払のための呈示として認められるか法的有効性の検証が必要である。	現物の支払呈示がなくとも占有改定または代理の法律構成で対応可能と考えている。
（2）手形・小切手要件 　　裏書の連続等の点検	受入銀行が支払銀行に代って点検するため，両者の間で委託関係を明らかにする必要がある。 後日の損失を考慮したとき，銀行間で契約を取り交す必要があるが，または規則に織り込むだけで問題ないかの検討も必要と思われる。	取立銀行に過失があれば，支払銀行が一旦損失を負担し，取立銀行に求償する仕組が望ましいとしている。
（3）券面イメージデータによる支払の免責	券面イメージデータ上の印鑑照合等により，現物を用いず支払うことについて，支払銀行は免責を主張することが可能か（当座勘定規定の改正要否，偽造手形・小切手の支払を含め）法的有効性の検証が必要である。	券面イメージデータの送信が前提になっていない（約款免責の議論の可能性のみ示唆）。
（4）現物の保管・廃棄	受入銀行で現物を保管し，一定期間経過後に廃棄するよう銀行間の協定等に織り込む。	廃棄については，触れていない
（5）電磁的記録媒体による保管	保管方法として，電子手形交換所に電磁的記録媒体による保管が可能となるよう商法等の改正要望等を視野に今後検討する必要がある。	触れていない
（6）不渡付箋	受入銀行が支払銀行に代って不渡付箋を貼付することについて，銀行間の協定等で対応が可能か検証が必要である。	触れていない
（7）不渡処分等	独占禁止法上の観点からの検証（構成取引委員会）が必要と思われる。	触れていない
（8）法務大臣指定交換所との関係	昭和8年司法省令第38号（手形法第83条及小切手法第69条の規定に依る手形交換所指定の件）との関係を法務省と整理する必要がある。	触れていない
（9）約款免責	免責の有効性を検証のうえ，約款（当座勘定規定，普通預金規定等）の各種改正を検討する必要がある。	触れていない

※金融法務研究会報告書「チェック・トランケーションにおける法律問題について」
出所）金融法務研究会［2002］51ページ

(※1)代理交換制度等を想定し,電子手形交換所で委託銀行の処理計数をカウントする場合は必要となる(受託銀行と委託銀行との資金決済や繰戻時の交換尻再計算のために,持出・持帰分ともMICRデータに委託銀行情報を必要とするが,現在の MICR印字では必須とされておらず,(主に持帰銀行では自行欄,補助自行欄Iを適宜使用して識別しているものの)統一もされていない)。
(※2)交換証券種類,決済・不渡通知の区分等が考えられる。
(※3)現在の代金取立制度においては,銀行間手数料を全銀センターで集中計算している。

② 引落処理(支払銀行)

　支払銀行では手形・小切手が振り出された当座勘定から該当金額の引落処理を行う。支払銀行が印字するMICRとしては「店番号」「口座番号」「手形・小切手番号」といった項目が想定されるが,手形交換所規則上の定めはない。
　MICRデータについては,現在のMICR印字にない情報の追加要否が指摘された。具体的な追加情報としては,受入銀行における形式点検の確認結果のように引落処理の迅速化等を図るための情報などである。為替手形やその他交換証券の場合,振出人等の口座番号や手形・小切手番号が不明なケースもあるため,その対応も考慮が必要となる[20]。
　またMICRデータの元となるMICR印字の見直しも指摘されている。現在のMICR印字を変更しない場合は支払銀行の自動引落処理には大きな変更はないが,チェック・トランケーションで追加情報が必要となった場合は持出銀行で手入力作業が生じる。変更する場合は委託銀行情報などの追加といった印字場所の統一,整理ができるメリットはあるが,支払銀行で手形・小切手用紙の差替や新旧用紙の併存にかかるシステム対応等が必要になる。

③ イメージデータと決済電文との突合(持帰銀行),および不渡手形の特定(持出銀行)

　決済電文処理の可否を判断するためには,イメージデータを印鑑照合した結果が必要となる。また持出銀行が不渡手形を特定できるようにするためにもMICRにイメージデータとのマッチングキーを付与する必要がある。対応策と

して2つ挙げられている。ひとつはMICR印字またはMICRデータの一部からマッチングキーを作成する方法である。新たな管理番号は不要であるが，為替手形等の非印字手形の対応を検討する必要がある。もうひとつは持出銀行でマッチングキーとなる管理番号を付与する方法である。代金取立における取立番号に準じて，入金証券類にも管理番号を採番することとなる。

最終的には今後MICRデータ項目の確定，MICR印字内容の見直しの要否決定，マッチングキーの決定の3項目の確定に取り組む方針となった。検討過程ではシステム負荷や銀行の運用体制を考慮するよう付言されている。しかし本検討項目ではシステム開発に対する要件定義が中心であり，賛否を問う性質の議論はなかった。基本的に検討では要件をもれなく提示して内容を詰めることに主眼がおかれた。

(10) 第9回検討部会(11月6日)

アンケート結果から不渡届の電子化，銀行間決済について検討した。

不渡届の電子化は前述(4)のアンケート調査項目では「10.不渡情報の開示」の論点①に該当する。不渡届は銀行から手形交換所に提出される紙片である[21]。この不渡届に基づいて，手形交換所では不渡報告および取引停止報告を作成する。全国ひとつの電子手形交換所が設立されると，現行のように支払・持出銀行の双方が書面で時限までに提出することが困難となる。また手形交換業務の一部として書面のやりとりが残ると電子手形交換所の効率性を損なう懸念がある。従って不渡届を電子化する前提で検討を進めることとなった。

不渡届の電子化における課題は次のとおり整理できる。第1は送信方法であり，不渡通知(いわゆる勘定系)と不渡届(いわゆる情報系)を同時に送信するか，別に送信するかを定める必要がある。同時に送信する場合は不渡通知と不渡届を別に作成，送信する際に両者で重複する入力項目が省略できること，送信時限の管理が1回で済むといったメリットが見込まれる。ただし不渡手形代り金を回収するためのデータである不渡通知の送信は一刻を争う性質をもつが，その送信が事後の情報管理ツールである不渡届作成による制約をうけるデメリッ

トが想定される。

　第2は表示方法であり，不渡届の記載内容自体の見直しの要否を問うものである。具体的にはカナ表記のみかカナ・漢字表記とするかの選択となる。カナ表記のみとする場合，テレ為替の仕組みを準用できるメリットはあるが，不渡履歴を照会する際にカナ表記で管理することはデメリットと考えられる。カナ・漢字表記とする場合，不渡履歴の管理や各種確認を漢字で照会できるメリットがあるが，漢字の入力負担が発生するほか送信手段を別に検討する必要が生じるデメリットが挙げられている。記載内容の見直しについてはほかにも，これを機に同一法人や同姓同名の特定がしやすいよう設立年月日等の情報の追加要否などが今後の検討課題となった。

　なお2002年3月の最終報告では触れられていないが，不渡届の作成作業を銀行でなく交換所に集約することの可否が検討されている。不渡届提出の最終判断は銀行側が行ってきたことを勘案，交換所側で即応するのはむずかしいものの作成作業の集約化による全体の効率化が見込まれる。本来は検討課題として記録されるべき内容といえる。

　銀行間決済についても検討が行われた。概要としては，電子手形交換所が受入銀行から送信されたMICRデータをもとに全銀センターで交換日(呈示日)ごとに決済額を集計して東京銀行協会口座で決済する，というものである。検討事項は決済時限など運用のタイムスケジュールである。ここでは第4回で検討されたタイムスケジュール案をもとにした比較検討となる。ここではどの案を採用するかは定められず，銀行におけるリスク管理や引落処理，顧客の利便性等を考慮したうえで確定する旨が合意された。

(11)第10回検討部会(11月20日)
　手形・小切手用紙の改訂，その他交換証券の取扱い，手形・小切手の形式点検項目について検討した。
　手形・小切手用紙の改訂は前述(4)のアンケート調査項目では「2.取扱対象とする交換証券」の論点①に該当する。用紙改訂については「改訂せず，現行の

用紙をそのまま利用する」案と「電子化を容易にする様式に改訂する」案が提示された。様式を改訂しない場合，顧客・銀行双方で切り替えに伴う事務負担が生じないほか，銀行独自にデザインすることができるメリットがある。一方で金額の読み取りが困難な手形・小切手では金額の入力，またMICR印字されていない情報の入力といった受入銀行での手入力作業が生じるほか，押印箇所を特定していないためイメージ画像の切出部分が広くなりデータ容量が大きくなるといったデメリットが想定される。様式を改訂する場合，金額欄をはじめ，チェック・トランケーションに必要となるその他付加情報についてもOCR処理欄を設けることで受入銀行でのMICR印字を省略して手入力作業を削減することが可能となる。またMICR印字の内容や押印箇所を見直す契機となるほか，用紙の偽造防止，セキュリティ強化対策を統一的に施すことができるなどのメリットが考えられる。一方で，全当座取引先から旧用紙の回収を行うとともに新たに改訂用紙を配布する作業負担が生じるほか，振出済の長期預り手形の取扱いを定める必要があるなどのデメリットが見込まれる。最終報告ではどちらを採用するかは定められず，この検討結果を参考として今後検討することとされた。

　その他交換証券の取扱いは前述（4）のアンケート調査項目では「2．取扱対象とする交換証券」の論点②に該当する。検討部会では第2回で実施された交換証券の実態調査に基づいて問題点の洗出しが行われた。問題点は次のとおりである。

・MICR印字を行うことができないものがある。
・規格・紙質等が手形・小切手と合致していないものがある。
・手形・小切手にはない必要情報が記載されているものがある。
　（例：外為関係証券におけるL/C番号　等）
・発行者へ現物を返還もしくは処理結果を報告しなければならないものがある。

> （例：国債→日銀，地方債→地公体，酒券→全酒販　等）

　チェック・トランケーション導入後の考え方としては，交換所は本来，手形・小切手の決済を行うことが一義であるとされ，その他交換証券処理のために全体処理の効率性を劣化させないことや処理コストを増加させることがないよう配慮すべきであるとされた。その他交換証券についても手形・小切手の処理スキームに合致させるように工夫することが求められる。その対応策として挙げられた項目は次のとおりである。

> ・その他交換証券について，手形・小切手の規格・紙質等に統一するよう推進。
> ・銀行間の領収書の決済は支払銀行で請求内容および請求金額等の確認ができれば決済を行うことは可能（手形・小切手のように印鑑照合等を行った後に振出人等の当座預金から額面金額を引落とすという仕組みになっていない。イメージデータの登録は省略）
> ・現物の金融機関保管が可能なよう関係先へ要請（現物交付に代えて券面イメージを送信）
> ・証券の流通を極力減らすよう振込へのシフトを関係先へ要請（例えば株式配当金領収証）
> ・発行先への現物の返還を要するものは現物の授受と資金決済を切り離して検討

　手形・小切手の形式点検はアンケート調査項目では「3．手形・小切手の点検」に該当する。現行は受入銀行，支払銀行の双方で形式点検を実施しているが，これを合理化すべきとの意見が多かった。これを受けて形式点検についての方針は以下のとおり集約された。

- 形式点検に先立ち交換に付すことの是非にかかわる点検項目，支払可否判断に影響する情報などを確認する
- 電子手形交換所規則で受入銀行の点検責任を明確にする
- 支払銀行での点検事務省力化を実現する
- 受入銀行は必要な情報を支払銀行に通知する

受入銀行が実施する形式点検項目の例は表Ⅳ-6のとおりである。

(12) 第11回検討部会(12月18日)

チェック・トランケーション導入に伴う採算と導入スケジュールについて検討した。採算については交換所サイドと個別銀行サイドに分けて検討した。ここまで検討してきた多くの論点が確定していないなかで，電子手形交換所設立

表Ⅳ-6　受入銀行が実施する形式点検項目

	共　　通	固　　有
手形	(a) 金額照合等 (b) 印鑑・署名鑑 (c) 支払期日，金額等の訂正等の有無 (d) 用紙の紙質，損傷等の確認 （例：MICR印字できない用紙等）	(a) 支払期日の確認(呈示期間内か，歴日付か等) (b) 振出地・振出人の住所地の記載 (c) 振出日(満期日前であることの確認) (d) 受取人と第一裏書人の一致 (e) 裏書不備の確認(裏書の連続，裏書の捺印の有無等) (f) 有益的記載事項(指図禁止等)，有害的記載事項，無益的記載事項の文言の有無 【約束手形の場合】 (g) 自己受約束手形(振出人＝受取人である手形)の確認 【為替手形の場合】 (h) 支払人名と引受人の一致 (i) 支払地の記載の有無，該当店舗の確認
小切手		(j) 振出日の確認(呈示期間経過後の場合，先日付の場合) (k) 記名式小切手の裏書の形式 (l) 線引の確認 (m) 有益的記載事項(指図禁止等)，有害的記載事項，無益的記載事項の文言の有無

出所) 金融法務研究会[2002] 57ページに基づいて筆者が一部加工して作成

IV　わが国の取組状況（事例研究1）

にかかる見積もりを出すのは困難な作業であり，かつ誤解を招かないよう慎重に配意する必要があるとの認識をメンバーで共有していた。ただし採算性の目途が示されなければ個別行としてもチェック・トランケーション導入の是非を判断することができない。いくつもの前提を置いたうえで次のとおり採算の概算がまとめられた。

電子手形交換所構築にかかる費用見積もりは5年で190億円となった。見積もりは全銀センターのシステムを担当するNTTデータによるものである。内訳は，イニシャルコストとして全銀センター・電子手形交換所のハードウエア・ソフトウエア等で135億円，ランニングコストとして保守費用，建物使用料，通信回線使用料等で55億円である。一方で既存の手形交換所にかかる費用は参考数値として年間54億円となり，5年分に単純換算すると270億円となった。54億円の算出根拠は東京手形交換所が4億円，それ以外の手形交換所で50億円である。東京手形交換所以外の交換所のうち銀行協会直営106ヵ所は支出予算額を費用とみなしている。銀行協会直営でない439ヵ所は個別のヒアリングや直営交換所の費用などから推察して1交換所あたり150万円と想定している。

個別銀行の採算については固有事情や守秘義務の問題があるため，費用の増加要因および削減要因の主な項目を列挙して各行で試算する参考資料を提示する対応にとどまっている。

費用増加要因と削減要因として最終的にまとめられたものは表IV-7，表IV-8のとおりである。

費用増加および削減要因は，個別銀行における作業のうち汎用性があるとみられる工程を抽出して例示したものである。各銀行でどの程度費用が増減するかを知るためには，個別銀行が各自の業務体制などの事情を加味して経費や人員の増減を具体的に集計する必要がある。集計の具体例については後述する。

導入スケジュールについて，実施時期は2006（平成18）年8月を目途とすることとなった。東京手形交換所のリーダー／ソーターなどシステムのリース期間満了時期が2006年8月に到来すること，および交換件数の比較的少ない時

表Ⅳ-7 費用増加要因(事例)

項　目	説　明	区　分
システム開発	・全銀システムへの業務項目追加への対応	共　通
	・持出手形に基づく決済用データ(請求電文)の作成への対応	受入銀行
	・決済用データ(請求電文)に基づく自動引落への対応	支払銀行
イメージ処理装置 (保守費を含む)	・イメージデータを作成，送信および照会する装置 ① 集中センターに設置する場合 ② 各営業店に設置する場合	共　通
人　員	・現物を保管する受入銀行として担う形式点検業務への対応	受入銀行
	・決済用データ，券面イメージデータ作成，送付等に関する運用への対応	受入銀行

出所)金融法務研究会[2002]72ページ

表Ⅳ-8 費用削減要因(事例)

項　目		説　明	区　分
経　費	郵送料	・期近手形，個別直送手形などの郵送費	受入銀行
	保守料	・既存のソーターシステムやプルーフシステムなどにかかる保守費	支払銀行
	スペース	・持帰手形の仕訳に使用していた作業場所に関する賃料	
人　員	集中取立手形に係る工程	・入力，受付が完了した手形現物をソーターで期日別，持帰銀行別に分類し，保管中に管理する業務 ・期日前に集中取立手形等を事前に持出処理する業務	受入銀行
	個別取立に係る工程	・期日間際の手形を個別に支払銀行へ直送する業務	
	持帰手形に係る工程	・引落用データの作成 ・不渡届の作成(システムによるサポートを前提) ・印鑑照合(一定金額以下の照合省略を前提) ・形式点検(受入銀行への一部義務化を前提)	支払銀行
	現物の運搬	手形・小切手を交換所へ持ち出し，また持ち帰る業務	共　通

出所)金融法務研究会[2002]73ページ

Ⅳ わが国の取組状況(事例研究1)

表Ⅳ-9　チェック・トランケーション導入に関する今後のスケジュール

		2002	2003	2004	2005	2006
部会	業務要件の検討確定(制度・システム)	着手～確定				導入
システム	業者の入札・選定		確定			
	基本設計書の作成		着手～確定			
	開発・試験			着手	完了	
事務	規則・コンチプラン			着手	確定説明会	
法制	金法研再検証・法律意見書	着手～とりまとめ			依頼・取得	
外部対応	日銀, 金融庁, 法務省	相談等		必要に応じて相談		
	加盟予定メンバー	検討部会に参加，あるいは連絡会を通じて状況説明				周知等

出所)金融法務研究会報告書[2002]44ページに基づいて筆者が一部加工して作成

期であることが考慮された結果である。実施までのスケジュール策定にあたっては，部会における制度・システム面の業務要件の検討確定，システム面で開発業者の入札・選定，基本設計書の作成・開発および総合運転試験，規則やコンティンジェンシープランの策定，リーガルオピニオンの取得などの作業項目に対して必要な期間が配分された。検討当初は2005年中の導入開始を見込んでいたが，リース期間終了の情報が新たに確認されたことに加えて，全金融機関の一斉参加を前提とするならば相応の準備期間が必要とする声が強かったこともありこの時期に定まった。

2002年3月に公表された導入スケジュールは表Ⅳ-9のとおりである。

(13)第12～14回検討部会

2001年中の検討結果をふまえてチェック・トランケーション導入に関する基本方針案について審議された。検討部会の開催日は第12回2002年1月29日，第13回2月5日，第14回2月19日となっている。第14回の検討部会で全国銀行協会の事務委員会および理事会に付議される最終案が確定した。

(14) 全国銀行協会理事会(2002年3月19日)

　検討部会での審議の結果,「導入により期待される効果が非常に大きいこと,また,導入に伴う大きな障害となる問題は現時点では認められない」(川邉[2002])として,全国銀行協会は2002年3月18日の事務委員会,翌19日の理事会にチェック・トランケーション導入に関する基本方針を付議,これを承認した。基本方針は次の2つで構成されている。

> ① 平成18年8月導入を目途に,チェック・トランケーションの実施に関する基本的枠組および平成13年度検討結果に基づき,検討・準備を進める。
> ② 今後の検討にあたっては,全銀協以外の他業態等との情報交換や連携を進め,全金融機関の円滑な移行を目指す。

　①では,導入時期を具体的に明示している。これは2002(平成14)年度以降,チェック・トランケーションの実施を前提として,より具体的な検討を進めていくことを表明するものであると全国銀行協会は述べている。2006年8月との目途については,今後詳細を詰めていくなかで合理的な理由があれば,スケジュールの見直し等も検討していく旨も記されている。

　②では,原則として全金融機関が一斉に電子手形交換所に移行することが望ましいこととしている。今後,全国銀行協会以外の業態との情報交換・連携を強化し,わが国における全金融機関が足並みを揃えて検討・準備を進めていくことが宣言されている。

3　検討凍結への道

(1) 全国銀行協会理事会(2002年12月24日)その1「検討結果」

　2002年度に入り,全国銀行協会は事務委員会傘下のチェック・トランケー

ション検討部会を引き続き設置し，3月に機関決定された基本的枠組みに沿って課題について検討を進めた[22]。しかし検討の結果，同年12月の理事会でチェック・トランケーション導入に向けた検討を引続き継続することは適当ではないとの考え方を示し，2002年3月の基本方針に基づく検討を凍結することを決定した[23]。2002年度に行われた検討の内容は次のとおりである[24]。

① タイムスケジュール

　運用上の重要事項であるタイムスケジュール案の確定にあたっては，顧客サービスと決済リスク管理の向上を重点に置いて実務への影響が考慮された。結果として検討部会でとりまとめられた案は表Ⅳ-10のとおりである。

② 形式点検項目

　チェック・トランケーションでは紙現物は受入銀行で留め置かれるため，形式点検に関する受入銀行と支払銀行の間で責任分担の整理が必要となる。基本的枠組みに基づいた事務フローと責任分担に関する検討部会のとりまとめ案は次のとおりである。

・手形小切手要件，裏書の連続性等の確認は受入銀行が行い，その結果を支払銀行に通知する（決済電文の備考欄を利用）。

・点検結果に過誤があり，振出人に損害が生じた場合には，一時的に支払銀行が損害を負担し，後日受入銀行に対して求償する。ただし，受入銀行が通知した事項についての確認義務は支払銀行が負うものとし，受入銀行に求償することはできないものとする。

　形式点検の項目と受入銀行と支払銀行の責任分担に関する検討部会のとりまとめ案は次のとおりである。

・用紙の真正性（明らかな模造）など手形現物でしか分からないものの確認義務（注意義務）は受入銀行が負うものとする。

表Ⅳ-10 タイムスケジュール案

項　目	時　限	説　明
交換尻決済時刻	交換日当日 12：00	
不渡通知時限	交換日当日 16：00	・内国為替の通信終了時刻（通常日15：00）を待って不渡を確定させる必要がある ・16：10頃に各行および日本銀行に対し交換尻額を通知する
手形代り金決済時刻	交換日当日 16：45	・不渡手形の大部分は当日中に決済されると考えられ，決済リスクの削減（受入銀行の破綻に係る支払銀行のリスク）を図ることができると考えられる ・不渡手形の全国の1日平均決済高は約32億円（交換高1日平均約3兆5,662億円の0.09％）
不渡通知 （追報分）時限	交換日翌営業日 10：00	・不渡通知（追報分）の時間を設けることにより， ①現行の店頭返還類似の取扱いが可能 ②事務繁忙，入金確認の遅れ等により交換日当日に不渡通知が発信できなかった場合に対応可能となる ・また，巨額の不渡確定手形について，交換日当日におけるこの時間に不渡通知を発信することにより交換尻額を縮減できることとなり，さらに決済リスクを削減できることとなる
資金解放時限	交換日翌営業日 11：00	・資金解放時刻が現行（13時）と比べて前倒しとなることから，顧客利便性が向上する ・資金解放時刻は手形交換決済システムには依存しないため，導入後の状況や各行における事務習熟，システム対応状況等を勘案して前倒ししていくことも視野に含める
交換尻決済時刻	交換日翌営業日 12：00	・交換日翌営業日分および10時迄に受信した不渡通知文を決済する ・10：10頃に各行および日本銀行に対し交換尻を通知する ・交換尻仮集計結果通知を9時頃に送信。当日の仮交換尻額を早めに通知することにより金融機関の資金繰りに資する枠組とする

- 手形要件，有害的・有益的記載事項の有無など券面上，形式的に判断できる部分の確認義務は，従来通り支払銀行が負うものとする。
- なお，受入銀行が受入時または決済データ作成時に支払銀行が留意すべき点を発見した場合には，支払銀行に通知することが望ましい(※)。
- (※)支払銀行あて通知の事務フロー案としては，決済データ中に「留意事項あり」の旨のフラグをたて，チェックすべきと考える項目(「シハライキジツ」等)または留意すべき内容(「テイセイインアリ」等)の記載を適宜備考欄に付記する。詳細は決済電文の内容を含め営業店の事務フロー等を検討する際に併せて検討する。

チェック・トランケーション導入に伴う責任分担について検討した結果，受入銀行が分担すべき責任は「現物でしか分からない部分」に関する事項となった。具体的に受入銀行が負う義務は「用紙の真正性」，明らかな模造の有無の確認である。支払銀行はそれ以外の事項について責任を負う。具体的には「券面上，形式的に判断できる部分」，印鑑照合など「支払銀行しか確認できない部分」，資金や取引の有無，また事故届の有無，破産など支払人にかかる状況など「支払人にかかる個別的事項」である。

③ 参加形態

参加するすべての金融機関の一斉参加を可能とするために，多様な参加形態の許容や委託制度の導入が前提とされた。検討部会のとりまとめ案では次の4つの形態が提示された。

- イメージデータ・決済データの送信を自行で行う直接交換参加型
- イメージデータ・決済データの送信を他の金融機関に委託する代理交換参加Ⅰ型
- 決済データは自行で送信し，イメージデータの送信を他の金融機関に委託する代理交換参加Ⅱ型
- 決済データは自行で送信し，イメージデータの送信は共同センターを利

用する共同センター型

　同一金融機関内でも支店ごとに事情が異なることを勘案して参加形態は支店単位かつ送信・受信側ごとに選択できるものとされた。ただし送信側と受信側の組合せについては次の制約が設けられている。

・各店舗における持出の参加形態と持帰の参加形態は基本的に同じ組合せとする。
（持出と持帰でⅠ型とⅡ型を組合せると交換決済の資金と不渡手形代り金の資金の管理場所が異なり，不渡手形代り金の不払いが発生した際の法律関係が複雑になる等）
・持帰手形は支払銀行のセンターで一括処理(要件チェック・印鑑照合)する場合を考慮し，持出(受入)店舗としていずれの参加形態をとっても支払銀行としての持帰の参加形態を「直接交換参加型」とすることは差し支えない。
・持出は自行センターで集中して行うが(直接交換参加型)，支払銀行としてのイメージのチェック(要件チェック，印鑑照合)は支店単位で行いたい店舗(ただし自行センターが遠方)について，持出の参加形態は「直接交換参加型(センター集中)」，持帰の参加形態は「代理交換参加Ⅱ型」とすることは差し支えない。

　参加形態ごとのイメージデータと決済電文の受発信，および交換尻決済の主体を整理したのが表Ⅳ-11である。なお制約事項をふまえて持出・持帰の参加形態の組合せを検討すると13パターンとなる。

④ 決済データの送信可能期間，イメージデータの登録可能期間および登録方法

　検討部会のとりまとめ案によると，決済データの送信可能期間およびイメージデータの登録可能期間はともに「交換日の6営業日前から交換日前日まで」と

表Ⅳ-11　参加形態のとりまとめ案

形態区分		イメージデータ 送信元・受信元	決済電文 送信元・受信元	交換尻決済
直接交換参加型		自行	自行	自行 ※代行金融機関
代理交換 参加型	Ⅰ型 （イメージ＋決済を委託）	受託銀行	受託銀行	受託銀行
	Ⅱ型 （イメージのみ委託）	交換受託銀行	自行	自行 ※代行金融機関
	共同センター型 （イメージのみ委託）	共同センター利用	自行	自行 ※代行金融機関

注）日本銀行に当座預金をもたない金融機関等が参加する場合、交換尻決済は決済受託を代行する金融機関が行う。

された。とりまとめ案の成立過程は次のとおりである。

　まず決済データの送信（受信）について，為替業務の仕組みが流用できることから，全銀センターを利用して授受する前提がとられている。そこで事前送信の期間を6営業日とすれば，全銀センターおよび加盟銀行で管理している現行の決済カウンターと同じとなることなどから，決済データの送信可能期間が設定された。

　イメージデータの登録可能期間は，期日管理負担の軽減と登録作業の平準化の観点から期限を設けずに登録可能とする案が模索された。しかし，アーカイブセンターのデータ収容規模が大きくなりコスト増となることや決済データの送信可能期間と異なる場合の期日管理負担などを考慮した結果，決済データの送信可能期間と合わせて，交換日6営業日前から交換日前日までとされた。

　イメージデータのアーカイブセンターへの登録方法は，オンラインおよび磁気媒体による2つの方法が利用可能だとしている。磁気媒体による登録はオンライン登録不能時のバックアップとなることも想定されている。

⑤ 交換尻不払い発生時の繰戻しの取扱いおよび繰戻しの発動基準

　支店ごとに参加形態が異なる可能性がある点や交換尻決済が他の金融機関に

委託されるケースがあることなどを斟酌して，繰戻しの取扱いと発動基準が作成された。検討部会によるとりまとめ案は次のとおりである。

> ・手形交換決済において不払いが発生した場合には，当該金融機関にかかるすべての決済電文を除外して交換尻の再計算を行う。
> ・イメージデータの削除は行わず，不払いがあった旨を付記して保存する。
> ・不渡手形代り金決済において不払いが発生した場合には，当該金融機関にかかる代り金をすべて除外して再計算を行う。
> ・代理交換委託Ⅰ型における受託銀行が破綻した場合，当該受託銀行にかかる決済電文に加えて，代理交換委託金融機関が当該受託銀行を通じて授受する決済電文についても除外して交換尻の再計算を行う。
> ・代行決済受託金融機関が破綻した場合も上記と同様とする。
> ・不払金額が交換所に差し入れている保証金の範囲内の場合には，上記にかかわらず決済を行う。
> ・イメージ送信のみを委託している形態（代理交換参加Ⅱ型）において，交換受託銀行が破綻した場合には繰り戻す必要はない。ただし，受託事務がこなせない可能性があるので，臨時代理交換できる枠組みを設ける必要がある。

⑥ イメージデータ処理の対象を一定金額以上に限定することについて

　基本的枠組みにおける検討課題として，印鑑照合について金額制限を設けて一定金額以上だけを対象とする案があった。この案には，支払銀行の確認・照合事務や電子手形交換所におけるシステム投資の軽減のメリットを獲得する狙いがあった。検討部会のとりまとめ案では，「受入銀行はすべての受入手形・小切手のイメージデータを送信・登録することとし，支払銀行はアーカイブセンターに全件印鑑照合を行える体制とする」ものとしている。
　比較的少額の手形・小切手について印鑑照合を省略するとの発想はアメリカ

では一般的であるが，わが国での導入検討は斬新な取組みであった。実際に検討してみると，わが国で印鑑照合を省略して支払を行うことはレピュテーションリスクの懸念が大きい。金額を切り分けることに伴うシステム対応も必要となる。ここでは実際に印鑑照合を行うか否かの判断は各行の判断によることとして，イメージデータは全件登録することにしている。システム的にはアーカイブセンターにおいて金額制限を設けることができる仕組みを構築しておいて将来的な環境変化に対応する。

⑦ 行内交換分，同一受託銀行内交換分，業態内交換分の取扱い

チェック・トランケーションの導入では，行内交換分や同一受託銀行内交換分，業態内交換分の手形・小切手など既存の手形交換所を経由しない手形・小切手の取扱いを想定していない。しかし銀行の立場からすれば，手形・小切手の物流が残存して事務が二元化する事態は回避したい。そこで，行内交換分等の手形・小切手についてもイメージ処理するニーズが出てくると考えられる。検討部会のとりまとめ案では，「行内交換分など決済データが電子手形交換所（全銀センター）を通じて授受されない手形のイメージデータについて，アーカイブセンターへイメージデータを送信するか否かについては金融機関の任意」とされている。電子手形交換所で自行内交換の手形を受け入れる場合，個別に銀行がシステム開発するよりも投資効果が高く，事務の一元化にも寄与するメリットがある。ただし電子手形交換所の設備増強が必要となり，その分のコスト増を見込む必要がある。

また検討部会のとりまとめ案は，「決済データが交換所を通して授受されない手形のイメージデータの送受信について，行内アーカイブセンターと電子手形交換所のアーカイブセンターのいずれを用いるかは，当該交換受託銀行の任意」としている。「決済データが交換所を通して授受されない手形」とは，代理交換参加Ⅱ型における交換受託銀行が，当該交換受託銀行の代理交換委託金融機関間や，代理交換委託金融機関と当該交換受託銀行間で授受することとなる手形を指す（図Ⅳ-1）。いずれのとりまとめ案も2001年度の検討では抽出できてい

図Ⅳ-1　代理交換委託金融機関と当該交換受託銀行間で授受する手形のイメージ図

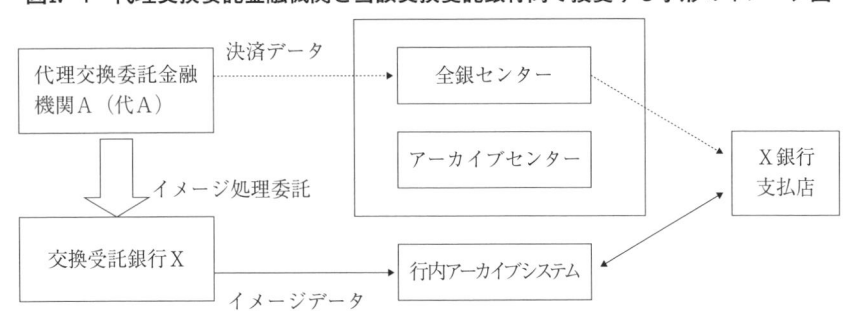

```
代理交換委託金融      決済データ       全銀センター
機関A（代A）     ─────────→                      ┐
    │                                             │
    │ イメージ処理委託    アーカイブセンター        │→  X銀行
    ↓                                             │   支払店
交換受託銀行X   ──────────→ 行内アーカイブシステム  ┘
              イメージデータ
```

なかった課題に対応するものである。実際に電子手形交換所が処理すべき交換高は，現在既存の交換所で扱われている交換高に加えて，行内交換等で処理されている手形・小切手も考慮しなければならない。行内交換分等の処理の問題は，電子手形交換所による規模の経済性が一段と発揮されることを示す課題ともいえる。

⑧ 代金取立制度の取扱い

個別取立制度は，現物の搬送を伴うその他交換証券で利用する可能性もあることから，限定的な取扱いを前提として存置することが検討部会のとりまとめ案とされている。集中取立や期近集中取立についてはチェック・トランケーション導入決定後，内国為替制度の関係会議に検討委嘱して，その要否等について検討することとされている。

⑨ その他交換証券の取扱い

その他交換証券(手形・小切手以外の交換証券)の取扱いについて，検討部会がとりまとめた案は，次に挙げた代替手段のいずれかを原則とするものである。

・別途請求書または取引明細を送付しているものについては，セイキウ電文またはツケカエ電文により資金授受する[※1]。
・支払銀行で現物確認が必要なもの，または発行者への現物返還が必要な

ものについては，現物授受(※2)のうえ，一定期日後，セイキウ電文またはツケカエ電文により資金授受する(※3)。
・支払銀行で印鑑照合等券面イメージデータが必要なもの(※4)のうち，上記の代替手段に乗らず，かつチェック・トランケーションの手続きに依ることに支障がないその他証券(※5)については，本手続きを利用して交換に付すことが可能なものとする。
(※1)電文中，受取人欄・依頼人欄・備考欄を参考情報として利用する。
(※2)郵送・立会交換・BOX投入による交換。明細書添付。
(※3)なお，中長期的な課題として，発行体への現物返還が必要なものについては，別途，全国銀行協会または関係金融機関が，現物返還廃止またはイメージデータによる代替(この場合はチェック・トランケーションの枠組みに適合させることを含む)について発行体と協議する。
(※4)銀行間領収書など請求銀行が送付するものについては，予め銀行間で協議しておく。外為関係証券など他行からの取立が想定されるものは発行銀行(支払銀行)によってイメージデータが必要な旨を券面に表示しておく。
(※5)MICRデータあり，規格・紙質・色彩等に支障がないもの。

　2002年度の検討部会では，個々の証券ごとに規格化の実態や事務フローが調査されている。外国為替関係の手数料授受などを含めた銀行間領収書については，規格様式の統一化を徹底することでチェック・トランケーションに取り込む方向性がみえた。外国為替関係の送金小切手など他の証券については，外国為替の事務合理化を検討する部会への検討委嘱が考えられる。債券関係の債券原本や利札，登録債の元金・利金領収書，公社債支払基金内訳明細書，配当金領収書などについては，為替代理事務について検討する部会への検討委嘱が考えられる。譲渡性預金については事務管理の関係部会への検討委嘱が考えられる。

⑩ **不渡届の報告方法等**

　不渡届の報告方法については2001年度の検討において，不渡通知と不渡届

を同時に送信する方法と，不渡通知とは別に不渡届を電子手形交換所に送信する方法の2つが検討されていた。これをもとに2002年度の検討では文字データ入力による送信について，「第5次全銀システム(情報系)端末を利用する方法」「アーカイブシステム端末を利用する方法」「全銀システム(不渡通知電文)を利用する方法(不渡通知と不渡届を同時送信)」「個人信用情報システム端末を利用する方法」の4つが検討された。このうちすべての金融機関に設置されているわけではない第5次全銀システム(情報系)端末と個人信用情報システム端末，また漢字が送信できない全銀システムが除外された。結果として検討部会では「アーカイブシステム端末」を利用する方法がとりまとめ案とされた。アーカイブシステム端末では，イメージデータ入力と文字データ入力のどちらかを金融機関が選択できるとされている。イメージデータ入力の場合，最終的な文字入力を交換所が負担することになるため，金融機関にいずれを選択するかのアンケート等を行ってニーズを確かめることとされた。

不渡報告の還元方法について，検討部会では第5次全銀システム(情報系)端末を用いる方法，またはアーカイブシステム端末を用いる方法のいずれかを金融機関が選択できる方法がとりまとめ案とされた。不渡情報の検索はアーカイブシステム端末を用いて行うこととし，現行，東京手形交換所で行っている文書照会・ファクシミリ照会を残す必要性については今後の検討課題となっている。

外字の取扱いについて，検討部会ではPDFファイルによる還元などシステムに依存しない方法により外字を還元すること，端末による文字データ入力の際にデータ中に外字がある場合には，その旨を付記したうえでアーカイブシステム端末によるイメージ送信，またはファクシミリ送信により交換所に報告することがとりまとめ案とされている。

⑪ 法的課題の整理および検証

全国銀行協会が設置している金融法務研究会に対し，基本方針に基づくスキームについて法的課題を整理したうえで検証を依頼した結果，呈示の効力等の

法的有効性について特段問題ないと考えられる旨の検討結果が出されたと報告されている。

(2)全国銀行協会理事会(2002年12月24日)その2「導入に関する問題点等」

全国銀行協会理事会では，前述の検討結果を受けて明らかになった問題点および表面化した不確定要素として3項目を挙げている。ここでは各項目で問題点と不確定要素として挙げられている内容を批判的に検証しながら説明する。

① 費用対効果について

費用対効果への懸念として断定的に述べられているのは，その他交換証券の現物処理ラインが残ることによる事務の二重負担である。前述の2002年度の検討結果では，現物の規格を手形・小切手に統一化するか省略する対応について関係する検討部会での検討を委嘱する方向性が出されていた。

また人員削減効果への疑問も提示されている。その内容は「電子化による自動引き落とし等により，持帰時の作業要員が減っても，持出データの作成などにより持出時の作業要員が増えることとなる。このため，集中部門においては従来通りの人員を確保する必要がある」というものである。紙片の手形・小切手を電子データ化することによって削減される運搬チームなどの人員数と，持出データ作成に伴って必要となる要員増の差分をどうみるかは，個別の銀行によって事情が異なると想定される。チェック・トランケーション導入による個別銀行の採算性については後述するが，ある銀行の事務工程を前提とした詳細なシミュレーションによれば人員はトータルで3分の2の削減が見込まれる。直感的に考えても，始点から終点まで紙ベースの手形・小切手を取り扱う事務工程と，当初に紙片を電子データ化して以降の事務工程を電子データで取り扱う事務工程を比較したとき，どちらも同じ人員を確保する必要があると考えるのは無理がある。

その他交換証券の事務の二重負担と人員削減効果以外の問題点については「可能性がある」との表現が使われている。例えば，「交換枚数が減少する中で電子化のネットワークを構築することは過剰投資となる可能性がある」「初期シス

テム構築費用が大きく，手形用紙の改刷，MICR印字機の改造など負担額が嵩む可能性がある」「代理交換の受託銀行で開発負担が大きくなる可能性がある」「行内交換分などを対象とした場合，システム規模拡大要因となる可能性がある」といった内容である。ここで，「可能性がある」といわれた懸念事項の可能性が「高い」か「低い」かは定かではない。また仮に各種費用が増加するとしても，チェック・トランケーション導入によるコスト削減効果を越えない範囲であれば導入に取り組む価値はあると考えるのが一般的であろう。コスト削減効果との対比を述べずに費用増加の「可能性がある」ことだけに言及することで費用対効果の問題を検討するのも強引な感が否めない。

「交換枚数の減少が過剰投資となる可能性がある」と述べながら「行内交換分等を対象とした場合，システム規模拡大要因となる可能性がある」という説明が併記されているのも奇異にみえる。規模の経済性を考えれば両者は相殺しあう内容をもっており，別個に議論してそれぞれの局面で「コスト増となる」と指摘するのは誤解を招く表現である。

② 事務省力化等の効果について

その他交換証券に伴う事務の二元化が生じる点が①に続いて本項目でも触れられている。同じ内容を別の項目にわたって二度も表記するのは強調する狙いがあると推察されるが，問題点の数を多くみせる必要があるとも思えず，重複記載した作成者の意図は不明である。

受入銀行で事務負担が増加する点が指摘されている。具体的には決済データやイメージデータ作成が挙げられている。例えばイメージデータの作成作業とは，持ち込まれた手形・小切手をそのままイメージスキャナーに通すことである。紙片の手形・小切手が営業店に持ち込まれた場合，それを集中センターに持ち出すために人海で仕訳，集計，搬送する作業と比べてどのような負担が増加するのかが不明である。集中部門の事務負担についても触れられているが，ここでは「形式点検などについて従来通りの作業が残り，大幅な省力化は図れない」と述べられている。具体的にどの程度の省力化が図れるのか，それはチ

ェック・トランケーション導入に伴うコスト増加と比較して大きいか小さいかが不明であるが，その点は示されていない。

　営業店とセンター間のメール便の削減効果が限定的であるとの指摘もある。実際メール便は手形のみを運んでいるわけではない。チェック・トランケーションで銀行内の紙の物流を削減したとしてもメール便は従来どおり走らせる必要がある。しかし2001年度の基本方針で検討された個別銀行にかかる採算の項目をみてもわかるとおり，チェック・トランケーション導入による費用削減要因として，そもそもメール便の削減効果は見込まれていない。当初見込んでいない削減効果としてメール便を対象として持ち出したうえで，その削減効果が限定的であると指摘した理由も定かではない。

　紙片の手形・小切手が決済データやイメージデータになっても送信や登録が可能になるのは交換日の6営業日前からとしたため，それ以前の分については期日管理負担が残るといわれている。従来の紙片を取り扱っていれば交換日前日まで期日管理しなければならないところ，6営業日前から持ち出せることによる5営業日分の期日管理負担の軽減が，事務省力化効果として着目すべき点である。6営業日以前の分についての期日管理負担は従来の紙片による管理と変わりなくあるのは当然であるにもかかわらず，その事務負担が残ることを指摘することで問題点とする理由は不明である。しかもチェック・トランケーション導入後の期日管理は電子データとしての管理である。従来の紙片による期日管理では紙現物の枚数確認など物理的な作業に人手がかかるところが効率化されており，同じ6営業日以前の分を管理するとしても事務量はチェック・トランケーション導入後のほうが少ないことは感覚的にも理解できるところである。

　代理交換受託銀行の委託銀行に対する事務負担の存在や印鑑の自動照合における手形用紙改刷の必要性といった問題も指摘されている。これらは個別の課題として重要な着意ではあるが，代理交換受託銀行や印鑑の自動照合については個別銀行の判断で採否される機能である。総体としてメリットが出るのであ

れば内部でのメリットの配分は手数料の調節などで対応できる部分もある。検討課題として取り組むべき内容とは考えるが，思考を停止しなければならないほど重要な問題であるとは思えない。

③ 投資環境等について

　チェック・トランケーション導入は，手形交換業務を人手に頼る処理からシステムネットワークに依存する仕組みへの移行ともいえる。そこでシステム障害や停電時対応等のリスクがあるとの指摘がある。チェック・トランケーションはいわば事務リスクをシステムリスクに転化することに伴う作業でもある。そのため，システムリスクへの対策を講じなければならないのは当然といえる。これは問題点ではなく検討課題というべき内容と考えられる。

　支払時限が前倒しになることや取引停止処分制度の全国拡充の可能性があるため，支払人にとって不利となる面があるとの指摘がある。確かに現状は取引停止処分を受けても，当該手形交換所以外の場所に行けば取引停止処分を受けてないように活動できる制度となっている。しかし，不渡を連続して出す支払人に対して不利になるといって従来の手形交換所単位での取引停止処分制度を残存させることは，現状に適した行為といえるだろうか。取引停止処分の全国拡充については，受取人の安心感や手形交換制度自体の信頼性を確保する観点からの考察も必要となろう。

　チェック・トランケーション導入が商慣習に与える影響が大きいとの指摘もある。具体的な影響としては手形用紙の改刷が挙げられている。券面のイメージデータ化を円滑に行うために押印箇所を特定するなど用紙の改刷は必要と考えられる。ただし導入まで一定の猶予期間が見込まれるなかで手形用紙を差し替えることが「商慣習に大きな影響を与える」イベントであるとは思えない。顧客の協力が必要な事項として他にどのような作業が発生するのかも不明である。

　投資環境等について全国銀行協会が問題点と指摘した内容のうち，注目すべきポイントは次の2点に絞られる。

　第1は，決済手段の多様化や交換枚数の逓減傾向に対する懸念である。市場

成長率がマイナスとなる状況下で新規のシステム投資をする必要性を問うものである。この点については衰退業界における事業戦略として後述する。

　第2は，歳入金の電子化や紙幣の改刷対応などの投資案件が新たに発生するなど，金融機関を取り巻く投資環境が一段と厳しさを増している，との指摘である。2002年当時を振り返ると確かにメガバンクは不良債権処理の途上にあり，投資余力のない時期であった。チェック・トランケーション導入によって長期的には効果が見込めるとはいえ，短期的に事務の二元化に伴うコスト増や導入までにかかる準備負担も無視できない。チェック・トランケーション導入の実現に銀行経営者が決断できない姿も想像できるところである。結果として全国銀行協会は2002年度に導入にかかわる検討を進めたにもかかわらず，導入検討を凍結する意思決定を行った。

(3) 導入凍結を巡る真の問題点 [25]

　前述(2)の①から③までは，チェック・トランケーション導入の問題点あるいは不確定要素として2002年12月の全国銀行協会理事会で挙げられたものである。

　理事会で問題点等として指摘された内容を前述でみてきたとおり，本来は検討課題とすべき事項を問題点としたり，論理性に欠けた指摘を羅列するなどの表記が各所にみられる。必要以上に精緻であることを求める意図はないものの，2001年度にみられた検討内容に比べてやや雑なロジックであるとの感が否めない。こうした論理構成に基づく決議がなぜ承認されたのだろうか。それには前述の先行研究で述べた決済システムのもついくつかの特性，経営責任をもった当事者が明確でない点などと注意深く比較する必要がある。

　例えば銀行であれば，その経営に関しては金融庁検査や日本銀行考査など監督当局による厳格なチェックが入る。株主や銀行利用者による厳しい評価や世間の風評なども銀行経営を律する役目を果たしている。しかし銀行が集う任意団体としての全国銀行協会には，運営や内部統制をチェックする株主や監督官庁のような機関は存在しない。銀行の影に隠れた存在として銀行利用者からの

批判を直接浴びる立場にもいない。銀行による任意団体を銀行自身が自主的に監督するチェック体制しかもたないとすれば，運営や結果への責任に対する緊張感は決して大きくない。

　本書では，チェック・トランケーション導入に関する検討の凍結を続けていることの是非も論題としている。一般論として全国銀行協会でなされる意思決定の良し悪し，推進あるいは否決された施策の妥当性を正当に判断することはむずかしい。しかし，ことチェック・トランケーションについていうならば，諸外国の動向や問題の性質からみて検討凍結という事態が10年近く継続していること自体，疑問だと言わざるをえない。もちろんこの問題も唯一の正解があるとは思わない。しかし少なくとも，チェック・トランケーション導入の実施の是非は別としても，世界をみすえて決済サービスを高度化しようとする意思があるならば，最低でも調査研究は継続して進めておくべきだとの立場をとるものである。

　銀行間共同システムの内部や全国銀行協会の各種委員会組織で下された決定の適否を点検する仕組みがないという意味で，銀行が後方垂直統合的に組成したこれらの組織のガバナンスには改善の余地がある。こうした組織を構成する銀行本体が法令によって厳しく監督されている趣旨を勘案したとき，またこれらの組織が社会に果たす役割を顧みるとき，これは放置できない課題である。本書では銀行間共同システムなどの組織を単なる機能体として看過するのではなく事業体と位置づけることによって，組織の役割や責任の大きさに見合った分析を試みる立場をとっている。主として事業戦略の視点を中心として議論を進めるが，ここで明らかになった内部統制の観点からも検討が必要となろう。以上の考察をふまえて考えられるガバナンス面での改善策を以下に挙げる。

・活動内容を社会に広く知らせることによって多方面からの意見を受け入れ，公正性を担保するよう広報活動を拡充する。
・活動結果の品質や組織運営の透明性を確保するために，組織外の第三者

による評価機関を設置する。
・内部管理体制の厳正化を目的として，法人格をもった組織に改める。
・銀行業に密接に関連した業務を扱うために銀行が組成している組織である点を勘案し，銀行に準じた検査を適用するよう法令を整備する。

　全国銀行協会は個々の銀行とそれぞれにつながり，銀行業界の情報ネットワークの結節点としても機能してきた。意図的ではないにせよ，結果として全国銀行協会は他に類を見ない強大な競争優位性をもつ存在となっている。社会的な厚生を高めるためにも組織の健全化を図る観点からも，自らのパワーに見合った自助努力を進めることが大切である。

V 諸外国の取組状況
（事例研究2）

　小切手の取扱高は世界的にみても減少傾向にある。CPSS［2003］によると1997年から2001年の5年間で主要13ヵ国の小切手取扱枚数は一貫して減少している（図V-1）。2001年の取扱枚数は約511億枚であった。この数値に基づ

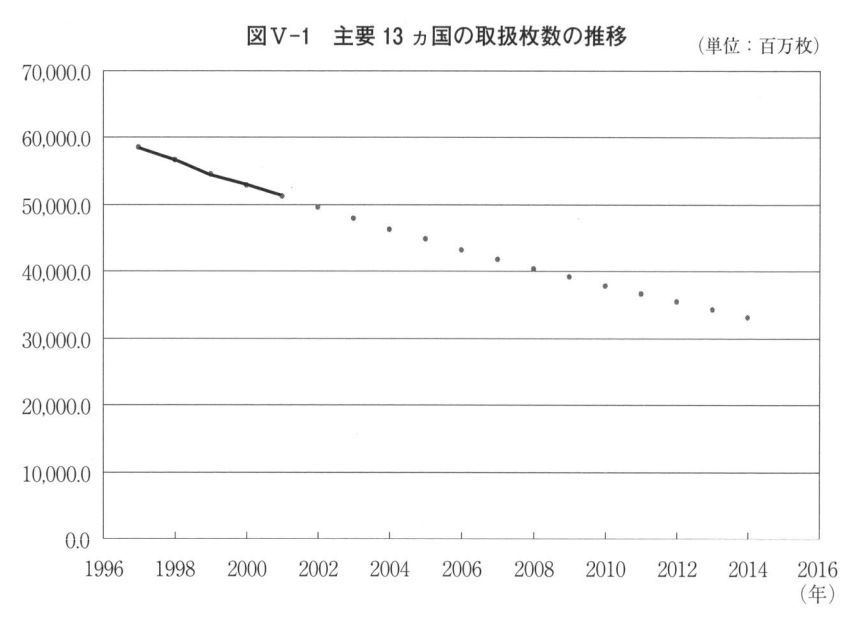

図V-1　主要13ヵ国の取扱枚数の推移　　（単位：百万枚）

注1）主要13ヵ国は次のとおり。ベルギー，カナダ，フランス，ドイツ，香港，イタリア，日本，オランダ，シンガポール，スウェーデン，スイス，イギリス，アメリカ。
　2）2002年以降の推移は主要13ヵ国の1997〜2001年の実績値に基づく増減率の平均値▲3.27％をもとに推計した数値。
出所）CPSS［2003］により筆者作成

いて，わが国でチェック・トランケーション導入が検討されていた当時，将来の小切手取扱高をどのように推計していたか。1997年から2001年の5年間の実績値に基づく減少率は平均3.27％である。この減少傾向が2001年以降も続

表V-1　主要23ヵ国における小切手の年間取扱枚数の推移　　（百万枚）

	2005年	2006年	2007年	2008年	2009年
オーストラリア	483.7	449.9	418.1	371.0	333.0
ベルギー*	15.7	13.4	10.6	8.8	7.9
ブラジル	2,526.8	2,210.3	1,999.0	1,963.2	1,802.7
カナダ*	1,353.4	1,325.4	1,283.4	1,214.9	1,132.4
中国	nav	1,189.3	977.7	882.3	875.5
フランス*	3,916.3	3,827.0	3,650.4	3,487.4	3,302.6
ドイツ*	107.5	108.9	75.4	65.4	57.0
香港*	nav	nav	nav	nav	nav
インド	1,286.8	1,367.3	1,460.6	1,397.4	1,379.1
イタリア*	465.6	453.8	426.4	384.9	335.2
日本*	146.5	134.2	123.6	112.0	96.2
韓国	820.3	1,152.5	1,186.1	1,104.0	931.4
メキシコ	569.3	551.5	537.2	500.9	461.3
オランダ*	nap	nap	nap	nap	nap
ロシア	0.6	0.6	0.3	0.0	0.0
サウジアラビア	7.6	7.2	7.1	7.3	7.1
シンガポール*	85.7	84.3	85.8	83.5	79.1
南アフリカ共和国	nav	nav	nav	nav	104.3
スウェーデン*	1.0	1.0	1.0	1.0	1.0
スイス*	1.8	1.5	1.3	1.0	0.7
トルコ	nap	nap	nap	nap	nap
イギリス*	1,931.0	1,778.0	1,600.0	1,403.0	1,282.0
アメリカ*	32,704.0	30,521.1	28,248.0	26,639.3	25,342.7
*13か国の小計	40,621.0	38,139.6	35,505.9	33,401.2	31,636.8
総計	46,423.6	45,177.2	42,092.0	39,627.3	37,531.2

出所）CPSS［2011］により筆者作成。＊はCPSS［2003］の統計対象となった主要13ヵ国。
nav は not available（入手不能），nap は not applicable（該当なし）の略。

くと仮定して2001年の数値を減じていくと，そこから13年後の2014年の取扱枚数は330億枚程度になると推計できる。

　実際にはどうなったか。CPSS［2011］によると主要13ヵ国で年間取扱枚数が330億枚を下回ったのは，2001年から8年後の2009年で316億枚となっている（表Ⅴ-1）。当時の推計値より5年も早く330億枚を下回る減少傾向をみせている。さらにCPSS［2011］で日米欧以外の主要国も含めた23ヵ国の小切手取扱枚数の推移をみると，2005年の464億枚から2009年には375億枚へと4年間で20％減少している。

　このように世界的にも小切手は減少傾向にあるのは間違いない。にもかかわらず，諸外国のチェック・トランケーションへの取組みは総じて進捗している。進捗の度合いを評価することはむずかしいが，イギリス，フランス，ドイツ，シンガポール，香港はすでにチェック・トランケーションへ移行して顕著な成功をおさめており，ほとんどの途上国も電子決済システムへ直接移行しているともいわれている（Murphy［2004］）。しかし導入の実態をよくみると各国とも固有の課題を抱えている。河野［2001］が指摘するとおり，チェック・トランケーション導入が円滑に進んでいる事例はむしろ少ない。各国ともそれぞれに事情や問題を抱えながらもチェック・トランケーションの導入を進めているのが実態とみてよい。

　ここでは，チェック・トランケーション導入に対する海外での取組状況を各国ごとに検証する。具体的にはアメリカ，中国，インド，フランス，ドイツ，シンガポール，韓国を取り上げる。アメリカは表からもみてとれるように世界でも小切手の流通規模が大きい。小切手処理の業務合理化はアメリカにとって永年の課題であり，チェック・トランケーションへ積極的に取り組んできた国のひとつである。中国とインドは2000年代半ばから急速に決済システムの整備拡充を進めており，世界の動向をキャッチアップした国である。フランスとドイツは1980年から90年代にかけて早い時期からチェック・トランケーション導入に取り組んできた。シンガポールは小切手流通規模の少なさや国土の狭

さといった条件下にあってチェック・トランケーションを完全なかたちで導入した事例といわれている。逆に韓国はチェック・トランケーションではなく，いわゆる電子手形，電子債権の形態が普及しつつある希な例である。

1 アメリカ

（１）本格的導入までの経緯

アメリカで電子的な小切手呈示サービスが行われたのは1990年代である。青木[2000]によれば，1992年にNYCH（New York Clearing House）が民間として初めてマルチラテラルな交換機能をもったサービスを提供した。1993年にFRB連邦準備銀行でも小切手を電子化するサービスを提供している。NYCHの取組みはその後1998年にSVPCoに引き継がれている。

アメリカにおけるチェック・トランケーションの本格的な導入時期は，2004年のCheck Clearing for the 21st Century Act，いわゆるCheck 21法の施行である。2000年には法制化に先立ち，FRB連邦準備委員会がチェック・トランケーションと電子的支払呈示の概念を進展させるための調査を行っている。その後，FRBスタッフが多くの法令を通じて銀行業界や利害関係者の調整を行うなど，Check 21法成立に向けて準備を進めていた。

法の成立を早めたのは2001年9月11日に起きた同時多発テロである。9.11テロでは主要な小切手搬送手段である航空網が混乱し，遅延や紛失に伴うシステミック・リスクが現実の課題となった。小切手決済業務の安定的な継続性を確保する観点からチェック・トランケーション導入が急がれた（Dener[2006]）。2001年11月21日にグリーンスパン議長が上院議長および下院銀行委員会にFRBの法案を提出した。その後，2002年には107回議会にて上院・下院で法案の説明が行われた。法案はその後2003年10月8日に下院，15日には上院を通過した。同年の10月28日にブッシュ大統領はチェック・トランケーションの法制化に署名，1年後の2004年10月28日に施行された。

法が施行されるまでの間，アメリカの銀行業界のあらゆる領域，大手行から中小銀行，クレジットユニオン，小切手処理業者，技術ベンダー，そしてFRBにいたるまで関係者は強力に法案を支持し，通過させるために協働したといわれている。業界標準委員会X9Bでは金融業会のための標準開発に照準をあて，チェック21法の成立を支援するため代用小切手の技術規格DSTU (Draft Standard for Trial Use) X9.-2003を開発した (Business Credit [2004])。

（2）Check 21 法

2000年のFRB調査で取り上げられたコンセプトはCheck 21法へと進化した。そこで得られたアイデアは代用小切手 substitute check という概念である。チェック・トランケーションでは受け入れた紙ベースの現物小切手を電子データに変換する。受入銀行は支払銀行へ，紙ベースではなく電子データで小切手を送信することになる。しかし受入体制が整備されていない支払銀行では電子データ形式で小切手を受領することができない。そのため，チェック・トランケーション導入以前，回収や返却のために使われていた紙ベースの現物小切手に代えて，代用小切手を法的に等価なものとして銀行が扱えるようにするという考え方である。代用小切手とは電子化されたオリジナルの小切手データによって再作成された紙片のことである。その規格は次のとおりである。

・オリジナルの小切手表面・裏面の画像を含む
・代用小切手に適用される業界標準に従って要求される全情報を含めたMICR印字を含む
・再作成された紙の用紙や寸法，その他代用小切手に適用される業界標準と一致している
・オリジナルの小切手と同じ方法で自動処理できる

なお代用小切手は，別名でIRD (Image Replacement Document) ともよばれる。この用語は，代用小切手の技術特性における公式業界標準委員会 (Accredited

Standard Committee)によって用いられている。代用小切手として取扱いできるものは外国の小切手を除くほぼすべての小切手，手形，トラベラーズチェックなどである。

　代用小切手はオリジナルの小切手と法的に等価物であることを示すために,「これはあなたの小切手のコピーです。原本と同じように使用することができます」という説明を表記しなければならない。また代用小切手は法的および実務的に原本の小切手と同等に扱われる。Check 21 法では，参加者は法の要件を充足する代用小切手の受領を拒むことができない。参加者には銀行や小切手を振り出す顧客，預金口座をもつ顧客，消費者，法人，FRB，小切手処理業者などあらゆる層が含まれている(Business Credit [2004])。

　ちなみに Check 21 法はあくまでも，代用小切手というオリジナルの小切手と法的等価性をもつ小切手に似た書類を許容するだけである。イメージ化されたファイルを受領して取り扱うことを金融機関に強要するものではない。ただし法の要件を満たしている代用小切手の受け取りは拒めない。電子呈示の代わりに代用小切手を求めた場合でも，銀行はそれに対して手数料を徴収することはない。Check 21 法はイメージ交換やチェック・トランケーションの運営を承認したり規定する法律でもない。したがって銀行が券面イメージの交換，チェック・トランケーションを行うためにはあくまでも先方銀行の同意が必要となる。

(3) 米銀の取組状況

　2004 年に本格的な導入が始まる以前から懸念されていた課題が，小切手処理量の減少である。世界でも圧倒的な小切手処理量を誇るアメリカだが，小切手取扱件数の減少傾向は不可避の流れとなっていた。将来的に紙の小切手が減っていくという認識は，新たな設備投資を行う上での障害とみなされていた。また小売業者は組織的なキャンペーンを行い，処理コストがかさむ小切手に代えて店頭でデビットカードやクレジットカードの利用を促進している。こうした消費者の需要の変化はさらなる小切手の削減につながった。しかも FRB が

2001年のデータに基づく小切手処理件数を行ったところ，当時通説とされていた年間680億枚といわれる見積もりが実は425億枚であり，約4割もかさ上げされた数値で誤認されていることが判明している(Bielski[2003])。

こうした状況にもかかわらず，アメリカではチェック・トランケーション導入を凍結しようといった動きは起こらなかった。減少傾向にあるとはいえ年間400億枚以上の小切手紙片が飛行機で銀行間を行き交う図は圧倒的な迫力をもっている。また，枚数は少なくなったが1枚あたりの処理コストは増加していることを問題視する声もあり，支店やバックオフィスにおける小切手決済の処理工程自体をなくそうという意識は銀行において総じて高い。

チェック・トランケーションへの認識や取組姿勢，参加方法は銀行の規模や形態によっては差異がある。一般的に資産規模の大きい銀行ほどチェック・トランケーションの導入に積極的である(表V-2)。これは，処理量が多いほどチェック・トランケーションによる合理化効果が期待できると米銀が考えていることを示唆する。

大手行はSVPCo.やView Pointe(Archive Services LLC)，FSTC，ECCHOといった業界団体を通じて取り組んでいる。SVPCoはCitiBankやJ. P. Morgan Chase, Bank of Americaなど22の加盟銀行を有しており，全米で60%以上の小切手を処理しているといわれている(Murphy[2004])。SVPCo.はイメージ交換を先導する集団となっており，2003年に10億件を超える処理を行うECPイメージ交換ネットワークとよばれる電子化小切手提示サービスと，25億件を超えるACH取引を処理するEPNと協働してイメージ化工程の運営を

表V-2　BAIによる金融サービス会社役員へのオンライン調査の概要

回答項目	資産規模	
	50億ドル以上	50億ドル未満
現在，Check 21法を包含した戦略を実施中である	35%	19%
Check 21法は新商品開発に刺激を与えている	84%	68%

出所) Costanzo[2004a, b]により筆者作成

行ってきた(SVPCo.[2004])。ECPは，電子的に小切手を決済する手法として過去10年以上にわたって試行されてきた取組みである。ただし最終決済を有効とするためにオリジナルの紙ベース小切手の運搬が必要となることから，チェック・トランケーションの目指す物流の省略は伴っていない。またECPによるファイル交換を行うためには，金融機関間で1対1の同意を必要とする仕組みであることも運用上の課題となっていた。

　Check 21法の施行に先立ち，KeyCorpやWells Fargoは2004年6月から，Bank OneやJ. P. Morgan Chaseも7月までにイメージ交換することで合意していた。View Pointe社は，J. P. Morgan Chase, Bank of America, International Business Machineの3社によって2000年末に組織された。後にSuntrust BankやU. S. Bancorpが参加して，350億件を超えるイメージデータアーカイブを作った。ViewPointeの4つのオーナー銀行は，イメージ交換について先駆的に取り組んでいるグループである。2002年後半には，J. P. Morgan ChaseとBank of Americaの間で実践的な試行が行われている。2004年1月には，4行の間で小切手イメージの共有を図ることで合意している。FSTCは2003年から2004年にかけて，現在流通する小切手の安全性に関する特性を小切手券面のイメージ化に活かすためのプロジェクトを行った。法施行に先立ち，先行してチェック・トランケーションを推進しようとする動きをみても，少なくともチェック・トランケーションがマイナスのイメージで受けとめられているわけではないことが類推される。先進的な試みに積極的に関与することで，各銀行がイメージ面でも最大限の効果をあげる狙いがあるようにみえる。

　一方で，小規模銀行は技術ベンダーとFRB連邦準備銀行を通じてチェック・トランケーションに参加する傾向が強い(Cline[2004b])。特にコミュニティバンクにとってバックオフィスを再構築することにはあまり興味がない。小規模な銀行にとって決済は主たる業務ではないことから，必要最小限の対応しか行わないか，当該業務を外部に委託するスタンスをとるためである(Costanzo[2004a])。このような小規模銀行のニーズを受けて，例えばFiserv社のよう

にイメージ化と保管に関する業務を受託するサービスを提供する会社も現れている。

(4) 導入メリット

チェック・トランケーションを導入するメリットとしてアメリカでみられる項目をPilecki[2006]にしたがって確認すると次のとおりである。

① 使走，搬送の削減

小切手の券面イメージを支店で取得することで，交換母店を行き来する銀行内の使走便を削減する効果があると考えられている。支店の使走を日に1回削減できるとすれば，1回あたり使走に75ドルかかり52週，500店舗をもつ銀行を仮定すると年間で1,950万ドルの節約になると試算している。イメージを取得するスキャナーは支店の各窓口（テラー）ごとに配置する方法だけでなく，支店の後方に高速処理機を設置する方法も考えられる。

② ATMを巡回する装甲車の削減

ATMに小切手券面イメージの取得機能を付与することによって，預金として受け入れる手段が増える。これにより相対的に現金の取扱いが減って，現金装填，回収といったメンテナンスのためにATMを巡回する装甲車の周期を削減効果があると考えられている。巡回数を日次（週5回）から週3回に削減できると考えて年間で200万ドルの節約になると試算している。

③ 小切手処理に従事する事務センター人員の削減

事務センターにおいて，承認，分類，記録保管のためのマイクロ撮影など，小切手処理にかかる人員を相当程度削減できると見込んでいる。実際，First Tennessee Bankでは60ものポストで人員削減を行ったと公表している。

④ 法令順守の簡素化

アメリカで活動する銀行は，OFACおよびパトリオット法に基づいてリストに掲載された小切手支払を規制しなければならない。そのため取引ごとに氏名など属性を確認している。小切手決済が電子化されることにより，券面イメージのデータベースを利用することでチェック，承認プロセスが統合され効率

化すると見込んでいる。規制当局への報告も簡素化できる効果が期待されている。

⑤ 詐欺捜査の改善

券面イメージを取得する時点で口座とサインの確認を行うソフトウエアを登載することによって，未承認取引や限度額超の取引，また盗難による取引停止中の口座確認などを行うことが可能である。これにより，詐欺や盗難などの犯罪をより早期に検知して潜在的な損失を削減することが可能となる。

この他にもさまざまな視点からのメリットが挙げられている。例えば券面イメージが電子データ化される機会をとらえて顧客との関係強化を図るといった効果である。またイメージデータを活用した新商品開発への期待感も大きい。こうした動きを実現するために組織変更をして，決済部門を資金管理部門や法人部門と統合して相乗効果を高めようとする銀行もある。いずれも，チェック・トランケーションを契機として銀行サイドで新たな付加価値を創造しようとする取組みである。

以上は，銀行にとってのメリットが述べられているが，法人顧客にとってもチェック・トランケーション導入によって資金化が早まることによる資金効率向上のメリット，電子データ化された小切手情報による資金管理業務の改善，また小切手のイメージ取得工程を法人顧客自身が担うことによる手数料負担の削減などについても言及されている。すぐに実現できそうなメリットと潜在的な効果が混在しているが，受入銀行の機能をATMや利用者にまで拡大しようとしている点や新商品，サービスにチェック・トランケーションを結びつけようと画策するスタンスなど，効率化だけでなく差別化に比重を置いた戦略への関心が相対的に高い様子が伺える。

(5) 普及への課題

前述のとおりチェック・トランケーション導入の効果は長期的な視点ではより大きくなると期待されている。しかし短期的には，既存の処理工程との二元運営に伴うコスト上昇を招くとの見方がある。これはアメリカでは"ten billion problem"とよばれている。これは Capital Markets 社の試算に基づいた命名である。米銀はチェック・トランケーションの本格導入以降3年から5年にかけて電子手形交換技術を実施して，紙ベースの小切手処理に関する既投資分の余剰コストを管理するため100億ドル以上を費やすと見込まれている(U. S. Banker[2004c])。小切手を処理する設備環境は，もともと多くの労働力と高価な設備・システム，輸送力，そして相互連携体制といった複雑なネットワークを形成してきた。既存のコストのせいで短期的には小切手1枚あたりの処理コストは増加する。また輸送コストの削減についても，当初はチェック・トランケーション処理のために新たにかかるコストの増加分を相殺するまでには至らない。100億ドルと見積もられた計算のなかには，新たなイメージ画像入力機器やイメージアーカイブ，回収や入力，保管にかかる作業コストを含むと同時に，今ある小切手処理環境の余剰コストも含まれている(Dener[2006])。

アメリカでもわが国と同様にチェック・トランケーションのもつ不確実な要素を指摘する声がある。Capachin[2004]によれば，米銀の経営者はシステム・ベンダーの描くストーリーをそのまま鵜呑みにしているわけではない。またシステム・ベンダーが提案するコストや価格設定の根拠も不明であるとしている。そのため銀行経営者は，チェック・トランケーション導入による採算性をはじくことができないでいる。また，イメージ処理への投資回収が実現するよりも早いスピードで小切手の処理量が減るのではないかとの懸念ももっている。

チェック・トランケーション導入における課題は法的，技術的な問題，あるいは採算面が中心だとみられる傾向が強い。しかし実は顧客サービスやマーケティング面での問題も指摘されている(Monahan[2004])。特に顧客サービスの面では，平均的な利用者が Check 21 法のことをよく認知していない点が懸念されている。電子データ化された小切手を紙で再現した IRD が月次報告として手元に届いたとき，銀行の支店やコールセンターは顧客からの照会でパニックになるともいわれている(Giesen[2004])。Check 21 法対応のために顧客サービスに特化した担当役員を選任している米銀もある。

2 中　国

(1)小口決済を巡る経緯と小切手の現状

　1990年代前半まで，中国における省市を跨ぐ遠隔地の小口決済は国有商業銀行[26]内のオンライン・ネットワークを利用した代理決済によって扱われていた(東[2007])。中国全土を結ぶネットワークをもたない都市商業銀行や農村信用社が遠隔地の小口決済を行おうとする場合，国有商業銀行に代理交換を依頼することとなる。代理交換によると資金決済が完了するまでに何日もかかるうえ，コストがかかるといった問題があった。とはいえ当時は小口決済の量も少なかったため，この仕組みは一定の合理性を有していた。

　ところが1990年代後半以降になると，中国経済は飛躍的に発展してきた。中国の国民は省市を超えて国内移動を活発に行い，消費に伴う支払行動を複雑化させてきた。また商業銀行に転換した国有商業銀行が不良債権問題に取り組む過程で拠点を圧縮したため，遠隔地の小口決済の代理交換が取り扱えない地域が発生している。さらに大量の出稼ぎ農民による故郷への仕送りも増加している。こうした環境変化が背景となって，遠隔地の小口決済の取扱量は増加し制度改善へのニーズが高まってきた。

　中国では近年，手形・小切手類は重要な支払手段として次第に普及している。例えば銀行為替手形は2005年に約1億枚，70兆元が振り出されており，遠隔地決済で最もよく使用されている[27]。主として同地決済で利用される小切手の2006年振出枚数は11億7千万枚，金額は208兆元である[28]。

　中国人民銀行では小切手を重要な決済手段であると位置づけている。小切手の利便性について中国人民銀行では次のとおり説明している。第1は，小切手は流動性が高く，幅広い取引主体間の決済に用いることができること。企業と個人，個人と個人間の決済にも使えること。第2は，使用コストが低く，特別な設備機器類が不要であること。第3は，小切手金額には制限がなく小額の支出にも大口支出にも使えること。第4は，小切手の受取人は自分の銀行の口座

番号等を相手に告げる必要がないため，一定のプライバシーを保てることである[29]。

(2)中国のチェック・トランケーション

　中国におけるチェック・トランケーションはこうした環境変化を背景として取り組まれた。人民銀行は小切手による決済をより普及させるために画像交換処理，すなわちチェック・トランケーションを実施している。もともと小切手の流通は同一都市，すなわち同一手形交換所を利用するとしないに限定されていた。その後，広域交換を可能とする地域性の手形交換センターが設立された。小切手の全国流通を可能とするためには，全国規模で小切手の交換決済制度を構築する必要がある。しかし，手形・小切手の現物を交換する方式は中国の国土が広すぎて現実的ではない。そのため，小切手現物を留め置く方式，チェック・トランケーションの導入が図られた経緯がある。

　まず2005年には，小切手の実物を画像処理する技術が深圳で試行された。そこで2006年12月から2007年5月にかけて，北京市，天津市，上海市，広東省，河北省，深圳市の6省市で画像交換処理が試行されてきた。試行では次の点に問題があるとされている。第1は，小切手の返却率が高い点である。主な理由は残高不足，印鑑相違，支払暗証相違，データ不一致などである。第2は，T＋2が守られておらず入金遅延が多い点である。第3は，地域を跨る取引が少ない点である。試行におけるこうした結果をうけて，2007年6月には全国レベルでのチェック・トランケーションが稼動している。

　中国のチェック・トランケーションでも小切手の実物は留め置き，小切手を画像データに変換し，計算機ネットワークを通じて画像データを小切手振出人の口座開設銀行に呈示するようである。資金決済は中国人民銀行の小口支払システムで処理する。画像処理は画像データ交換と支払控送付処理の2段階に分かれており，小切手の持出銀行はシステムを通じて小切手画像データを持帰銀行に送付し支払呈示をする。持帰銀行は小口支払システムを通じて持出銀行に支払控を送付し，支払いを完了する。

（３）小口決済改善の動き

中国ではチェック・トランケーション以外にも，遠隔地の小口決済を改善する動きが進められている[30]。改善策のひとつは中国人民銀行が運営する決済システム，CNAPS（China National Advances Payment System，シナプスと読む）での小口決済の取扱いである。CNAPSは2005年6月に全国稼動しており，現在はコール取引や債券売買など大口決済業務と小口決済業務を扱っている。2006年6月からCNAPSに直接参加する金融機関同士であれば，国有商業銀行の代理決済に依存することなく遠隔地間の小口決済を処理できるようになった。

各業態でも遠隔地決済を安全，効率的に行うための業態ネットワーク構築に取り組んでいる。例えば全国の都市商業銀行を対象として，全国都市商業銀行資金決済センターが2004年8月からサービスを開始している。これは遠隔地で支払われた手形の銀行間決済をCNAPSで処理する仕組みであり，このセンター自体は独自のオンライン・システムをもっているわけではない。

また農村信用社を含む農村系金融機関では，2006年10月には自前のオンライン・ネットワークをもった農信銀資金決済センターが遠隔地間の資金決済サービスを開始した。このセンターは全国の農村系金融機関同士の遠隔地決済を安全，効率的に行うための業態ネットネットワークの運営組織である。CNAPSに接続していない零細規模の農村信用社でも，中小都市に設置したネットワーク拠点を経由してこのサービスに参加できる。

他にも農民工向けの銀行カード利用促進が進められている。これは2005年12月から中国人民銀行が中国銀聯，各種商業銀行，農村信用社と協力して推進しているプロジェクトである。農民工が都市で稼いだ給料を故郷の農村で簡単に現金化できるインフラを整備，普及するものである。この仕組みは，中国銀聯が運営している銀行カード用の全国ネットワークをプロジェクト対象地域の農村信用社に接続して構成されている。

3 インド[31]

インドでは小切手は一般的な支払い手段として普及している。年間の小切手取扱高は2009年で13億7,900万枚，104兆インドルピーを超える（表V-1）。広い国土をもつインドでは，小切手が資金化されるまでに2週間以上かかることも珍しくないとされている。こうした状況を改善するために小切手処理の合理化はインドにとって重要な課題であった。

チェック・トランケーションに取り組む理由としてインド準備銀行（Reserve Bank of India）が挙げた項目は，小切手の取り立てを迅速化して顧客サービスの機能を向上させること，犯罪関連資金の取り扱いを減少させること，取り立て費用を削減し，物流問題を解消することである。また付随して実現するRTGSや電子資金移動システム（National Electronic Funds Transfer）によっても小切手がなくなることはないと説明している。銀行間で紙片を搬送する間に現物が紛失したり処理工程中に遅れが生じるといった従来の仕組みよりも安全なシステムと評価する。決済システムの領域で取組む重要な効率化促進の構想であると述べている。

このように，インドのチェック・トランケーション導入は中央銀行であるインド準備銀行が主導している。インド準備銀行はチェック・トランケーションと電子小切手に関する作業部会を立ち上げ，さまざまな側面からの研究を委託するかたちで導入準備を進めた。

作業部会は2003年に報告書を公表した（RBI［2003］）。報告書にはチェック・トランケーション導入に関する作業部会の検討経緯や概要などが記されている。作業部会は諸外国でチェック・トランケーションに関するソリューションを実装，提供してきた経験をもつシステム・ベンダーからプレゼンテーションを受けて情報を共有している。また作業部会は20年にわたり，チェック・トランケーションが進められているスウェーデンおよびシンガポールを海外視察している。作業部会は訪問先以外の諸外国の事例についても調査している。デンマ

ークやベルギーは，1980年代初頭にはチェック・トランケーション導入を完成させた先駆者である。2003年時点でシンガポールは導入の最終段階にあった。スウェーデンは銀行の店頭で小切手を呈示すると現金が受け取れるところまで進んでいた。小切手の物流を省略する地点は通常の国では小切手が持ち込まれた支店ないし持ち込まれた銀行の段階であるが，アイルランドでは小切手の95％が支払銀行で省略されている。またスペインやイタリア，ルクセンブルグなどでは，少額小切手はチェック・トランケーションで処理し，高額な小切手は従来の工程で処理するといった棲み分けが行われている。ギリシャやシンガポール，あるいはベルギーのように国土の小さい国でチェック・トランケーション導入が進んでいる。報告書は他にもインドにあったチェック・トランケーションモデルの技術的な仕様や導入に伴うリスクの所在，法的課題の検証の概要を明らかにしている。

　インドにおけるチェック・トランケーション導入は，まず2008年2月にデリー首都圏で試行された。2009年には試行地域でチェック・トランケーションがMICR（磁気インク文字認識）による処理を完全に代替した。2010年には国全体の12％がチェック・トランケーションで処理される規模にまで拡大している。2011年半ばにはチェンナイにもチェック・トランケーション導入を拡大させる計画があり，2013年から2014年の間にインド全域にチェック・トランケーションが普及するとの見方もある。インドがチェック・トランケーションへの取組みを本格化したのはわが国が検討を凍結した後の2003年であるが，2011年の時点では導入も済んでおり全国展開も間近である。

4　フランス[32]

　フランスにおける小切手決済業務合理化への取組みは1980年初頭にCRE-ICs（*Centres Régionaux d'Échange d'Images Chèques*, Regional centres for the exchange of truncated cheques）とよばれる国内主要都市9ヵ所のセンターで磁気

媒体による交換の取扱いが行われたことに始まる。その後，1992年にはSIT (*Système Interbancaire de Télécompensation*, French automated clearing house for retail payment instruments) とよばれる清算機関が設立された。2001年に全銀協がフランスを視察した当時，SITは70のアクセスポイントを有しており，2002年のチェック・トランケーション導入の最終準備を行っている最中であった。2002年にはCREICsとパリ以外にある102の手形交換所が閉鎖され，SITはフランス国内におけるすべての小口支払の銀行間決済を処理するようになった。SITの運営母体は，1983年にフランス銀行をはじめとする主要仏銀で組成された非営利組織のGSIT (*Groupement pour un système interbancaire de télécompensation*, Interbank automated clearing group) である。GSITはフランスにおけるチェック・トランケーションの推進主体である。

フランスにおけるチェック・トランケーション導入の完成概要は次のとおりである。まず小切手のもつ銀行コードや口座番号，金額等の情報を電子データ化する。この電子データはSITを通じて送受信され，決済はCRI (Centrale des

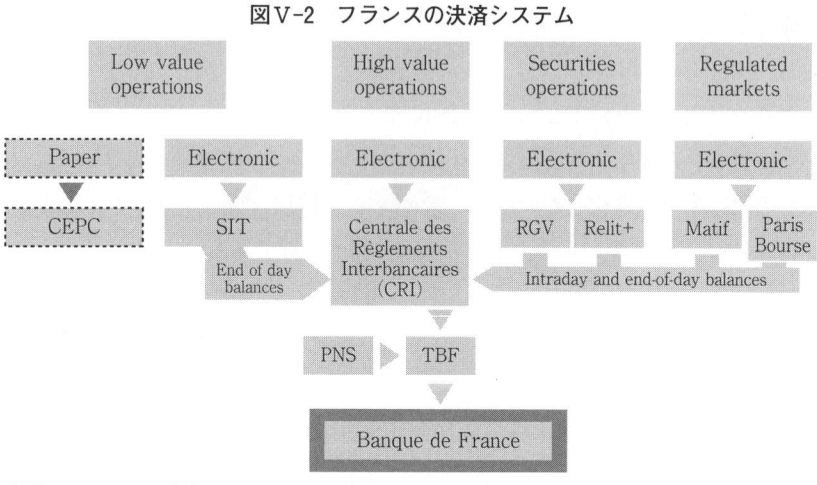

図V-2 フランスの決済システム

出所) GSITのHPより "Interbank clearing"
　　http://www.gsit.fr/Gb/environnement/interbank_clearing.htm

Règlements Interbancaires)を通じてフランス銀行の勘定で行われる。なお紙ベースの現物が現存するものについては，CEPC(Cheque physical exchange centre)とよばれる機関を経由して支払い銀行へ送付されることになる(図V-2)。

機能面での特徴として，フランスでは小切手券面のイメージデータは伝送しておらず，そのスケジュール化もされていない。厳密にいえばチェック・トランケーションではなくECPが推進されているといってよい。小切手券面を伝送しようとするとデータ量が大きくなるため，回線コストが莫大になるといわれている。小切手券面の伝送への対応は各国事情によって異なるが，フランスは現実的な判断を行ったものとみられる。

2001年の視察時点，フランスは計画に基づいて粛々と導入の準備をすすめていたが，1990年代には円滑に取組みが進まなかったという苦い経験をしている。GSITは導入の妨げになった原因として次の3つを挙げた。

第1は，システムの処理能力の問題である。フランスでは当時，年間50億枚近くの紙片の小切手が流通しており，こうした膨大な規模の取引情報を電子的に処理できるシステムが存在しなかったことである。第2は，資金益喪失の問題である。従来の小切手決済には一定期間の猶予があり，この間銀行は資金を活用することができた。小切手決済の電子化により資金化までの時限を短縮できることを知った大口顧客からの要請で時限短縮を余儀なくされた結果，銀行は事務負担軽減のコストを上回る資金益を失ったといわれている。第3は，交換所職員の雇用問題である。小切手決済を電子化して現物の流通を省略すると各地にある交換所の存在意義がなくなり，1万人にのぼる交換所職員の雇用問題が発生する。地元の政治家を巻き込んだ反対運動にまで発展する事態となった。

こうした問題はわが国で導入を検討する際にも想定，懸念される問題であるが，フランスでは導入検討に着手して以降，いずれの課題も解決に向かうことになる。GSITによればシステムの処理能力については，時間の経過とともに通信情報技術の革新などによって性能の向上がみられたことで問題は解消され

た。資金益の喪失については，その後金利低下が進行したため資金活用によるメリットがさほど大きくなくなったことで問題の影響は小さくなった。また失業問題については，導入の声があがった後，一定の時間が経過したことで職員の自然退職などにより調整が図られた。多くの課題を認めながらも導入をすすめ，走りながら問題を解決していくフランスの取組姿勢はわが国でも参考とすべき点が多い。

5　ドイツ[33]

　ドイツでは一般の決済手段として，わが国の口座振替に似た制度が普及していた。小切手の流通規模は2001年の視察当時で年間6億枚，2009年には5,700万枚となった。経済規模を勘案しても，フランスなど他の西欧諸国とくらべて小切手の流通量はそれほど多くない。

　ドイツにおけるチェック・トランケーションの取組みが始まったのは1985年である。紙の流通という複雑な処理工程をもつ小切手決済業務を改善し，口座振替など他の決済手段に劣らない利便性を付与するため，連邦銀行，郵政省，銀行協会など各種業界団体の間で，「証券を用いない小切手取立手続きについての協定（Agreement on truncated cheque collection）」を締結した。その後1998年の改正により，損傷したりデータ化できないなどの小切手をのぞいて，証券を用いない小切手取立手続きにより取引可能な小切手については，同手続きによる取立が義務づけられたことから，チェック・トランケーションの一層の推進が図られることになった。

　ここで留意すべきは，ドイツではジュネーブ条約に基づく小切手の統一規約が定められており，チェック・トランケーション導入にあたって新たな立法がなされたわけではないという点である。したがって法律上はあくまでも現物の呈示が前提となっており，チェック・トランケーションで小切手決済を行う根拠は金融機関間の協定に求められる。チェック・トランケーションの推進は，

連邦銀行の協力を受けつつも銀行業界が主体となってリスクを伴いながら取り組んでいるものといえる。

　ドイツにおけるチェック・トランケーションの仕組みは次のとおりである。小切手の決済は原則としてすべて電子データで行われる。そのうち現物の呈示を不要とするチェック・トランケーションの対象とされる小切手は、2001年時点で額面5,000マルク未満、2002年以降は3,000ユーロ未満である。電子データへの変換は、一部の小切手が各州の中央銀行で処理されているものの、大半は各銀行で処理されている。変換されたデータはBSE（paperless cheque collection procedure）とよばれる仕組みによって取り扱われるが、額面金額が3,000ユーロ以上の小切手や3,000ユーロ未満であっても現物の呈示が必要となる小切手のデータはGSE（large-value cheque collection procedure）とよばれる仕組みによって取り扱われる。資金決済はいずれの場合も連邦銀行のRPS（Retail Payment System）を通じて行うケースと、Giro networkとよばれる仕組みにより直接銀行間で行うケースとがある。

　チェック・トランケーション導入に際し、サインが偽造された小切手の支払いを行った場合の損害をどうするかという問題がある。ドイツ連邦銀行では1990年代を通じて物理的な呈示を行わずに小切手決済を行ったことに関連して銀行が訴えられた事例は3、4件しか発生しておらず、しかもそのどれもが銀行側の非は問われていないとしている。つまりドイツでは、これまでのところ物理的な呈示を省略することに起因して生じるトラブルや損失以上に、処理負担削減による効果のほうが大きいと認識されているようである。

　連邦銀行ではドイツにおける中長期的課題として、すべての小切手のトランケーション化、小切手券面自体を電子データ化して送信するイメージプロセシングの導入、また現在、銀行間契約に基づいて実施している「物理的な呈示の免除」を法的に有効なものとすることなどを挙げている。このうち法的課題への取組みやその解決の方向性については、わが国の小切手法がドイツの小切手法と類似していることを勘案すると、ドイツにおける導入の状況は大いに注目

される。

6 シンガポール[34]

　シンガポールは国をあげてIT技術の活用に熱心であり，チェック・トランケーションについても政府の強い意向をうけて通貨金融庁（MAS：Monetary Authority of Singapore）が主体となって取り組んできた。当局主導という点がシンガポールにおけるチェック・トランケーション導入の特徴であるが，実際のシステム開発はBCS（Banking Computer Services Privated Ltd.）という非営利団体が手形交換所や銀行と協働してすすめている。

　シンガポールで導入しようとしているチェック・トランケーションの機能面での特徴は，いわゆるMICRデータの電子化だけではなく，小切手の券面自体も電子化して取り扱うという本来のチェック・トランケーションの機能付与を前提として計画している点である。当初は2001年中にも全国規模でチェック・トランケーションを展開する予定だったが，実施計画の延期を繰り返し，視察当時は2002年9月の実施予定といわれていた。最終的には2002年の法整備を経て2003年7月にCTS（Check Truncation System）を設立，全国規模のチェック・トランケーション導入を実現した。

　導入が何度も延期となった背景には，チェック・トランケーション導入による経済効果について，MASと民間金融機関との間に若干の温度差があったようである。シンガポールにおける小切手の流通量は約8,000万枚と日本よりも少ない。国土の面積はほぼ淡路島と同じであることや周囲の自然環境などを勘案すると，地理的制約の克服や自然災害のリスク対策といった動機は日本よりも小さいとみられる。こうした条件下で，小切手現物の輸送や保管コストの面で民間金融機関が期待するだけの削減効果が得られると判断することはむずかしい。MASも，チェック・トランケーション導入を検討した当初はその効果として，「小切手搬送をなくすことによる負担軽減」を第1に掲げていた。しか

し検討がすすむにつれ，2001年の段階ではコスト削減は引き続きうたっているが，「新たな付加価値創造」という方向へと効果の力点を移しつつあった。

MASが挙げるチェック・トランケーション導入による効果としては，処理の進捗状況がWEBで検索できるようになる点，徴税にあたり資金流通経路のトレースが容易になる点，遺言や公文書などを電子データ化して集中保管する"National archive"構想に連携して電子データ化した小切手データも集中保管するといった点などがある。

欧米や中国，インドと異なり，シンガポールのおかれた地理的状況や小切手の流通規模はわが国と比較的似ている。そのシンガポールで導入が成功した事実は，わが国で導入を検討する上でも多くの示唆を与えるものである。

7　韓　国[35]

韓国の手形制度電子化の取組みは，チェック・トランケーションと異なる。チェック・トランケーションは紙片の手形を前提としているが，韓国が目指しているのは，発行時点でそもそも紙ベースの手形を前提としない電子手形制度である。紙片の手形を発行せず必要な情報を発行時点で電子的に生成し，管理機関に登録することで手形自体のペーパーレス化を推進する。この電子手形とあわせて売掛債権の電子化の二本立てで制度化されている。

韓国における手形の電子化への取り組みは2001年9月にはじまった。その後，電子化に伴う安全性の確保や法的課題の解決への懸念，また手形の縮小政策に逆行するといった反対意見もあったが，2004年には電子手形法が成立した。電子手形の運用は2005年からはじまっている。発行件数は2006年に8,000件，2007年に32,000件，2008年に44,000件と導入後3年間の伸びは緩やかだった。しかし2009年には238,000件，2010年には1,370,000件と利用実績は大幅に増加した。この理由は，2009年の法改正によって一定の資産規模(100億ウォン以上)および従業員数をもつ外部監査対象の株式会社に電子手形の利用を義務

化した影響が大きいといわれる(野村[2011])。

　韓国の手形制度電子化がチェック・トランケーション形式でなく，電子手形あるいは電子売掛債権の方式で進められた背景には，紙片の手形に対する不信感がある。もともと韓国では，手形は企業間決済の主要な手段として広く普及していた。しかし 1997 年の金融危機以降，手形制度は手形の濫発や連鎖不渡によって経済不安の主因と目された。また手形を偽造・変造するといった弊害も懸念されていた。そのため手形の縮小が政策として打ち出され，手形代替制度の取組みが進められた経緯がある。しかし，当初の手形代替制度には利便性に欠ける面もあり，紙片の手形が韓国企業の代表的な決済の手段であることに変わりはなかった。そこで韓国では手形制度の電子化が本格的した。

　韓国が手形制度の電子化に取り組み始めた 2001 年当時，電子化の狙いとして「① 租税正義の実現，② 金融秩序の確立，③ 物流費用の節減，④ デジタル経済環境の効果」といった利点が挙げられていた。この狙い自体はチェック・トランケーションを採用する国でみられる内容とそう変わらない。しかし，似たような目標を掲げながらも韓国では，チェック・トランケーションは選択されなかった。それは，電子化を促す要因が事務の効率化や合理化から発想されたものではなく，紙片の手形の利便性を享受していたが故のトラブルに韓国経済が苦悩していたからである。手形制度が高い信用性を維持できている限りにおいて，商取引における紙片の手形の利便性は相当高い。特にその場で授受できる点は，即断即決が求められる中小企業にとって心強いツールである。高額取引の場合，現金だと用意する手間やリスクが大きいし，振込にしても送金操作や着金確認の手続きが煩雑である。紙片の手形は電子債権制度のように利用前の煩雑な準備も不要である。信用の高い手形であれば企業間信用の創造手段としても重宝する。だからこそ手形制度への信頼が崩れたとき，紙片の手形に依存していた経済は大きく混乱する。韓国で紙片の手形自体をなくす動きがおきた経緯には，ある種の実感を伴う部分もある。見方を変えれば，手形縮小の政策によって数値的には不渡件数は減少するだろう。表面的にみれば，不渡件

数の減少をもって韓国経済の回復とみなす狙いもあったかもしれない。いずれにせよ，韓国における電子手形の取組みを評価する際には，紙片の手形が経済主体の間で流通する利便性を放棄せざるを得なかった歴史的経緯を直視する必要がある。

　翻って，わが国が世界でも珍しい電子手形方式を採用する理由は何か。わが国は韓国と異なり，紙片の手形の利便性を捨てるまでの状況に追い込まれることはなかった。にもかかわらず，自ら紙片の手形の利便性を放棄する方向へと向かおうとしている。経済活動の現場にある実需に根ざすことなく，机上で設計した決済システムが，わが国経済にいたずらな手間と負担をかけるだけに終わらないよう，今後の動向を注視する必要がある。

8　諸外国の動向に留意すべき理由

　アメリカや中国をはじめ主要各国では，わが国の課題と似たような理由に直面しながらも導入を進めている。主要各国が，それぞれの国内で銀行間の紙片の小切手交換を電子データで授受する仕組みを構築しつつあるという事実がもつ意味は重要である。

　決済のネットワーク化が対象とした市場は当初，国内におけるニーズの高度化に対応して進化してきた。しかし，インターネットをはじめとする情報通信技術が広く普及するなか，決済サービスへのニーズが国内だけに留まるものではないことは十分に想定される。中国における国内決済システムの整備状況の進捗からも類推されるとおり，人々の活動範囲が広がるほど，支払行為についてシームレスな環境を望む声高まるのは常である。国で使っている小切手などの支払指図手段が，海外の観光先やビジネスの相手国でも当たり前のように使える環境が整備されていることは，受入国の観光やビジネスにとって大きな競争力となる。クレジットカードの牙城ともいえるこの分野において，チェック・トランケーションは新規参入の脅威として存在感を示す可能性を秘めている。

実際には技術面や法制面をはじめ多くの解決すべき課題が想定される。小切手による国際間決済サービスがすぐに普及するとは限らない。しかし，主要各国の国内でチェック・トランケーションが導入されていることを前提として，各国のチェック・トランケーション・ネットワークを国際間で接続する構想が浮上しても不思議ではない。もしこうした国際的なチェック・トランケーション・ネットワークが形成されたとき，わが国はまさにネットワークの蚊帳の外となる。少なくともこのハイパー・ネットワークに参加しようとしても運営に積極的な影響力をもつ立場はとうてい確保できない。

　わが国におけるチェック・トランケーション導入をめぐる議論では国内のニーズしかみていない。そのためチェック・トランケーションを巡る世界の取組みがこれだけ進展しているなかで，検討凍結という事態がこれだけ長く続いても問題視されていない。しかし，チェック・トランケーションの導入可否は国内事情だけで判断すべき問題ではない。国際的なハイパー・ネットワークの可能性を意識したとき，諸外国における決済システムへの取組み状況への配意が当然不可欠となる。チェック・トランケーションのハイパー・ネットワークに繋がるためには，まず自国でチェック・トランケーションを導入する必要があるという議論もでてこよう。主要各国はそれぞれ自国で課題に直面しながらもチェック・トランケーション導入を着実に進めている。

　わが国において，率先して導入を検討すべき立場にある全国銀行協会が，いまだ検討を凍結している現状を憂慮する理由はここにある。後述するとおり決済システムの利便性は利用者数によって大きく左右される。決済システムに関するこの基本特性を認識し，かつ決済システムの市場が国際的な広がりをもつことに気づいていれば，「わが国独自」の道を選択する理由が見当たらないことは自明である。決済システムという社会インフラを構築する際，オリジナリティを発揮すべき場所を誤ると国益を損なう懸念がある。供給する側がどれほど価値ある製品，サービスだと考えても，需要がなければ淘汰されるのは一般の産業では常識である。国際間決済サービスの領域で自国決済システムの価値を

V 諸外国の取組状況（事例研究２）

高めるためには，世界中の他者と繋がることを意識した制度設計が不可欠である。わが国が国際金融における競争力を強化する戦略を志向するのであれば，国内で新たに構築する決済システムであっても，環境変化に柔軟に対応できるモジュールとなることを常に意識する必要がある。特に需要の規模が，提供されるサービスの価値を決める世界では，需要サイドの動向を考慮しない戦略に勝ち目はない。世界に伍する国際金融センターの確立に向けて金融・資本市場を支える重要なインフラストラクチャーとして決済システムを捉えるならば，産業としての決済システムの特性に沿った戦略をとるのが自然である。

　各国で現在機能している決済制度は，それぞれに異なる文化的背景の下で異なる歴史的経緯を経て成立したものである。支払行為は長年にわたって生活習慣に染みついた動作である。人々に標準化を強いることは大変むずかしい。その意味で，諸外国が採り入れている決済システムだからといって必ずしもわが国が追随する必要はない。ただ，チェック・トランケーションは現在行われている一般の法人や個人の支払習慣にはほとんど影響を与えない。極論すれば銀行のバックオフィスで搬送される手形・小切手を電子データに代えて送受信するだけである。電子手形交換所の設立，導入に支障があるとすれば，その理由の多くは銀行自身の問題であり，銀行が自らの勇気と工夫で克服できる障壁である。

　国際間の決済サービスを意識したとき，諸外国の取組状況に対するフォローが不可欠なのは追随でも模倣のためでもない。ユーザーの動向によって提供されるサービスの価値が決まるネットワーク外部性という特性を，決済サービスが有するからである。チェック・トランケーションのユーザーは世界中に存在する。だからこそ国際的な動向に目を配る必要がある。チェック・トランケーションは銀行間決済システムであり，その価値は参加者が増えるほど増大する。これに地理的な制約を解消するという機能的な特性を加味するならば，遠く離れた地点間であるほどチェック・トランケーションの価値は高まるだろう。わが国は欧米双方から地理的に遠く離れている。主要各国との間でチェック・ト

ランケーションがつながることで，主要各国とわが国の双方でチェック・トランケーションという決済システムの価値は飛躍的に高まる。

国際的にネットワーク化されたチェック・トランケーションは自国内で閉じたチェック・トランケーションをはるかに上回る価値をもつ。国際的につながったチェック・トランケーション・ネットワークは，単なる事務合理化の域を超えて大きな付加価値をもつ。世界の小切手取扱高をみたとき，わが国にとってチェック・トランケーションの価値は1億足らずのトランザクションではなく，375億の代金のやりとりに通ずる可能性をもつ仕組みである。逆に世界のチェック・トランケーション・ネットワークからはじきだされた場合，わが国の国際的な決済ネットワークにおけるパフォーマンスは大きく損なわれることは間違いない。日本をのぞく374億の取引がチェック・トランケーションでつながったとき，わが国の1億件の商取引は世界で孤立し，国境を越えて利用できる決済サービスの恩恵をうけられない。諸外国のチェック・トランケーションを常に注視すべき理由は，つながることそのものが国際間決済サービスの供給者として圧倒的な差別化の源泉となるからである。

もうひとつ留意すべきは，技術力や品質に対する過度の傾注である。例えばわが国が取り組んでいる電子記録債権の立ち上げについては，先進性や独自性にこだわるわが国の心意気を全否定するものではないが，国策として展開するならば，まず国益を第一に考える冷静さも必要である。先進性の誇示と社会的効用の最大化は別次元の問題である。わが国には，品質を過度に追求するあまり，ビジネス化の面で劣後する傾向が多くみられる。マイナス40℃から70℃の気温のなかでも使える携帯電話の性能の高さは誇るべき技術であるが，こうした技術を絶やさないためにも採算のとれる領域で事業化の工夫は不可欠である。世界の競合と勝負するならば，高品質にこだわるだけでなく，顧客の望む最低限の機能をもった低価格の製品が市場に受け入れられる現実にも柔軟に対応すべきである。ネットワーク外部性を考慮せずに決済システムのあり方を定める行為はわが国の決済システムの発展にとってリスクであると改めて強調したい。

VI 決済システムの業界構造分析

チェック・トランケーションおよび決済にかかる一連の周辺環境をひとつの業界ととらえ，事業としての電子手形交換所に関する戦略を考察する。ここでの分析は，Porter[1980]のfive-forces frameworkによる業界構造分析をベースとする。分析の基本的な枠組みはBarney[2002]で具体化された脅威を示す指標にしたがう。本章でははじめに，チェック・トランケーションを利用する「顧客(購入者)」の脅威について論じる。次に，サービスを構成する要素の「供給者」の脅威を考察する。その後，チェック・トランケーションが提供するサービスの位置づけや，処理の対象を明確にする観点から「代替品」を取り上げる。これらの脅威を確認したうえで，事業としてのチェック・トランケーションを考える際の直接的な脅威と目される「競合」と「新規参入」の脅威について論じる。5つの競争要因を議論する順序は，ポーターやバーニーを踏襲していない。業界としての決済システムの構造をよりよく理解する観点から，競争要因を並べ替えて説明を進める。

1 分析のための準備

業界構造分析に先立ち，チェック・トランケーションおよびその周辺領域の認識を統一するために概念と用語について整理する。箕輪[1994]によると，決済の当事者の関係を軸として決済方法を分類すると前述の表Ⅲ-3のとおり整理される。表Ⅲ-3では，上段から下段にいくほど当事者間の関係が複雑になっていく。決済の基本は当事者が現金を直接授受する形態である。ところが取

引状況によっては当事者が相対できないほどの地理的困難や取引から決済までの時間差といった支障が生じる。こうしたハードルを越えるために，当事者の間に立って決済を仲介する者が必要となる。この決済方法が「仲介者の介在した決済」に該当する。法律で為替業務の取扱いを認められている銀行がこの仲介者となる。この状態からさらに決済の利便性や合理性を追求すると，決済の仲介者である銀行同士を結ぶネットワークが形成されてくる。こうした状況を箕輪[1994]は「決済のネットワーク化」とよんでいる。決済のネットワーク化が進むと，銀行間に共同システムが形成される。この銀行間共同システムはいわば「仲介者の仲介者」としての役割を果たすことになる。手形交換所や全銀システム，SWIFTはこの「仲介者の仲介者」にあたる。決済システムのネットワーク化が進行して銀行間の共同システムである手形交換所など「仲介者の仲介者」が存在して機能する領域を，本章では決済ネットワーク業界とよぶ[36]。

　広義にとらえると，決済ネットワーク業界のプレーヤーには既存の手形交換所と電子手形交換所だけでなく全銀システムやSWIFTなども挙げられる。銀行間にあって電子データを送受信して決済業務を支援する点で，それぞれの共同システムは同じ機能を提供するポジションにあるともいえる。しかし，電子手形交換所は一義的には手形交換業務を対象としたビジネスモデルである。また決済用の電子データだけでなく，紙片を券面イメージ電子化する点に大きな特徴をもった仕組みである。現時点で電子手形交換所は全銀システムやSWIFTなどがターゲットとする決済サービスのマーケットで直接競合する状況にはない。したがって本章では，既存の手形交換所以外の銀行間共同システムについては，その存在を認識するに留めて電子手形交換所の競合としての分析は行わない。

　従来の手形交換所は銀行間にあって機能する共同システムであり，かつ銀行による互助的な組織（仲間組織）として形成された。手形交換所は実質的に銀行が運営している。本章では手形交換所という「仲介者の仲介者」を，銀行が管理する単なる機能ではなく銀行と対峙する一個の独立した事業主体と位置づける。その上で，決済ネットワーク業界において電子手形交換所を事業化する際に考

慮すべき要因とフィージビリティを検証する。

　最後に全体像を整理する。チェック・トランケーションは一種の機能，プロセスである。電子手形交換所はチェック・トランケーションを実現する事業主体である。電子手形交換所など銀行間共同システムが存在する産業の領域を，決済ネットワーク業界とよぶ。

2　顧客（購入者）分析

　電子手形交換所にとっての顧客は，手形・小切手の交換業務を営んでいる銀行である。銀行の利用者である企業や個人は電子手形交換所にとって直接の顧客とはならない。また電子手形交換所が電子化の対象とするのは，銀行に持ち込まれた後，決済処理のために銀行間で授受される紙片の手形・小切手である。一般の商取引などで授受したり，流通する手形・小切手は電子化の対象ではない。この点で，信金中金が進めている電子手形や2007年6月に成立した電子記録債権法に依拠する登録原簿の記録機関とは顧客層が異なる。電子手形や記録機関は，企業や個人が振り出したり受け取る際の手形・小切手そのものをペーパーレスにすることを前提としている。以下，顧客の脅威が存在する業界の特徴として，Barney［2002］が示す次の5つの指標にしたがって電子手形交換所を取り巻く状況を考察する。

（1）顧客が少数しかいない
（2）購入者には販売される製品が差別化されておらず，標準品である
（3）購入者に販売される製品価格が購入者の最終コストに占める大きな割合となっている
（4）購入者が高い経済的利益を得ていない
（5）購入者が後方垂直統合をするおそれがある

---

(1) 顧客数

　自社サービスを利用する可能性のある顧客が多数，分散して存在していれば，自社に対する顧客の影響力は相対的に小さくなる。しかし顧客の数が少なくなるほど自社の選択肢は狭くなり，顧客の意向に左右される可能性が高くなる。Barney[2002]で国防の事例が挙げられているが，軍需産業の納入先は専ら防衛省である。そのため買い手である顧客は圧倒的に力をもち，その動向がしばしば軍需関連産業の明暗を分ける。2007年にわが国防衛省を巡る贈収賄が話題となったが，この事件などは顧客の脅威の大きさに起因する弊害が表面化したものといえる。またお菓子メーカーにとって自社製品の最終消費者は多数存在する個人であるが，お菓子メーカーは顧客の脅威を感じる機会が多い。特に最終消費者を束ねるかたちで存在するセブン・イレブンは，お菓子メーカーにとって顧客を少数に絞り込む脅威を増幅する装置として機能している。

　2011年5月現在，全国銀行協会の会員銀行数は249である。この会員は電子手形交換所の顧客としてターゲットとする層とほぼ一致する。249という顧客数の多寡を判断することは難しいが，一般的には少数とは判断されない規模であろう。しかし決済ネットワーク業界における顧客の規模を把握する際，249という数値のとらえ方には注意を要する。決済ネットワーク業界で提供されるサービスがもつネットワーク外部性への考慮が必要となるためである。ネットワーク外部性が作用する状況にあって，1番目の顧客を獲得するときに電子手形交換所が有する価値は，249番目の顧客を獲得するときよりも相対的に低い。184番目の顧客まで獲得することによって電子交換所の価値が大きく上昇しているためである。いいかえれば電子手形交換所の加盟数を確保できていない時点，つまりクリティカル・マスを満たしていない初期の時点では，同じ顧客の規模をもつ場合であってもネットワーク外部性をもたない業界と比べて顧客の脅威は相対的に大きいと認識したほうがよい。

　顧客の数に関する脅威を避けて事業を展開する方法としては次の2つが考えられる。第1は，一般的には顧客と良好な関係を構築している既存の同業者と

連携する方法である。しかし，決済ネットワーク業界において提携できるパートナーはきわめて限定される。歴史的経緯からみてパートナーの候補となるのは，実質的に全国銀行協会と日本銀行の2者である。第2は，事前に顧客を確保するという選択肢である。ただし当初に無料キャンペーンを展開するなど，マス顧客をユーザーにする方法とはニュアンスを異にする。クリティカル・マスを獲得するために個別に顧客と交渉して事前に契約を交わすことを想定している。不特定多数の個人を顧客とするケースではとりえない選択肢であるが，電子手形交換所が対峙する銀行業界の顧客層から判断すると検討に値する施策といえる。

いずれの選択肢をとるにしても，考慮すべき重要な点は，全国銀行協会や日本銀行と対比したときの新規事業体としての電子手形交換所の存在感である。確かに電子手形交換所は顧客である銀行に向けて手形交換業務に関する先進的な機能を提供する用意がある。しかし，エスタブリッシュメントである全国銀行協会や日本銀行との関係を超えてまで，各銀行に新規事業体との提携を優先するインセンティブを与えることは容易ではない。新規事業体の成功の鍵は，こうした状況をふまえて銀行が電子手形交換所に参加しやすくなる付加価値が何かを見い出し，醸成して，提供することである。ここでは2000年以降，実務の立場から電子手形交換所導入に取り組んできた筆者の経験に基づいて，決済ネットワーク業界における新規事業体に求められる付加価値として次の7項目を仮説として設定した。

① 電子交換所を利用することでコストが顕著に改善される（経済性）
② 電子データなどの機能を活用することで他行との差別化に成功する（機能性）
③ 業界の既得権益構造，また自行の業務体制を抜本的に変革する契機とする（改革性）
④ 人材や資本，ガバナンス等の面で信頼に足る背景をもった組織である（正統性）
⑤ 他の銀行が先に加盟して電子交換所以外の選択肢がない状況になる（追随性）

⑥ 参加することについて株主や顧客，監督官庁に納得的な説明ができる(釈明性)

⑦ 先進的な金融技術への取組みに参加することで自社のイメージ向上につながる(先進性)

　Kotler[2002]は，価格競争から抜け出すためのマーケティング戦略としてサービス業に固有の課題を3つ提示している。具体的には「競争力のある差別化」「サービス品質」「生産性」の3点である。このうち「競争力のある差別化」としては「サービスの内容」「サービスの提供方法」「サービスのイメージ」について言及されている。上で挙げた7項目をKotler[2002]の議論に沿って検証すると，①②はサービスの内容，③④はサービスの提供方法，⑤⑥⑦はサービスのイメージにおおむね分類することができる。7つの仮説は競争力のある差別化に必要なKotlerの課題を充足するものとして，電子手形交換所導入の実践にあたり，戦術に転化可能な基本形になると考えている。

　戦術の基本としての7つの仮説の適否はまさに今後の実践のなかで検証される。他に仮説を検証する方法として，マーケティング・リサーチを用いた金融機関の経営者へアンケート調査する手法が考えられる。しかし，時間と予算の制約に加えてアンケート調査を実施すること自体が，チェック・トランケーション導入の動きに影響を与える可能性があることから，本章ではマーケティング・リサーチによる検証は扱わない。

(2) サービスの差別化

　手形交換業務を電子化して銀行間で相互に利用できるサービスの提供は理論的には標準品といえる。特に決済サービスは標準化されていなければ異なる銀行間のオペレーションを連動させることはできない。現に手形・小切手の券面をスキャンして電子データ化したり，モニターで券面や印影を照会，照合する機能など個々の工程を処理するために汎用化されたモジュールは，後述の表Ⅵ-2にあるとおりハードウエアとしてすでに存在する。

　しかし，実際にチェック・トランケーションを導入するための総合的な制度

設計の構築過程は模倣困難性がきわめて高く，それが差別化の要因ともなっている。前述の全国銀行協会における検討経緯業務フローの設計をもれなく行い，システム要件に落とし込む工程を概括しただけでも，手形交換業務に習熟した実務家や関連分野の多くの専門家の衆知を蓄積する必要性が見てとれる。また，決済ネットワーク業界のなかに新規事業体として電子手形交換所を立ち上げるプロセス自体も先例のない取組みである。

結論としては，電子手形交換所が銀行に向けて提供するサービス内容自体は標準化された利用しやすいパッケージであるが，サービスを提供する事業体の組織内には，標準化が困難な経路依存性をもつ差別化要因が蓄積されることになる。

(3)サービスの価格が顧客の最終コストに占める割合

手形交換業務にかかる銀行のコストを独立させて計算することは難しい。銀行の規模によって手形交換業務専門の部署や担当者が存在する銀行もあれば，他の仕事と兼務で手形交換業務を処理する銀行もある。ただしいくつかの方法でその概算を得ることは可能である。いずれにせよ，不良債権問題をはじめとして金利動向や内部統制，リスク管理など銀行を巡る多くの課題があるなかで，銀行の経営陣が手形交換業務にかかるコストの多寡に多大な関心をもっているとは考えにくい。したがってこの点で顧客の脅威は少ないといってよい。

(4)顧客の経済的利益

手形交換業務にかかるコストが銀行全体のコストに占める割合を計算することがむずかしいのと同様に，バックオフィス業務のなかから手形交換の運営に限定して個別銀行の採算性を検証することはむずかしい。それは第1に，銀行における管理会計自体の問題である。ビジネスライン毎の採算を自在に把握できる管理会計の構築は銀行にとって重要な課題である。しかし，手形交換のように組織横断的に処理される業務について収益やコストを配分して管理することは，技術的にも作業負担の面からも困難が予想される。例えば銀行収益に対する手形・小切手業務の貢献度は，取立手数料に取扱枚数を乗じた金額だけで

とらえることはできない。決済のために当座預金に滞留する流動性の資金益，関連口座や諸取引から得られる収益など，手形・小切手の発行を扱うことで間接的に寄与する収益も少なくないからである。

　したがって，顧客である銀行が手形交換業務に関連して高い経済的利益を得ているかどうかという論点については次の点を指摘するにとどまる。まず銀行によって，手形交換業務への関心度にはおそらくばらつきがある。そして手形交換業務への関心が相対的に高い銀行があった場合，独立した業務としての採算性を管理して動向を注視しているかもしれない。その際，手形交換業務の採算性が悪いと判断していた銀行は改善への取組みを積極的に行うであろう。一般的にはプロダクト志向の強い銀行ほど，現状維持にこだわることなくチェック・トランケーション導入に興味を向ける可能性は高い。

（5）後方垂直統合の可能性

　この指標は，顧客である銀行が自ら決済ネットワーク業界に参入して電子手形交換所の競合となる可能性を示すものである。例えば2010年まで東京手形交換所の運営を担っていた全国銀行協会は，顧客である銀行の任意団体である。他にある既存の手形交換所の運営も基本的には銀行が行っている。つまり現在の決済ネットワーク業界における手形交換所は，もともと顧客が後方垂直統合をした状態にある。したがって，顧客である銀行が自ら電子手形交換所の設立に名乗りをあげた場合，銀行外部からの新規事業体にとっては大きな脅威となる。なかでも最大の脅威は，全国銀行協会のもとに金融機関が集結して再度チェック・トランケーション導入を進めることである。顧客の脅威として電子手形交換所が最も注意すべき指標である後方垂直統合の可能性は現時点では高くない[37]。しかし銀行業界の動向には常に注意を要する。本件は後述「6　新規参入（5）政府による参入規制」で分析する。

3 供給者分析

　電子手形交換所によるサービスを提供する主な供給者として挙げられるのは，システム開発を担当するシステム・ベンダー，券面イメージを取得する機器を提供するメーカーである。また紙ベースの手形・小切手を銀行間で電子的に処理するために有効なセキュリティ技術を有する企業も供給者のグループに含めることができる。以下，供給者の脅威が存在する業界の特徴としてバーニー[2002]が示す次の5つの指標にしたがって論じていく。

（1）供給者の業界が少数の企業で支配されている
（2）供給者の販売する製品がユニークか，あるいは高度に差別化されている
（3）供給者が代替の脅威にさらされていない
（4）供給者が前方向への垂直統合をするおそれがある
（5）供給者にとって自社が重要な顧客ではない

（1）少数による供給者の業界支配

　分野や規模を問わずシステム・ベンダーという分類だけでみる限り，システム開発を担う供給者は多数存在している。しかし，電子手形交換所のシステム開発を安定的に遂行できるシステム・ベンダーはそれほど多くない。ベンダー選定の要件として，全銀システムに精通していることや銀行の勘定系システムなど基幹システム開発といった大規模なプロジェクトを取り仕切った経験が求められるためである。例えば，地銀の基幹システム共同化を進めるシステム・ベンダーは銀行間の共同システムの開発に「土地勘」をもっているとみられるが，その顔ぶれは表Ⅵ-1のとおりである。

　日本IBM，NTTデータ，日立製作所，日本ユニシスの4社に加えて，みずほ銀行の基幹システムを担当する富士通，三井住友銀行の日本NCRなどがシステム・ベンダーの候補となる。こうしてみると供給者の業界は一見，少数者

表Ⅵ-1　システム各社の主要顧客

ベンダー	グループ化	銀　行　名
NTTデータ	MEJAR	北海道, 横浜, 北陸
	システムバンキング九州	南日本, 宮崎太陽, 長崎, 豊和, 福岡中央, 佐賀共栄
	STELLA CUBE	東京都民, 但馬, 長野, 富山, 東北, 神奈川, 仙台, 荘内, 北都
	地銀共同センター	京都, 福井, 岩手, 千葉興業, 北越, 四国, 池田／泉州, 秋田, 足利, 愛知, 西日本シティ, 青森, 鳥取, 荘内, 北都
日本IBM	Flight21	福岡, 熊本ファミリー, 広島, 親和
	TSUBASA	千葉, 第四, 北国, 中国, 伊予
	地銀共同化プロジェクト(chance)	常陽, 十六, 百十四, 南都, 山口, もみじ
	じゅうだん会	八十二, 武蔵野, 阿波, 琉球, 山形, 宮崎, 筑波
日立製作所	NEXTBASE	徳島, トマト, 香川, 栃木, 北日本, 中京, 高知
	Banks' Ware	肥後, みちのく, 山陰合同
	BCS	大正
		京葉, 静岡中央, 第三, 岐阜
日本ユニシス	Bank Vision	百五, 紀陽, 鹿児島, 山梨中央, (有明3行共同化)十八, 佐賀, 筑邦
	第二地方銀行アウトソーシングセンター	福島, きらやか, 大光
		大分
富士通	PRO BANK	東邦, 清水, 西京
	群馬, 静岡, 七十七	
	東日本, 滋賀, みなと, 名古屋, 富山第一, 東京スター, 東和, 福邦	
NEC	Banking Web21	八千代, 三重
	愛媛, 大垣共立, 関西アーバン, びわこ, 沖縄, 大東	

注)グループ化として括られた銀行はハードウエアなどを共同化(予定を含む)。
出所)日経金融新聞2007年6月1日付記事, 金融財政事情2010年4月19日, 11ページ, 編集部作成図表「地銀・第二地銀の勘定系システム共同化の現状(ベンダー別勢力図, 予定を含む)」により筆者作成

VI 決済システムの業界構造分析

表VI-2　関連する主なハードウエア供給会社とサービス概要

メーカー	ソリューション名称	特徴
日本ユニシス	手形／小切手処理装置 DP500	MICR 分野で 40 年以上の販売実績をもつ企業。金融機関の営業店設置用から集中センタに設置する高速リーダ・ソータまでフル・ラインのプロダクトを提供できる唯一のベンダー。日本でも手形／小切手の処理分野で高いシェアを保持。DP500 ドキュメント・プロセッサにイメージ・カメラを装着して手形交換処理、手形期日管理処理用及び OCR 証票処理用として使用。他業種ではタクシー券処理用として使用。
日本 NCR	I-BICS (Image Bill Inventory & Clearing System)	i-TRAN8000 ソータに MICR の読取、印字に加えてイメージ・キャプチャー機能を付与。これにより「取得イメージの保管・管理による手形イメージ照会」と「手形交換持帰処理時の手形イメージ取得による印鑑照合システムへの印鑑イメージ渡し」が可能となる。読取速度は 600 枚／分（6 インチサイズ）。
グローリー	FSA-200（手形イメージ管理システム用）	手形（表裏）・送付票を 60 枚／分でスキャンエンコードする。読取速度は 100 枚／分（240dpi、白黒 256 階調）
	FSA-200A（持帰手形印鑑照合システム用）	110 枚／分の速さで手形表裏両面の画像イメージを読み取る。MICR 文字・チェックライタ文字を両面読み取り。
	TIK（手形イメージ管理システム）	手形イメージエントリーを共有データとして活用できるため、持帰手形印鑑照合システムへの拡張が可能。OCR で金額・期日などを自動で読み取ることで手入力項目を削減、入庫業務を省力化。
	FB-10（営業店向け手形ファイリングシステム）	小型リーダスキャナとパソコンでシステム構築が可能。解像度は 240dpi でスキャン速度は 33 枚／分、両面同時スキャンが可能。415 (W) × 166 (D) × 213 (H) ㎜
	FA-10（OCR 搭載オートエンコーダー）	業界唯一の OCR 搭載により手形・小切手の判別から MICR 印字といった一連のプロセスを全て自動化。処理速度は約 40 枚／分。
	MTI（持ち帰り手形印鑑照合システム）	MICR 文字、チェックライタ文字を OCR で自動読み取りすることでデータエントリー業務省力化。
沖電気工業	事務集中ソリューション〈統合イメージ処理システム〉	手形だけでなく口座振替や諸届、税公金などで生じる現物に対してイメージワークフローを採用し統合してイメージ処理する。検索時間削減、現物保管スペースの削減、作業の標準化、資源（人・機器）の共有化、また最適化による管理コスト削減、柔軟なシステム構築、事務の集中化促進などを特徴とする。
キヤノン電子	CR-180	券面イメージと MICR 文字情報をスキャンと同時に取得する。搬送性能が高く、コンパクトでシンプルな設計。
	DP-440	200 枚／分（手形裏表）で記録しスキャン画像を 3.5 型光磁気ディスクに記録。

出所）日本ユニシス：http://www.unisys.co.jp/DP500/
　　　日本 NCR：http://www.ncr.co.jp/solutions/finsol/i-bics/i-bics.html
　　　グローリー：http://www.glory.co.jp/product/image/index.html
　　　沖電気工業：http://www.oki.com/jp/FSC/banking/gyo/gyo2.html
　　　　　　　　　http://www.oki.com/jp/Home/JIS/Books/KENKAI/n193/pdf/193_R14.pdf
　　　キヤノン電子：http://www.canon-elec.co.jp/products/ims/index.html

で支配されているようにもみえる。とはいえ，銀行業務に関するシステム開発において供給者が何百もある必要はない。限られた数の銀行の基幹システム開発を受注するために少数の供給者がしのぎを削ってきた様子は，各メガバンクの基幹システムの受託に血道をあげるシステム・ベンダーの動きからも明らかである。金融業界に対する供給者としてのシステム・ベンダーの数が電子手形交換所に脅威となる可能性は少ない。むしろ，システム・ベンダーが現在抱えている金融担当の開発要員や体制を勘案，規模の利益を確保するために電子手形交換所への供給者として積極的に受注競争へ参加する可能性が高いとみられる。

　供給者としてのシステム・ベンダーに関する懸念があるとすれば，既存顧客である銀行のシステム運用やメンテナンス，追加開発やシステム更新にかかる人員を確保するために電子手形交換所の新規開発へどの程度人材が回せるか，といった現実的な課題であろう。銀行システムに関する開発リソースの有限性は，団塊の世代の大量退職という出来事とあわせて話題にのぼることがある。例えば2011年に第6次の更改を迎えた，全銀システムについて，その構造を熟知したベテランのシステム開発担当者は現場にほとんど残っていないのが実情である。新たな決済インフラストラクチャを構築しようという大規模プロジェクトを推進する際にシステム・ベンダーに期待されることは，目的に見合った経営資源を有して適切にシステム開発を実現する品質を提供することである。

　手形・小切手券面のイメージを取得する機器については，トータルでパッケージ化して提供している会社も少なくない。主な提供会社は表Ⅵ-2のとおりである。日本NCR，日本ユニシス，グローリー，沖電気工業，キヤノン電子などがあげられる。既存の紙ベースの手形・小切手のソーターを扱っている会社がイメージ処理を付与したソリューションを提案する形で供給する体制となっている。こうしたハードウエアの供給者についても，競争が成立する程度に有力なメーカーが揃っている。したがって，本分野でも供給者の数が電子手形交換所に脅威となる可能性は少ないと考えられる。

（２）サービスの独自性，差別化

　紙ベースの手形・小切手を電子データ化することで偽造・変造防止や不正使用が増加する事態は許されない。セキュリティ強化はチェック・トランケーションが決済インフラとして信任されるうえで譲れない項目である。そのため，手形・小切手の電子データ化に関連してセキュリティ強化技術を合理的なコストで提供できる会社は，電子手形交換所にとって有力な供給者となる。提供される技術がユニークで差別化されているほど脅威となる。セキュリティ強化のための技術や対策を講じるポイントは，処理工程のあらゆる場面で工夫される可能性がある。

　なかでも紙片として流通する手形・小切手の原本性，すなわち偽造・変造されたものでなくオリジナルな手形・小切手であることを高い精度で認識できる技術は，偽造紙幣への対応をみるまでもなく高い価値をもつ。紙片の原本性を認識する技術としては，紙幣でみられるようにホログラムや「すかし」といった対策が有名である。しかし近年では，紙片１枚１枚を固有のIDで認識する技術も発達している。例えば日本発条の「Fibe Crypt」では特殊ファイバーをランダムに紙にすき込んでおいて，それを読み取ることで偽造を防止する技術を提供している。券面イメージを読み取る工程で特殊ファイバー情報の有無あるいは適否をあわせて読み取ることによって，それが本物の手形・小切手であるかどうかを認識できるという技術である。また富士ゼロックスは指紋ならぬ「紙紋」を読み取り，紙を１枚ごとに識別する技術を公表している。これは紙が作られるときに材料の繊維の模様が凸凹となって表面に浮き出た模様をスキャナーで読み取って情報処理する技術である。

　いずれの技術によっても，手形・小切手を発行する前に紙片のID情報を読み取り，データベースに集中保管しておくことが可能である。手形・小切手が振り出されて流通した後，銀行に持ち込まれたときに再度ID情報を読み取る。その情報をデータベースに保管されていた記録と突合させて適否を確認する。こうした紙のID情報による真贋判定を従来の印鑑照合による確認手法とあわ

せて利用することによって，手形・小切手の偽造を見抜く能力が飛躍的に高まると見込まれる。

これらの技術は極めてユニークであり，高度に差別化されている。したがって，もしチェック・トランケーションでこれらの技術を採用する場合，供給者としての脅威の対象になる，ともいえる。しかし，前述のセキュリティ技術に関して電子手形交換所は必ず導入しなければならない義務は負っていない点を考慮する必要がある。セキュリティ強化は突き詰めれば際限なく追及することが可能であるが，収支を悪化させるまで資金を投下することはできない。セキュリティ技術の採用可否は，コストと効果のバランスを見て判断することになる。つまり，受け入れるかどうかの判断主体は電子手形交換所の側にある。そのため，この分野における供給者の脅威は相対的に小さい。

供給者のセキュリティ技術が先進的で普及が進んでいない場合，この構図はさらにわかりやすいものとなる。もし手形・小切手紙片のセキュリティ強化に自社技術が採用された場合，その供給者は電子手形交換所での取扱実績を前面に打ち出してさらなる販路拡大や事業展開を期待できる。その意味で電子手形交換所は供給者にとって重要な顧客とのポジションにいる。以上の考察から，供給者によるセキュリティ技術はユニークで差別化されているものの，電子手形交換所はこうした技術をもつ供給者の脅威を克服できる可能性が高い。

セキュリティ技術を対象とした分析に付言して，わが国における金融サービスと科学技術の関係について触れておく。そもそも金融サービスが，先進の科学技術のことを供給者としての脅威か否かといった観点だけでとらえることは，視野の狭い見方ともいえる。銀行をはじめとする金融業界は，全般的に先進の科学技術へのアンテナを高くして，その成果を金融商品やサービスに取り入れようとする動きが基本的に欠けている。最近では，リスク管理分野における金融工学の発達や電子マネーの普及といった分野で科学技術に対する関心の萌芽がみえる。しかしこれらも邦銀発で自発的，主体的に取り組んだ事例ではない。欧米の金融機関や金融業界以外の業態からの参入によって切り拓かれた地平で

ある。

　科学技術と金融サービスの融合，実践的な導入に向けた取組みを個別の銀行単位で自発的に行うのはむずかしいかもしれない。リスクテイクの姿勢が根本的に製造業と異なる銀行では，金融商品やサービスの開発や業務プロセス改善のために最新の科学技術へ開発投資するという概念をもたないためである。世に普及していない開発途上の最先端技術に対する知見をもって正面から関与できる経営者も，金融業界にはほとんど存在しない。科学技術に対する無知あるいは軽視の風潮が金融機関に横溢していることがその証左である。例えば，銀行の組織図をみて「科学技術」という文言を付した部署を見出すことは至難である。組織図は会社における業務の関心や組織の運営方針の所在を浮き彫りにする。

　皮肉な結果ではあるが，科学技術に対する銀行のきわめて慎重な姿勢のおかげで，新規事業体が決済ネットワーク業界に参入して電子手形交換所を設立する余地があるともいえる。そこで電子手形交換所は，セキュリティ技術をはじめとして科学技術の成果を取り入れていく金融サービスとして先陣を切ることになる。電子手形交換所の設立によって，決済システムに限らず金融商品・サービスと科学技術の融合を促進する流れを作るという可能性も興味深い展開である。

(3)代替の脅威

　企業単位でみたとき，システム・ベンダーや手形・小切手の券面イメージを読み取るハードウエアを供給する会社は，入札，選定されるまでの間は常に代替の脅威にさらされている。この点で電子手形交換所が彼らを脅威と感じることは少ない。ただしシステム・ベンダーは選定後，代替の脅威にさらされる懸念が遠のく。いったん開発がはじまると要件定義から開発，テスト，納品，稼動，メンテナンスといったプロセスで模倣困難性が多く蓄積される。そのため仮にシステムに不具合が生じたからといって，それまでに供給されたサービスを代替することが容易でないためである。結果として供給者であるシステム・ベンダーは次のシステム更改時期まで，代替の脅威にさらされない状態が長く

続く。

　しかし，その期間にシステム・ベンダーが電子手形交換所に対して不適切な行動をとることも考えにくい。システム・ベンダーにとって代替の脅威が完全になくなっているわけではない。独占的な立場を背景として傲慢な態度をとったことが風評として顧客の間に流布することは総合的にみてシステム・ベンダーにとって好ましくない。限られた顧客数のなかでシステム・ベンダーが人材育成などの時間や資金といった経営資源に対応する利益を回収するためには，顧客との紐帯を離さず長期にわたる売上高を確保することが不可欠となるためである。結論としては，供給者との関係性のなかで，時間の経過とともに脅威が存在しない局面を認識することがポイントとなる。また供給者にとって長期的な取引関係や売上高の確保が不可欠であるといった事情がある場合，供給者が代替の脅威に晒されていなくても供給される側にとっては比較的脅威とならないことも確認できた。

　供給者であるシステム・ベンダーの数をみれば，入札によって適正なサービス供給をうけることが可能な環境にあるといえる。しかし，ここで供給者に関する脅威として考慮すべき点はむしろサービスの質である。選定したシステム・ベンダーの提供するサービスが低品質であった場合，代替が困難なだけにかえって大きな脅威となる。この場合の脅威とは，開発要件のモレや詰めの甘さ，あるいはユーザーとのコミュニケーション不足からくる納期遅れや追加的なコスト増加，システム障害といったものである。

　セキュリティ技術の供給者は，各企業とも代替不可能な独自製品を扱うケースが多い。しかし同時に電子手形交換所は，セキュリティ技術の供給者に対して「顧客の脅威」を保持している可能性が高い。すなわち先進技術であるがゆえに，その技術をビジネスベースで採用する会社が少ない場合，電子手形交換所は少数顧客としてのパワーをもつ。手形・小切手という紙幣に次ぐ認知度をもつ有価証券でセキュリティ技術が採用されれば，初期の時点では供給者にとって宣伝効果の高い契約となる。電子手形交換所とセキュリティ技術の供給者の

関係は，供給者が代替の脅威にさらされていない場合でも，供給される側にとっての脅威が相対的に小さいケースの事例となりうる。

(4) 前方垂直統合の可能性

　チェック・トランケーションは，銀行間の物流機構に代えて電子化技術を活用することでプロセスを抜本的に改革する仕組みである。そのため供給者のなかでも，システム開発やセキュリティ技術を提供する業者に依存する部分は大きい。特にシステム・ベンダーは，システム開発の過程で銀行の業務工程に比較的習熟する機会が多く，決済業務を含めて銀行業務全般への理解度は高い。実際，新たな金融商品やサービスのスキームを自ら研究開発して，その採用を金融機関に迫るといったシステム・ベンダーも存在する。決済システムをみても，システムの運用面はシステム・ベンダーへ実質的に全面的な委託が進んでいる。

　このように決済システム運用の現状からみても，また電子手形交換所のコストに占めるシステム開発の大きな割合からみても，事業としての電子手形交換所に関して供給者であるシステム・ベンダーが前方垂直統合を目指すポテンシャルは高いとみることができる。ただし，現時点では前方垂直統合をする動きはみられない。システム・ベンダーが垂直統合に踏み切らない理由を類推するといくつか挙げられる。

　決済システムを運営する領域は銀行のテリトリーとみなされている。そのため現時点でシステム・ベンダーにとっての大口顧客である銀行の領分を侵すような行動をとらないという推測である。事実，わが国で銀行業への新規参入がはじまって久しいが，システム・ベンダーが前面に名乗りでて銀行を設立した例は確認されていない。

　あるいは，決済システムの運営に必要な経営資源がシステム・ベンダーに欠けているために参入できない，といった消極的な理由も考えられる。類似の例として銀行業をみると，流通業や大手電機メーカーなど一般消費者に近いところで事業を営む会社が新規参入する傾向がみられる。システム・ベンダーのも

つ差別化要因は銀行業であれ決済システムであれ，それらを事業として運営する経営資源とは質が異なることを示唆しているとも解釈できる。

現在の決済ネットワーク業界において，システム・ベンダーはすでに供給業者として決済システムの運営主体との間に適切な関係を構築しているためにあえて動こうとしないのかもしれない。いいかえれば，「供給業者の価値連鎖のありようが変わって，供給業者と会社の双方の活動の成果が最適化したり，あるいは，双方の価値連鎖の間の調整がうまく進んで，双方に便益をもたらす」[38]状態にあるのではないか。そうだとすればシステム・ベンダーが今後，電子手形交換所に対して同じような適切な関係を構築する可能性を推測するために，電子手形交換所自体のバリューチェーンを細分化して分析する必要がある。それは「価値連鎖の基本形から出発して，会社にとって特異な個々の価値活動を

図Ⅵ-1　電子手形交換所のバリューチェーン

		全般管理				マージン
人事労務管理		募集，訓練		募集，訓練	募集，訓練	
技術開発		事務工程設計 制度設計 システム要件確定	情報システム開発	市場調査 業界動向調査 助成ツール	センター運用手順設計	
調達活動		(ハードウエア) (ソフトウエア)	システム開発・運用サービス	旅費・食費	センタースペース PC，通信機器	
	業者選定 (システム・ベンダー ハードウエアメーカー 印刷会社 セキュリティ・ベンダー) システム監査	交換所規則作成 コンティンジェンシープラン作成	交換証券処理 (クリアリング，保管)	広告宣伝 加盟推進	オペレーションマニュアル 研修・指導 照会対応 業者・銀行間調整	
	購買物流	製造	出荷物流	販売・マーケティング	サービス	

注）電子手形交換所のサービスをポーター示す基本形でそのまま説明することはむずかしい。特に電子データの送受信など電子手形交換所による処理工程を出荷物流の項目へ記し，処理機能を担うシステム開発や運用をその調達活動とした点に留意のこと。

みつける」[39)]作業である。電子手形交換所のバリューチェーンとして作成したものが図Ⅵ-1である。

　図Ⅵ-1から電子手形交換所の差別化の源泉を理解するための準備としてポーターの指摘を振り返る。それは，「差別化を理解するには，会社を全体として大まかに見たのではいけない。会社の行う個々の活動から出発して，これらが買い手に与える影響を調べなければならない。差別化は，会社の価値連鎖から育ってくるのである。つまりどんな価値活動もみな，特異性の源泉になりうるのである」という言葉である[40)]。

　電子手形交換所のバリューチェーンをみながら，差別化の源泉となる価値活動を考えよう。バリューチェーンに整理して改めて個々の活動をながめたとき，システムの開発や運用の領域は，電子手形交換所が事業として成立するうえで一番苦心する工程ではない。むしろ事務工程や制度設計およびシステム要件の確定，また販売・マーケティングにおける加盟推進こそがチェック・トランケーションの事業化にとって重要である。電子手形交換所のコストの大半を占めるからといって，システム開発や運用の工程が事業としてのチェック・トランケーションにおける差別化の源泉となるわけではない。したがって，供給者としてのシステム・ベンダーの経営資源は，電子手形交換所を事業化しても必ずしも競争優位を形成しない可能性が高い。結果として，電子手形交換所という事業主体の外部にあってバリューチェーンにおける調達活動の一角を担うという現在のポジションは，システム・ベンダーにとっておさまりがいいのかもしれない。少なくとも製造における事務工程や制度設計，また販売・マーケティングにおける加盟銀行促進の営業で優位な経営資源を有したシステム・ベンダーでなければ，電子手形交換所事業に参入して競合としての差別化を図るのはむずかしい。

　なお，電子手形交換所の差別化の源泉を製造や販売・マーケティングにあるとみたとき，事務工程設計や制度設計に明るい人材や電子手形交換所への加盟を強力に推進できる人材を惹きつけて囲い込む人事・労務管理があわせて重要

になる点にも触れておく。

(5)供給者に対する自社の位置づけ

　電子手形交換所の価値活動の多くに関連するシステム・ベンダーにとって、チェック・トランケーションを実現するためのシステム開発は相応の予算規模をもっている。電子手形交換所はシステム・ベンダーにとって新規顧客であり重要な顧客になりうる存在である。

　ただし、電子手形交換所が特定の銀行と連携せずにまったくの外部者として独立して事業展開を図ろうとする場合は、他の銀行や共同システムとの相対的な位置関係に留意すべきであろう。前述のとおり、システム・ベンダーにとって既存の銀行や共同システムは重要な顧客であり、経営資源を大量に投下して深くコミットしている存在である。相対的な重要性において銀行等に劣後しないためには、システム・ベンダーの規模の経済性を発揮する存在であることを主張したり、システム・ベンダーと縁の深い銀行とのコネクションを強調するなどの施策を考える必要がある。

4　代替品分析

　自社の提供するサービスをチェック・トランケーション、手形交換業務の電子イメージ化としたとき、一般的に考えられる代替品とは電子イメージ化以外の方法で銀行間の手形交換を処理するサービスのことである。しかし今の段階で、チェック・トランケーションをサービスとして提供する電子手形交換所の代替品を考えることはあまり重要ではない。電子手形交換所こそが既存の手形交換所にとって代替品の脅威となって参入しようとする状況である。電子手形交換所が参入した後に、脅威となる可能性のある代替品について考察することは無駄な作業ではない。ただし、優先順位は劣後するため本章では扱わない。

　代替品として注意すべき対象があるとすれば、それはチェック・トランケーションが処理する手形・小切手という支払の方法に対する代替品の脅威である。

電子手形交換所に対する代替品として手形・小切手の代替品を考察することは，厳密にいえばずれのある議論となる。しかし手形・小切手はチェック・トランケーションが処理対象とする交換証券の8割以上を占めており，その盛衰は電子手形交換所の事業化に大きく影響する。手形・小切手の代替品が普及して手形・小切手の交換高が減少すると，チェック・トランケーションが事業として成立しないという脅威にさらされる。そこで，本来の意味で電子手形交換所の代替品でないことを承知したうえで，ここでは手形・小切手の代替品の脅威を考察する。

手形・小切手の代替品を特定する前に決済手段の定義を確認する。決済手段とは，決済すなわち債権・債務を解消するために用いられる対価となる同等の経済価値を有するものを指す。決済手段として利用できるのは「現金通貨」と「預金通貨」だけである。この意味で，手形・小切手は決済手段ではない。決済手段である現金または預金を支払人から受取人へと移転させる支払指図の手段と位置づけられる。クレジットカードや振込，自動振替なども支払指図の一種である[41]。

このように決済手段の意味を厳格に適用するとき，手形・小切手の代替品となるのはクレジットカードや振込であり，現金や電子マネーはこれと同じグループには入らない。しかし法人や個人の支払行為に注目したとき，現金や電子マネーを手形・小切手の代替品として検討対象から排除する理由はない。むしろ決済手段のもつファイナリティの意義を含めて，財やサービスの対価を支払うときの行為として一般の法人や個人がどの方法を選択するか，幅広くとらえることが重要であろう。そう考えると，手形・小切手の代替品としてクレジットカードと振込に加えて，現金や電子マネーも代替品として分析対象になりうる。

代替品の脅威を示す具体的な指標はBarney[2002]には明示されていない。しかし代替品を比較検証するための指標は，分析対象の特性に応じて設定することが適当と思われる。そこで本章では，手形・小切手という支払手段に関する代替品の脅威を考察するために次の4つの指標を設定した。

(1)フロート
(2)地理的特性
(3)管理工数
(4)適正な金額範囲

(1)フロート

　フロートとは，振出しから代り金が口座から引き落とされるまでのタイムラグを指す。フロートのある支払手段を使った場合，最終的な決済手段である現金なり預金を費やすまでに時間的猶予をもつことができる。例えば現金で払えるところをクレジットカードで代替することで，ファイナリティを行使するまでの期間が確保できるメリットを享受できる。

　手形は支払期日を将来の日付に設定できる。最終的な決済を後ろ倒しにするという条件を付しながら，支払方法としては当事者間でいったんは完結する手段である。手形のもつ当該機能は他の代替品にはない特徴的なものといえる。

(2)地理的特性

　地理的特性では，支払者と受取者の距離の遠近に応じた支払方法を考える。例えば支払者と受取者が同じ場所にいるときに使う支払の方法として現金は比較的よく使われる。しかしどこか遠い場所にいる受取者へ支払いをする場合，現金で準備することは適切でないケースが多い。遠く離れた財やサービスの供給者に代金を支払う方法ではむしろ振込がよく利用される。支払者と受取者の空間的な位置に応じて適切な支払の方法が存在する。

　手形・小切手は金額などの要件が記載された紙片をやりとりする方法である。したがって，当事者同士が離れているよりも相対して授受するケースが一般的である。

(3)管理工数

　管理工数では，支払方法を事前に準備する負担，当事者間で支払(受取)を行う際の準備，あるいは受取側で事後，最終決済に至るまでの手間などについて

考察する。

　クレジットカードは前述（1）（2）のメリットをともに有している。しかしクレジットカードで代金を支払うためには，財やサービスの供給者がクレジットカードを取り扱うためにカード会社の加盟店になるなど事前準備が必要となる。また振込するためには，銀行の窓口やATMへ行くなりパソコンを用意してそこで手続きする必要がある。ただし振込の場合は支払者が手続きさえすれば，受取者は特段何もすることなく自らの口座に預金として代金が入金される。受取者の事後の負担は比較的少ない方法といえる。現金であれば，その場で授受するだけで，代金支払の行為が終わるだけでなく決済自体も完結している。

　手形・小切手のケースを考えると，受け取る側は事前の準備は特に不要だが，手形・小切手を受け取った後に取引銀行の口座へ持ち込んで入金手続きが必要となる。支払う側は，事前に銀行取引を通じて手形・小切手の発行を依頼するなど準備が必要である。支払行為を行う時点では当事者が相対で授受すれば支払（受取）は完了する。支払行為の現場で特に機器の準備や状況設定に考慮する必要はない。

(4) 適正な金額範囲

　ここでは支払代金の大小に応じた支払方法について考える。住宅の購入や高額な家具や貴金属を決済するために現金を用いることは稀である。大量の現金は重くてかさばるため持ち運びが困難であるうえ，持ち運びの際は盗難や紛失の危険が伴う。したがって高額な代金を支払う際は，振込やクレジットカードと同じく小切手の利便性が勝る。逆に小銭を伴う小額の支払いには，現金や電子マネーが利便性を発揮することが多い。

　紙片の小切手は小額の支払いでも威力を発揮する。支払う側も売る側も小銭や釣り銭を用意する必要がなくなること，代金を受け取る側でクレジットカードのように認証機器を必要としないことはメリットとなる。利用に適した金額範囲でいえば，小切手は高額の取引から小額の支払いに至るまでカバーできる点で優れた手段といえる。

（5）手形・小切手の将来性

　表Ⅵ-3は経済主体別にみた決済対象となる取引を，経済主体別に相互の支払，受取の関係別に分類した表である。経済主体間でどのような取引が行われているかが一覧できる。

　表Ⅵ-3の経済主体のうち「個人」に注目して支払側の行と受取側の列に注目する。個人が受取側となるケースをみると，支払側の経済主体がいずれであっても代金の支払は現金で行われるケースが大半であり，それに振込が少し加わるといったイメージである。ところが個人が支払側となるケースをみると，受取側の経済主体は代金の支払に対してさまざまな選択肢を用意している。商店であれば，現金だけでなくクレジットカードも使えることをアピールする。金融機関や国・地方公共団体であれば，口座振替まで用意する。個人が不動産を購入する際などは銀行が自己宛小切手を準備することもある。個人から代金を受け取る側は代金を回収するために多大なる努力を費やしているといってよい。ただし受取側も支払側も個人の場合は，支払いの方法が限定される。個人がクレジットカードや電子マネーで代金を受け取るケースは普通みられない。現時点では個人が個人から代金を受け取る手段は現金か振込である。小切手は個人間でのやりとりになじむ媒体である。個人間での代金授受が盛んになるといっ

表Ⅵ-3　経済対象取引の分類

支払側＼受取側	個人へ	企業・商店へ	金融機関等へ	国・地公体へ
個人から	個人間の資金のやりとり	日常の商品サービス購入代金	預金等の預入 保険料の支払	各種の税金支払 各種の掛金・保険料の支払 行政サービスの手数料等
企業・商店から	給与の支払 配当金の支払	企業間の代金の支払	金融商品購入代金 借入金返済	
金融機関等から	預金の払戻，保険金の支払 金融商品の売却代金，貸出実行		各金融市場取引 金融・資本市場	
国・地公体から	公務員給与支払 年金支払	公共事業費等の支払 商品・サービスの購入代金		内部間資金移転

出所）箕輪[1994]，9ページ

た社会環境の変化が生じれば，個人利用の小切手の普及を促す要因のひとつとなるかもしれない。

　手形・小切手の代替品の取扱高の推移をみるとおおむね増加傾向にある。特に電子マネーは，プリペイドカードや現金の代替品として新規参入した事業として近年勢力を拡大しつつある（表Ⅵ-4）。電子マネーは小銭など硬貨を持ち歩いたり使用するわずらわしさを解消する利便性を主要な武器とする。また利用額や頻度，各種キャンペーンなどに応じたポイントサービスがセットで提供されることもある。もともとポイントサービスとの親和性が高い電子マネーがもつ「お得感」も，継続的な利用を底支えする要因といえる。

　電子マネーは事前準備負担の点でクレジットカードと同様，管理工数上の課題があると考えられていた。電子マネーによって代金を受け取る店舗は，電子マネーの残高を認識して引落とし処理する読み取り機器を事前に準備するなど，利用のための事前準備負担が大きいためである。この管理工数上の障壁を克服

表Ⅵ-4　前払い式の主な電子マネーの普及状況

	運営主体	発行枚数（万枚）	利用できる店舗網	月間決済件数（万件）
Edy（エディ）	ソニー系ビットワレット	3,520	70,000	2,250
Suica（スイカ）	東日本旅客鉄道	1,953	26,240	1,883
PASMO（パスモ）	東京急行電鉄など	621	26,240	304
Nanaco（ナナコ）	セブン＆アイホールディングス	517	13,926	3,000
WAON（ワオン）	イオン	190	12,700	非公表
ICOCA（イコカ）	西日本旅客鉄道	3,332	5,500	約43

注）2007年11月末時点。スイカの発行件数は買物の支払に利用できない分を除いた。スイカとパスモは相互利用可能なため利用できる店舗は同じ。
出所）日本経済新聞2008年1月1日，第二部「テクノロジー新世紀特集」14面

することが電子マネー普及の分岐点であった。現在，電子マネー事業を展開してカード発行枚数や利用件数を増やしているのは，セブン・イレブンやイオンといった流通系やJR東日本といった鉄道系企業である。流通系や鉄道系企業は自社事業の一環として代金の受取者となる立場であり，受取側としての店舗や設備を保有している。電子マネー取扱いに必要な事前準備を自らの事業領域内で管理できるメリットを享受することができる。現在の電子マネー普及状況からみて管理工数上の障壁を低減化できる経営資源は，電子マネー事業の優位性を形成するひとつの要因と考えられる。

一方，2001年に設立して電子マネー普及の先鞭をつけたビットワレットは流通系や鉄道系のように自前の利用店舗網という経営資源を有していない。電子マネーへの取組みは，それ以前にも1995年イギリスで実験されたモンデッ

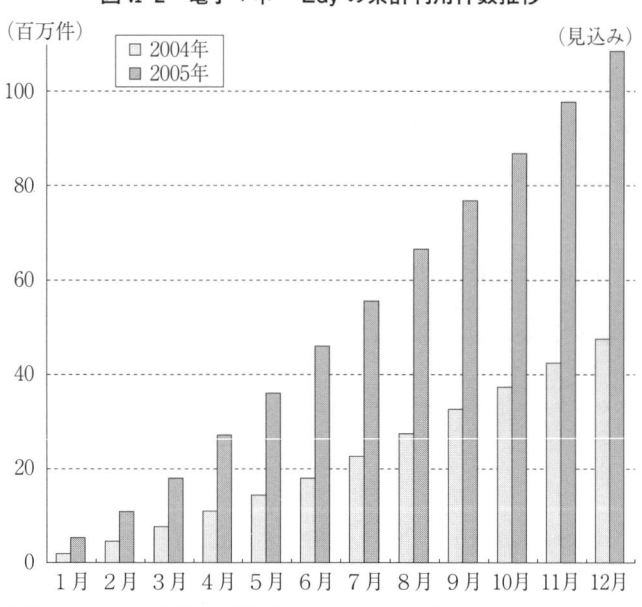

図Ⅵ-2　電子マネーEdyの累計利用件数推移

出所）ビットワレット株式会社「プレスリリース2005」2005年12月13日
http://www.edy.jp/press/2005/20051213.html

クスをはじめいくつもあるが，顕著な成功事例はなかった。ビットワレットの電子マネーEdyは，わが国の電子マネー普及に先鞭をつけることに成功した（図VI-2）。

その成功の秘密は業界関係者の間でもいろいろと噂されているが，ビットワレット経営陣が自ら語るEdyの競争優位性はきわめてシンプルである[42]。それは利用店舗を開拓するというビットワレット社の地道な営業活動にあるという。当初，コンビニエンスストアや飲食チェーン店を皮切りとして，コアとなる利用店舗を確保した。そのうえで，航空会社や高速道路など代金の受取サイドとなる店舗網を有する法人取引先を拡大している。ビットワレットはソニーの非接触IC技術「フェリカ」を活用しているが，事業運営にあたっては，地道な営業活動による利用店舗網の開拓という人的資源の活用によって管理工数上の課題を克服してきた。決済ネットワーク業界で新規に事業展開した事例としてEdyの軌跡は示唆に富んでいる。

代替品の取扱高が増勢にあるなかで，手形・小切手は消滅してしまうのだろうか。支払手段の盛衰は社会や経済のニーズの変化によるところが大きい。例えば面前での取引や決済が中心であった時代と，遠く離れた当事者が決済する必要が生じる経済活動が主体となる時代とでは，選ばれる支払手段は自ずと異なるであろう。また科学技術の進歩も支払手段の選択に影響を与えるかもしれない。電子化技術や通信情報技術の発達は，クレジットカードや電子マネーという支払手段の新たな選択肢を生み出した。チェック・トランケーションはクレジットカードや電子マネーのように一般の消費者に直接利用される仕組みを提供するものではない。しかし一般利用者に見えないところにあって，電子手形交換所は銀行間の手形交換業務をターゲットとして技術革新の成果が投入している。その結果，手形・小切手の利用者に迅速な資金化や災害や天災に強い決済サービスを提供することができる。

手形・小切手は，中小企業を中心に一般社会に浸透した支払手段である。意図的に廃止することは重大な社会問題にも発展しよう。また自然体で手形・小

切手の逓減傾向が続いたとしても，完全に消滅する状況を近い将来の出来事として想像するのはむずかしい。代替品が普及して手形・小切手の取扱高が減少傾向にあるからこそ，1枚あたり処理コストの上昇に対処できる業務処理工程を検討する必要が生じる。実際，紙片の情報を電子化してネットワークを介して授受する機能は，銀行間の物流を省略するだけでなく個別銀行の工夫によって内部の事務処理を合理化する可能性も有している。

　1990年代から現在までという特徴をもった時代のなかで減少傾向にあるという理由だけで紙片の手形・小切手の廃止に向かうような議論は乱暴に過ぎる。江戸時代の経済活動を支え，手形交換所が設立されてから100年以上経過し，今なお社会や経済に定着している仕組みに対する評価を直近10年，20年だけの間尺で決めることはできない。昔からある制度だから古いという意見も感覚的な議論である。電子マネーのように一から立ち上げるという試みだけが新しいわけではない。技術進歩の成果を取り入れて紙とデジタル技術の共生を模索し，手形・小切手という従来の制度をリニューアル，活性化させるという発想は十分新規性のあるビジネスモデルといえる。

　とはいえ，現状のままでいけば手形・小切手の交換高の減少傾向は続く可能性が高い。将来性を推測する上で留意すべき点は電子手形交換所自体の動向が交換高の増減に影響を与える可能性である。チェック・トランケーションの導入によって利用者にとって利便性やコスト・パフォーマンスが高まることで，手形・小切手の利用者が増加するかもしれない。また電子手形交換所が手形・小切手の利用を促進させるために独自の施策を講じることも考えられる。電子手形交換所にとっての手形・小切手の将来性とは，減少傾向をみて悲観的な予測をするものではなく，自ら需要を創出すべき挑戦の場である。

5　競合分析

　現在，銀行間の手形交換業務にチェック・トランケーションを導入している

組織体はわが国には存在しない。したがって，手形交換業務を電子化して支援するサービスを提供する同業他社としての競合はいない。ここでは銀行間の手形交換業務にサービスを提供する観点から，既存の手形交換所を競合関係にあるとみなして議論を進める。電子化された手形交換所は，競合である既存の物流による手形交換所に対して競争優位をもたなければ存続は危うくなると考える。以下，競合の脅威が存在する業界の特徴として，バーニー[2002]が示した次の5項目にしたがって電子手形交換所の位置づけを確認する。

（1）競合企業が多数存在する
（2）それぞれの競合企業が同規模で，市場への影響力も同程度である
（3）業界の市場成長率が低い
（4）製品(サービス)差別化が難しい
（5）生産(処理)能力の増強単位が大きい

（1）競合企業の存在

競合企業については次のとおり区分して考察する。
① 既存の手形交換所

前述のとおり，電子手形交換所の直接的な競合は既存の手形交換所である。全国に300ヵ所以上ある既存の手形交換所を独立した組織とみなせば，競合企業は多数存在するといえる。電子手形交換所を普及させる戦略として地域単位，交換所単位での入れ替えを狙う場合，この視点から競合をみておく必要がある。一方で銀行は直接，間接に全国の手形交換所に関わっている。すなわち，物流方式の手形交換所はトータルでみて全国の銀行をユーザーとしていることになる。既存の手形交換所をゆるやかに連携したひとつの組織体とみることも可能である。多くの銀行に対して一斉に電子手形交換所への切り替えを図る普及方法を採用する場合はこの視点をもつべきである。

既存の手形交換所を全国でひとつの存在とみたとき，競合の数としては少な

いものの需要サイドの規模の経済性が働くため，既存の手形交換所は極めて優位な競争力をもつといえる。逆に各地の手形交換所を独立した競合とみなしたとき，競合としての手形交換所の数は多くなるが，個々の交換所に加盟する銀行，支店は限定される。電子手形交換所への加盟するよう銀行へ働きかけることを考えたとき，一度にすべての銀行を相手として連携を模索するよりも，ある地域の手形交換所に限定してそこに加盟するいくつかの銀行に提携を持ちかけた方が実現可能性は高いとも考えられる。競合の脅威を企業数でとらえる方法は有用な面もあるが，本ケースでは実態をよくみて論理の適用に留意する必要がある。

② 競合となる可能性がある，その他の銀行間共同システム

　以上は，電子手形交換所の競合を既存の手形交換所に特定した議論である。ここで電子手形交換所を手形交換業務の世界から決済ネットワーク業界の一事業体へと位置づけたとき，競合となる可能性を認識しておきたい銀行間共同システムについて少し触れる。

　全銀システムは，1973年に稼動を開始したわが国の代表的な民間決済システムである。銀行間にあって為替取引を処理するオンラインネットワークとして振込や送金，代金取立などを取り扱っている。2010年12月時点の参加金融機関数は1,372，店舗数は32,678である。2010年中の取扱高は1,380百万件，2,479兆円にのぼる。全銀システムはシステムのライフサイクルに従って定期的に更改を行っている。直近では2011年に第6次のシステム更改が行われた。全銀システムが定期更改のなかでチェック・トランケーションを扱う機能を付与すれば，競合として大きな脅威となる。

　SWIFT（Society for Worldwide Interbank Financial Telecommunication）は，銀行の協同組合として欧米15カ国，239銀行によって1973年に設立され，4年間の準備期間を経て1977年から稼動が始まった。わが国は1977年に加盟が認められたが実際に運用がはじまったのは1981年であった。本部はベルギーにあり，顧客送金をはじめとするさまざまな金融取引に関する情報をメッセージ

VI 決済システムの業界構造分析

として送受信するネットワークを運営する組織である。わが国からも SWIFT の意思決定機関に理事が就任しているが、邦銀にとって SWIFT は、手形交換所や全銀システムといったわが国固有の共同システムに比べると後方垂直統合としての存在感は薄い。もともと欧州諸国の為替管理の緩和によってもたらされたユーロドル取引急増をうけて、国際金融業務における銀行間通信のネットワークや制度の整備が設立の発端となっており、邦銀の主体的な関与が少なかったことも一因であろう[43]。

マルチペイメントネットワークについても触れておきたい。従来、窓口で手続きしなければならなかった公共料金や税金等の収納を ATM や電話、パソコン、モバイルなどの各種チャネルで手続きできるようにするサービスである。収納企業や官公庁、地方公共団体など収納機関が請求書にキー情報を付与し、利用者が各種チャネルにキー情報を入力することで収納サービス等を利用することができる。収納企業や金融機関、システムベンダー、業界団体等の集まりである「日本マルチペイメントネットワーク推進協議会」が 2000 年 5 月に設立された。2001 年 3 月にはマルチペイメントネットワークの構築・運営を行う「日本マルチペイメントネットワーク運営機構」が設立されている。

全銀システム、SWIFT、マルチペイメントネットワークは共に広義には決済ネットワーク業界の一員として電子手形交換所と競合する関係にある。しかし電子手形交換所は当面、手形・小切手の券面イメージを電子データ化する機能を武器に推進を図る事業体である。全銀システム等の共同システムには現時点ではチェック・トランケーションの機能はない。共同システムを一個の事業体としてみたとき、今後これらのシステムが競合となる可能性は否定できない。しかし現時点では互いに棲み分けて運営されている。ここでの議論も各システムが競合となる可能性にのみ触れることとして、競合としての分析は行わない。

(2) 競合企業の規模と市場への影響力

競合としての既存の手形交換所に対して、電子手形交換所の規模を比較するために 2001 年度の全国銀行協会で行われた交換所サイドにおける運営コスト

の試算結果を援用する。

① 交換所サイド—既存の手形交換所

　既存の手形交換所の費用については東京手形交換所，東京手形交換所以外の手形交換所に分別して試算されている。さらに東京手形交換所以外の手形交換所については，銀行協会直営と非直営に分別されている。

　2001年度の時点で全国に545ヵ所あった手形交換所のうち，手形交換業務を独立して会計ベースで把握できるのは東京手形交換所だけであった。そこで手形交換にかかる特別会計金額である4億1,200万円をコストとして計上している。

　東京以外の手形交換所のうち，銀行協会が直営する交換所は105ヵ所ある。これらのコストは当該銀行協会の支出予算額を合計で推計している。これは，当該交換所において手形交換業務にかかる費用が支出予算額の多くの割合を占めると類推できるためである。多くの地方の銀行協会では手形交換にかかる業務が協会活動の大半を占めるという事情が背景にある。例外として埼玉県，千葉県，清水，沼津，浜松の銀行協会では手形交換所を運営していないため，これらの銀行協会の支出予算額は集計の対象外とされている。集計に利用された交換所数は2001年9月末を基準としているが，合計対象とした支出額は1999年度の数値である。105ヵ所ある銀行協会直営の手形交換所の運営コストは合計で43億5,300万円と推計されている。1ヵ所あたりの単純平均運営コストは4,146万円となる。

　東京以外の交換所のうち，銀行協会が直営していない交換所は法務大臣指定および未指定はあわせて439ヵ所ある。大都市以外の地方圏では，近隣の銀行支店が集まって小規模な手形交換所を運営している。こうした手形交換所の運営コストを個別に把握することはむずかしい。理由のひとつは計測上の問題である。小規模な地方の手形交換所では，地元銀行の営業店舗の一角や商工会議所を利用して作業を行っている。また，各銀行が持ち込んだ手形・小切手を集計する管理者は，場所を提供している支店の役席者などが兼務するケースが多

い。施設使用料や人件費は明らかにコスト要因であるが，経費として徴収されている交換所もあれば既存の経費に吸収されるかたちでカバーされている交換所もある。したがって，手形交換業務について管理会計的にシステム化されたかたちで数値を把握することは望めない。コスト把握が困難なもうひとつの理由は制度上の問題である。銀行協会が直接運営に携わっていない交換所は近隣の金融機関の支店が互助的に集まった組織である。そこでのコストを銀行協会に対して開示する義務はない。ましてや自らの存立基盤を揺るがすような電子手形交換所設立のためにコストについて情報提供を要請することは，ヒアリングにかかる負荷の問題と回答内容の適切性の担保の面で課題がある。

　かくして地方にある銀行協会非直営の手形交換所にかかるコストが個別，正確に把握できない状況下，2001年度の全国銀行協会の検討では，1交換所あたりの年間コストを平均で150万円と想定されている。1交換所あたりのコストは1年あたりの営業日が247日前後として1日あたり6,000円強のコストがかかる前提である。この前提の適否も重要な論点のひとつだが，ここでは議論の対象としない。確認すべきことは，銀行協会直営でない既存の手形交換所の全体コストを把握することは困難な作業であり，具体的なコスト概算をイメージするために1交換所1日あたりのコストをパラメータとする方法論をとった点である。銀行協会非直営の手形交換所の運営コストは前提とした1交換所あたり年間コスト150万円に439ヵ所を乗じて6億5,900万円と推計した。

　競合の規模として個別の手形交換所を想定したとき，東京手形交換所の運営費用は4億1,200万円となる。東京手形交換所以外の手形交換所のうち銀行協会直営の手形交換所の運営費用は4,146万円で，東京手形交換所の1/10程度の規模となる。150万円と仮定された銀行協会非直営の手形交換所に至っては東京手形交換所の1/250の規模とみなされている。全国の手形交換所を物流方式による一組織としてみなした場合は，これらの合計である54億2,400万円の運営費用を競合の規模を比較する指標ととらえることができる（表VI-5）。

表Ⅵ-5　全国の銀行協会および手形交換所における運営費用（1年あたり）

項　　目	概算金額（1年間）	備　　考
東京手形交換所	約4億円	手形交換に係る特別会計金額
東京手形交換所以外の手形交換所	約50億円	・銀行協会直営の手形交換所については支出予算額（手形交換に限定されない） ・銀行協会非直営の手形交換所については150万円／1手形交換所と推定
合　　計	約54億円	（1年あたり）

注）平成13年9月末現在の手形交換所数は545。内訳は法務大臣指定（銀行協会直営）106，法務大臣指定67，未指定372で計545。
出所）金融法務研究会［2002］，72ページ

表Ⅵ-6　電子手形交換所費用

項　　目	概算金額（5年）	備　　考
イニシャルコスト	約135億円	全銀センター，電子手形交換所のハード・ソフトウエア等
ランニングコスト	約55億円	保守費用，建物使用料，通信回線使用料等
合　　計	約190億円	約38億円（1年あたり）

出所）金融法務研究会［2002］，71ページ

② 交換所サイド—電子手形交換所

　電子手形交換所構築のコストとして2001年度の検討で示されたものは，イニシャルコストとランニングコストを合計して5年で190億円，1年で38億円の見積もりである（表Ⅵ-6）。

　イニシャルコストのうち，電子手形交換所の中心部となるイメージ・アーカイブ・センターにかかる費用は5割を占める。残りの5割が全銀センター，ネットワーク，中継コンピューターにかかるハードウエア機器設置やソフトウエア開発などに充当される計算となる。ランニングコストは回線費用と保守運用費にほぼ同額かかると見込まれる。

　電子手形交換所構築のコスト管理において最も注意すべき点はデータ量のコントロールにある。券面イメージデータのうち印鑑や署名鑑など照合を要する領域は高精細であることが求められる。そのため券面の表面，裏面が確認でき

ればよいというレベルで全体イメージは2値データで取得したとしても，印鑑や署名鑑は256階調とする前提となる。結果として手形・小切手の持出，持帰を電子データで代替するためには300キロバイトを超えるデータ量が想定される。全銀システムで使われている為替通信電文の一明細あたりデータ量の平均値が約200バイトであることを考えると，従来比で1,500倍ものデータを回線に通さなければならない。しかも手形交換は月間，年間を通じてピーク性の高い業務である。そのためピーク日にあわせて円滑な業務運営ができるよう設備設計を行う必要がある。通信回線をいかに効率よく利用するかが，電子手形交換所全体のコスト削減に寄与する。また券面イメージのデータ量が莫大な規模になると，保管するイメージデータを照会に応じられる状態にしておくアーカイブセンターのハードウエア費用にも影響する。いずれにせよ，利便性や安全性をにらみながらイメージデータ量を管理することがポイントとなる。

このポイントを斟酌すると，電子手形交換所構築のコスト見積もりの前提となる条件を理解しやすくなる。加盟銀行が電子手形交換所と接続するポイント数を考えると，銀行の各支店を直接電子手形交換所とつなげるほど通信回線コストは増加する。そこでコスト抑制のために「接続ポイントは内為制度加盟銀行の集手センターとする」という前提を置き，接続ポイントを1銀行あたり1ヵ所，最大で300金融機関に限定する。これによって通信回線にかかる費用を抑制したコスト計上が可能となる。また至急扱いや支払期日が迫っているなど必要最低限の手形・小切手以外のイメージデータは，通信回線でなく磁気媒体などを経由して電子手形交換所に持ち込むという条件も選択肢のひとつとなりうるだろう。

イメージ・アーカイブ・センターの保管容量負荷を軽減する観点からは，期日前後の5営業日のみリアルタイムでの照会を可能として，それ以外のイメージデータについては，別に媒体保管としてオペレーター経由でディレイド対応する方法も効率的である。ただしコスト抑制を追及するあまり利便性が損なわれては本末転倒となる。ピーク日360万件，ピーク時90万件と想定される登

録(持ち出し)データのうち通信回線による送信分については,合理的な業務時間内,例えば18時から22時までの4時間で送信完了するだけの処理容量を確保するといった最低限充足すべき条件の考慮も重要である。イメージデータ照会機能についても,業務時間内,例えば8時30分から22時までに最大30万件は照会できるように対応されていることが利用者にとって必要な前提になるかもしれない。

　以上でみたとおり,電子手形交換所にかかるコストは機能要件による変動はあるが,コストの背景にある因果関係や価格決定のメカニズムの透明性は比較的高いといえる。

③ 交換所サイドの採算比較

　競合の規模として交換所サイドの運営コストを比較すると,既存の手形交換所を全国で総合したとしても電子手形交換所のコストのほうが小規模である。ここで電子手形交換所のコストは,全国で交換される手形・小切手をすべて処理する前提で試算している。すなわち物流による手形交換所と処理能力の点では同規模の力をもち,市場での影響力も同等と考えることができる。電子手形交換所による運営を行えば,既存の手形交換所全体の運用コストに比べて年間16億2,400万円コスト削減が見込まれる。

　このように,手形交換業務全体における交換所サイドのコスト試算をみた結果,電子手形交換所は競合である既存の手形交換所に対してコストリーダーシップ戦略を選択する可能性をもつことがわかる。ただし注意すべき点はいくつかある。

　ひとつは,手形交換業務における銀行サイドのコスト試算である。電子手形交換所に対応するための銀行側のシステム開発,イメージ取得機器や券面イメージ照会端末の設置などにかかる費用は銀行サイドのコスト増加要因となる。手形交換業務を交換所サイドと銀行サイドでトータルにとらえた採算をみなければ,電子手形交換所設立による真のコスト削減効果は測れない。総合的な採算性については本章「(6)採算の検証」の項で検証する。

交換所サイドのコスト試算の精度にも留意を要する。ここで扱った試算は2001年度の検討当時の数値であり，仮置きの条件もいくつか付されている。現時点を基準としてこれから事業化をはじめるためには，直近の条件に修正した上で試算の見直しが必要となる。

また計算技法上のこうした注意点とは別に，業界構造上の課題がある。既存の手形交換所を運営するためのコストは顧客である銀行が自ら負担しているにもかかわらず，その金額は正確に把握されていない可能性がある。多くの地方手形交換所では，個別銀行の業務と兼務するかたちで手形交換業務に従事していることがその理由のひとつである。人員削減が進むなか，効率性を追求するために担当者の多機能化と称していくつもの事務を兼務する体制をとる銀行は少なくない。体制としては効率化が追求される一方で，業務処理にかかる管理会計を適切に実施することはますます困難な状況になる。結果として，手形交換など業務ごとのコストや採算を把握しきれないケースも少なくない。こうした状況にある銀行では，市場化された手形交換業務に対価を支払って業務を委託するという発想がでてこない。顧客である銀行の状況を考えたとき，コスト面のメリットを強調する作戦が有効に機能するかどうかは疑問が残る。強調する場合はそれを明確に銀行へ伝える工夫が必要となる。

(3) 業界の市場成長率

「4　代替品分析」の項でみたとおり，決済ネットワーク業界の主な決済手段あるいは支払手段の取扱高は総じて増加傾向にある。しかし手形・小切手についてみると取扱高は減少が続いており，市場成長率はマイナスである。わが国の2010年中における手形交換枚数は約8,800万枚である。1979年以来，1990年に対前年比で増加したことを除けば手形交換枚数は一貫して減少している。手形交換枚数と同じく手形交換所の数も減少傾向にある(図Ⅵ-3)。法務大臣指定の手形交換所数は1997年の185ヵ所をピークとして減少傾向にあり，2010年は121ヵ所となっている。事務合理化や経費節減等の観点から近隣の交換所を統合，廃止する動きが進んでいるためである。交換所の広域化の進展に伴い，

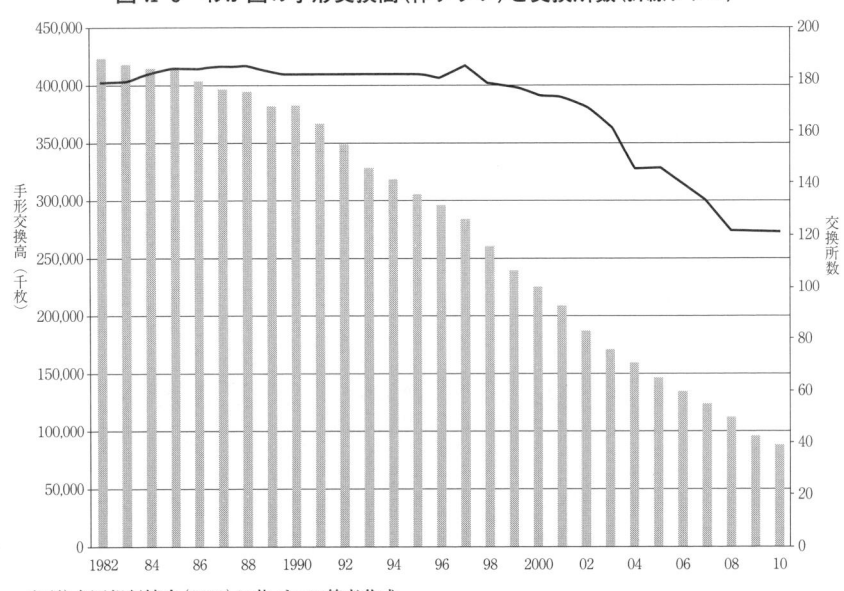

図Ⅵ-3　わが国の手形交換高(棒グラフ)と交換所数(折線グラフ)

出所)全国銀行協会(2010)に基づいて筆者作成
http://www.zenginkyo.or.jp/stats/year1_01/details/cont_2010.html

手形・小切手1枚あたりの処理コストの上昇や交換地域の拡大による交換証券の搬送に伴うリスクの増加，災害等による円滑な搬送が困難となるリスクの高まりなどが指摘されている[44]。

(4) サービスの差別化

物流による手形交換所が提供する機能に比べて，電子手形交換所のサービスが差別化されている項目を列挙すると次のとおりである。

・手形・小切手の搬送に関わる体制や人員を必要としない。
・資金化にかかる時間を短縮する。
・遠隔地への支払呈示も同一交換所内での呈示と同様あるいはそれ以上に迅速化する。
・手形・小切手の券面イメージや決済情報を電子データで保有し，銀行に提供

できる。電子データ化された手形・小切手情報は個別銀行の業務合理化，企業間信用や証券化への応用，国際金融における銀行間決済への適用などの用途に活用できる。
・加盟銀行のデフォルトがあった場合，組戻しによる再計算が容易である。
・台風や雪害など天災やテロによる交通機関のトラブルに対して高い業務継続性をもつ。
・共同保管センターを設置した場合，手形・小切手の保管・管理に関わる人員やスペースを必要としない。

電子手形交換所の機能は顧客である銀行に対して差別化されたサービスを提供することができる。銀行は電子手形交換所の機能を活用して銀行の利用者に付加価値のあるサービスを提供することが可能となると見込まれる。

前述の「(2)競合企業の規模と市場への影響力」では電子手形交換所がコストリーダーシップ戦略をとる可能性があることについて言及したが，ここでは差別化戦略も電子手形交換所の選択肢となることが示唆された。チェック・トランケーションは元々手形交換業務の抜本的な合理化を目指してスタートしたものであるが，電子手形交換所への切替に伴う当初の一時的なコスト増加への懸念は少なくない。

(5) 生産(処理)能力の増強単位

電子手形交換所を設立するためのコストは先の試算でみたとおり5年で190億円と見積もられている。そのうち71％がイニシャルコストとして計上される。オフラインでのデータ持込による通信回線の効率的な使用や，加盟銀行の増加ペースにあわせたイメージアーカイブの段階的拡張などの工夫で効率化するにしても，全銀システムに対応した決済関連電文や電子手形交換所の本体機能にかかわるシステム開発などは当初から不可欠である。

既存の手形交換所は地域単位で活動しており，全国で200ヵ所以上に分割されている。それぞれの地域で最大の量を処理できる設備や体制がすでに構築されている。仮に過去最大の水準へ交換高が増加したとしても，処理能力の追加

的な増強は200ヵ所に分散した上で段階的に行うことができる。処理能力の増強単位については電子手形交換所のほうが大きく，事業としてのリスクは高いといえる。

(6)採算の検証

競合の脅威について電子手形交換所がおかれた状況と特徴をみてきた。競合として当面注意すべき対象は既存の手形交換所である。そこで，全国にネットワーク化された既存の手形交換所の全体と電子手形交換所を比較して採算性を検証することで，事業として電子手形交換所が成立するかどうかを推定する。先に(2)では交換所サイドにおける両者のコスト比較を行った。ここでは手形交換のもう一方の主体である銀行サイドのコスト検証を行う。個別銀行が物流による従来の手形交換所を利用している状態を基準として，電子手形交換所の利用に切り替えた場合の変化の様子を検証する。

銀行サイドのコスト増減を知るために，銀行の外部から個別にコスト増減を推測して，それを合計する方法は現実的ではない。手形処理に係る人数規模や人員構成，事務フローや処理体制，業務スペースなど各行で事情は異なるのが通常である。したがって物流の省略や電子データ化された印鑑，署名鑑による業務の自動化などによるコスト削減効果も銀行によって異なる。電子手形交換所の導入に伴う銀行サイドの合理化効果の全体を計るためには，金融法務研究会[2002]で示された個別銀行の費用増加要因と削減要因に基づいて，すべての銀行がそれぞれ自ら検証，算出した結果をとりまとめるしかない。しかし2001年度の全国銀行協会での検討時にはそこまでの作業は行われず，銀行サイドの採算については試算値をガイドラインとして提示するには至らなかった。

銀行サイドのコスト増減を推測する方法として，本書では次のアプローチをとる。まず，実際の銀行における手形交換の業務工程を題材として，金融法務研究会[2002]で示されたコスト削減要因に基づいて電子手形交換所導入によるシミュレーションを行う。次に，シミュレーションを行った銀行の手形・小切手処理枚数でコスト削減額を除することで，交換証券1枚あたりにかかる処理

VI 決済システムの業界構造分析

コスト削減額を算出する。さらに，算出した処理コスト削減額に2001年に交換証券として取り扱われた枚数を乗じることで，銀行サイドにかかるコスト総額を導出する。シミュレーションに使用した数値や条件は2001年時点のものであるが，個別銀行にもたらされる費用削減効果についておおよその方向感をもつことは可能である。

　銀行サイドのコスト増加要因を試算することはさらに困難を伴う。ここでは1枚あたり処理コスト削減額に基づいて取扱枚数に応じた採算ラインを提示し，個別行のコスト増加許容額を認識するにとどめる。電子手形交換所の導入によるコスト面での個別行のメリットは採算ラインを参考として各銀行での検討事項とする。

①コスト削減要因に関する個別行のシミュレーション

　コスト削減のシミュレーションは表VI-7を参考にして，経費と人件費に分けて考える。

　はじめに経費の内訳から郵送費をみると，期近手形や個別直送手形など郵送扱い分のコストはなくなる。また，全銀集手とよばれる方法による手形取立の搬送コストも電子手形交換所導入によってゼロとなる。保守料とは手形を保管するための期近バーコードシステムやラベル貼付の機器，交換業務用のソーターやプルーフシステムに関するメンテナンス費用をさす。電子手形交換所が導入されると，自らの銀行で紙片の手形・小切手を保管したり，持出，持帰の作業も発生しない。そのためこれらの機器の保守費もゼロとなる。スペースとは，従来の手形・小切手現物の保管・管理・仕訳などを行っていた場所に関する費用をさす。これも前述の紙現物に伴う作業がなくなることによってスペースが空く。例えば銀行外に作業場所を確保しているケースがあれば，外部のオフィスを引き上げて空いたスペースを利用することによって銀行としての賃料削減効果が期待できる。2001年当時，ある銀行の試算によれば郵送料8,000万円，保守料4,000万円，賃料4,000万円で，年間約1億6,000万円の経費削減が見込まれていた。

151

表Ⅵ-7　個別銀行の費用削減要因事例

	項　目	説　明	区　分
経　費	郵送料	期近手形，個別直送手形などの郵送費	受入銀行
	保守料	既存のソーターシステムやプルーフシステムなどに係る保守費	支払銀行
	スペース	持帰手形の仕訳に使用していた作業場所に関する賃料	
人　員	集中取立手形に係る工程	入力，受付が完了した手形現物をソーターで期日別，持帰銀行別に分類し，保管中に管理する業務 期日前に集中取立手形等を事前に持出処理する業務	受入銀行
	個別取立手形に係る工程	期日間際の手形を個別に支払銀行へ直送する業務	
	持帰手形に係る工程	引落しデータの作成，不渡届の作成（システムによるサポートを前提），印鑑照合（一定金額以下の照合省略を前提），形式点検（受入銀行への一部義務化を前提）	支払銀行
	現物の運搬	手形・小切手を交換所へ持ち出し，また持ち帰る業務	共　通

出所）金融法務研究会[2002]，73ページ

　次に人員の削減要因を検証する。表Ⅵ-7では，受入（持出）銀行における集中取立および個別取立手形に係る工程，支払（持帰）銀行に係る工程，および持出・持帰銀行に共通する現物運搬の工程に区分されている。この区分に基づいて，ある銀行の事務センターにおける手形交換業務を対象とした削減効果の推計をここに提示する。営業店レベルでの手形交換業務の負荷についてはここでは推計できないため増減なしと仮定する。事務センター内の工程については，営業店から手形・小切手が持ち込まれてから，内部処理を経て手形交換所に持ち出し，そこから持ち帰った手形を処理するまでの工程を7つに分類する。電子手形交換所が機能した場合，この7工程に投下されている人員規模，構成がどう変化するかをみていく。

A．入力

ここではまず，営業店から送付された集中保管手形をイメージキャプチュアとよばれる機器に装填する。イメージキャプチュアから配信される手形・小切手の画面情報に基づいて各端末で金額等を入力し，MICR印字や計数の作成を行う。入力された数値の精査もここで行う。この入力工程は基本的にパートタイマーによって行われる。電子手形交換所の導入にかかわらず，本工程の作業自体は従来とかわらない。したがって本工程での人員増減はないと考える。

B．受付など

入力処理された手形現物をみて集中保管手形としての要件を備えているかどうかをチェックする工程である。電子手形交換所では従来，持帰銀行の責任で行っていた現物チェックが持出銀行へ移行することから，持出作業の一環であるこの工程での人員合理化は行われない。むしろ券面イメージデータや決済用データ作成といった新規業務の追加を見込んで，人員増加が見込まれる工程となる。

C．保管

A 入力，B 受付などの処理が完了した手形をソーターで期日別，持帰銀行別に分類して収納場所へ保管する。チェック・トランケーション導入により集中保管手形の現物は持出銀行で処理が終わり次第，共同保管センターへ持ち出される。したがって本工程自体がなくなるため，作業人員は削減対象となる。

D．取立

保管された手形の期日が近づくと，事前に持ち出し処理を行う必要がある。また本支店勘定の処理など為替勘定も本工程で行っている。現物が保管されていることを前提とした工程はなくなるため，当該作業に従事する人員は削減対象となる。ただし勘定処理の担当者は削減対象外となる。

E．期近

個別に金融機関へ直接郵送する手形などを取り扱う。紙片の手形・小切手の保管がなくなるため，この工程もなくなり，作業に従事する人員は削減対象と

なる。

F．手形交換

　紙現物の運搬に関する工程である。手形交換に関する運搬は夜間持出2チームと朝持出1チームの計3チームで編成されている。夜間持出チームは2手に分かれて，手形交換所と母店の間を1日3往復する。ここでは夜間交換分，交換所交換分，および不渡・計数関連などの分を搬送する。朝持出チームは1日2往復する。入金日当日の深夜に到着した全銀集手などを翌朝7時までに整理した分，および混入手形等を搬送する。各チームとも持帰手形をソーターにかけて引落データと印鑑照合用データを作成して，システム運用の持込までを行っている。交換所と母店間の搬送や持帰手形に関連する作業はなくなるため，従事する人員は削減対象となる。ただし券面イメージデータを媒体で電子手形交換所へ持ち込む場合を想定して，搬送用の人員を若干残すといった配慮は必要となる。

　チェック・トランケーション導入は本工程，すなわち物流が省略できる点に最大の効果を見込んでいた。実際の銀行における業務工程を検証した結果，人件費における削減効果の2/3は本工程の合理化から生じることが判明した。

G．印鑑照合

　持ち帰られた紙片の手形・小切手について印鑑照会機で印鑑照合を行う。さらに法的有効性まで含めて支払可能な手形小切手であることの要件チェックも実施している。不渡に関する営業店とのやりとりを含めた管理全般をみる管理者も配置されている。電子手形交換所の導入によって，自動印鑑照合機能の導入や印鑑照合の一部省略を見込んで，現物による印鑑照合の作業人員について一部削減が見込まれる。管理者については，電子手形交換所の導入により作業ベースの不渡管理はなくなる。しかし不渡可否の判断業務は引き続き必要となるため，管理者の削減は小幅なものとなる。

　以上，7工程における人員合理化の効果を人件費ベースで引き直した結果，電子手形交換所導入によるコスト削減額は年間で約5億円と推計された。人件

表Ⅵ-8 個別銀行における人員削減効果の試算事例

【電子手形交換所導入前】

	銀行行員					事務子会社A			事務子会社B	工程別人員数
	役席	総合職	一般職	先任総合職	先任一般職	役席	社員	事務スタッフ	社員	
A. 入力	0	0	0	0	0	0	15	11	0	26
B. 受付他	0	0	0	0	0	0	6	30	0	36
C. 保管	1	1	4	0	0	0	0	4	0	10
D. 取立	1	0	3	0	0	0	2	2	0	8
E. 期近直送	1	0	3	0	0	0	0	10	0	14
F. 手形交換	5	21	3	0	1	2	0	0	12	44
G. 印鑑照合	3	0	4	1	0	0	4	51	0	63
小計	11	22	17	1	1	2	27	108	12	201

【導入後】

	銀行行員					事務子会社A			事務子会社B	工程別人員数
	役席	総合職	一般職	先任総合職	先任一般職	役席	社員	事務スタッフ	社員	
A. 入力	0	0	0	0	0	0	15	11	0	26
B. 受付他	0	0	0	0	0	1	6	30	0	37
C. 保管	0	0	0	0	0	0	0	0	0	0
D. 取立	1	0	0	0	0	0	0	0	0	1
E. 期近直送	0	0	0	0	0	0	0	0	0	0
F. 手形交換	0	0	0	0	0	1	1	0	0	2
G. 印鑑照合	2	0	1	1	0	0	2	17	0	23
小計	3	0	1	1	0	2	24	58	0	89

【削減効果】

	銀行行員					事務子会社A			事務子会社B	削減総数
	役席	総合職	一般職	先任総合職	先任一般職	役席	社員	事務スタッフ	社員	
	▲8	▲22	▲16	0	▲1	0	▲3	▲50	▲12	▲112
MPC(百万円)	12.5	7.9	4.8	6.9	5.4	7.1	4.0	1.1	6.3	
人件費削減分	100.0	173.8	76.8	0.0	5.4	0.0	12.0	55.0	75.6	499

費に関する議論を整理すると表Ⅵ-8となる。経費と人員の削減効果の合計は年間6億6,000万円となる。

② 加盟銀行全体のコスト削減効果

　個別銀行におけるシミュレーションから，交換所に加盟する銀行全体のコスト削減効果を類推することができる。はじめに，シミュレーションを実施した銀行の手形交換取扱高が全体に占める割合を計算する。銀行別の取扱枚数が把握できる統計資料として，全国銀行協会の決済統計年報を使う。決済統計年報より，シミュレーション実施銀行の取扱枚数の割合を主要6都市で平均すると6.1％となる。手形交換枚数の6.1％を扱う個別銀行で6億6,000万円の削減効

果が推計されている。したがって個別銀行全体でみた削減効果は
　　　　660,000,000÷6.1％＝10,819,670,131
となる。すなわち個別銀行全体では約108億1,967万円のコスト削減効果を参考数値として確認することができる。この削減効果を手形・小切手1枚あたりに換算すると，2001年中の全国手形交換枚数が2億890万枚であることから
　　　　10,819,670,000÷208,900,000＝51.79
となる。すなわち，手形・小切手1枚あたり約51.8円のコスト削減を参考数値として確認することができる。

③ 個別行の費用増加要因に関する採算ライン

　費用増加要因のうち人員の増加分については，費用削減要因の分析の際に織り込まれているため対象外としてよい。したがって費用増加要因として考慮すべきはハードウエアに関する項目，システム開発とイメージ処理装置の2点である。

　システム開発については，前述表Ⅵ-7の説明にあるとおり全銀システムへの業務項目追加をはじめとする対応が必要となる。手形交換所に加盟する銀行は受入銀行でもあり支払銀行ともなるため，一斉参加を前提とすれば受入や支払という立場の区別なく開発に着手しなければならない。ただ留意しなければならないのは，システム開発では規模の利益が働くため，取扱枚数の多い銀行は開発しても相応のメリットを得る可能性が高いという点である。1日あたり5,000枚処理する銀行と1万枚処理する銀行とで，システム開発にかかるコストが2倍違うということにはならない。取扱高の少ない銀行ほど手形1枚あたりの開発コストは大きくなる。先にみた手形1枚あたり削減コストの範囲内で納まるシステム開発ができるか否かが鍵となる。

　イメージ処理装置については，業務フローの設計によって設置台数が大きく変化する。先のシミュレーションでは，イメージデータの作成，送信や照会・印鑑照合を行う機能を事務センターに集中することを前提としていた。これは，銀行内における営業店と集中センター（母店）を結ぶ物流は手形・小切手現物の

有無にかかわらずインフラとして機能するため，これを費用に含めずに利用できると考えたためである。手形・小切手の券面イメージデータおよび決済用データの電子化をすべて集中センターで行う前提とすると，イメージ処理に必要な装置の数は自ずと抑制される。逆に各支店でイメージ処理に関する諸作業を行おうとすると，支店の数だけ設置台数は増える。

　個別銀行のコスト増加要因の総計を算出することは難しい。しかし手形・小切手1枚あたりに見込まれる削減効果をガイドラインとしてシステム開発とイメージ処理装置にかかるコストの適否を見極めることは可能である。ガイドラインは自行における削減効果に基づいて算出するほうがより現実的である。先のシミュレーションを実施した銀行であれば，システム開発とイメージ処理装置にかかるコストが年間6億6,000万円を超えるようであれば電子手形交換所を導入するメリットは感じられない。1枚あたり51.8円の削減効果があるという先のガイドラインが適用できるとした場合，交換取扱枚数が年間1,000万枚規模の銀行では5億1,800万円，200万枚規模の銀行では1億360万円が，システム開発とイメージ処理導入にかかる採算ラインということができる。導入要否を最終的に判断するのは個別銀行である。手形交換所に加盟する銀行が全体として電子手形交換所導入による採算が見込まれるということと，個別銀行としてメリットが受けられるかどうかは別である。小規模な銀行でも電子手形交換所のネットワークに入りやすいような制度にすることは，加盟を促進する方法として有効である。金融法務研究会[2002]でも示されているが，参加に伴う設備投資費用等を極力抑える観点からの簡易な電子化ツールの開発や電子手形交換事務の委託制度等の導入は注目に値する。システム開発やイメージ処理装置にかかるコストに対するメリットが得られない銀行にとって，大きな追加投資を伴うことなくチェック・トランケーションに参加できる方策を示すものといえる。

④ **示唆と課題**

　採算検証の冒頭で述べたとおり，電子手形交換所導入による銀行への影響は

個別銀行の事情によって千差万別である。銀行の規模が同程度であってもシミュレーション結果は異なるであろうし，取扱高が少ない銀行でも結果は異なるはずである。ただし個別銀行内部のコスト構造は外部からはブラックボックスであるため，この点に必要以上には言及しない。

　これまでのシミュレーション，手形交換業務の工程分析を振り返ることで得られる示唆を考察する。手形の取扱枚数は年間数％の割合で減少しているが，この状況において手形交換の業務工程の抜本的合理化の可能性を考える。多くの人手を要する手形・小切手の搬送チームは既存の業務フローに基づく限り，定められたルーチンを遂行することになる。交換取扱枚数の緩やかな減少は運搬用のトランクケースや保管スペースに余裕をもたせることにはなるが，搬送チームの数や人員を抜本的に削減するまでには至らない。現在も交換取扱枚数の減少に応じて手形交換所の統合や廃止を行うことで緩やかな合理化は行われているものの，対応する銀行サイドにとって抜本的な改善とはならない。アメリカでも小切手取扱枚数は減少傾向にあるが，手形・小切手1枚あたりの処理コストが上昇する点を課題として業務工程自体をなくすチェック・トランケーション導入に注力している。

　課題としては，採算を検証する際に用いた試算の精度の問題がある。交換所サイドの試算のなかでも，電子手形交換所にかかるコストは比較的高い精度で試算される。業務要件によって増減する可能性はあるが，システム開発やスキャナーなどハードウエア，回線費・保守費・建物使用料など支出項目が明確であり，見積もりをとることで支払うべきコストは定まるからである。しかし，東京手形交換所以外の交換所のうち銀行協会直営でない交換所のコストは，数ヵ所への手形交換所へのヒアリングに基づいて机上で設定した仮定の数値である。銀行サイドの採算検証に至っては外部からの議論では説得力をもたない。

　採算性の検証が困難であることはチェック・トランケーション導入を凍結する根拠として利用されることが多い。「電子手形交換所は高コストである」といった議論がなされるのはその証である。しかし，この点について全国銀行協会

では費用対効果，合理化効果等の見通しに疑問があることが明らかになったとの見解を示すのみである。その時々の意思決定主体や実務担当者の思惑でプロジェクトの方向性が左右されることのないよう，より精緻な試算値を示すことは重要である。しかし試算にかかる作業負担の問題に加えて，本当に確かな試算ができるかとの疑念も生じる。困難な試算にこだわりすぎることは実践のために現実的な選択肢とはいえない。以上の考察から，事業としてチェック・トランケーションを牽引するためにはコスト面，効率性だけに執着することなく差別化戦略にも重点をおくべきであるとの示唆を得られる。

6　新規参入

　前述の議論と重複する部分もあるが，新規参入者の具体像を整理するために決済ネットワーク業界において電子手形交換所に対して新規参入の脅威となる3つのケースを挙げる。

　第1のケースは，顧客である銀行が協働してチェック・トランケーションを導入する後方垂直統合である。全国銀行協会で現在凍結されているチェック・トランケーション導入の検討が解除される場合がこれにあたる。2001年度の検討で全国銀行協会は，チェック・トランケーションを導入する場合は全国一律に実施することを前提としている。この方針に基づいて引き続き検討が進めば，銀行外の第三者による事業化は事実上困難になる。現時点の動向をみると，全国銀行協会での検討凍結を解除する動きはない。チェック・トランケーションを新規ビジネスモデルとして立ち上げようとする立場からみると，全国銀行協会の現状は追い風である。金融機関はそれぞれ固有の事情を抱えており，チェック・トランケーションから得られる効果もまちまちである。また業務処理に関しても手続きや理念において細部ではそれぞれ異なった企業風土を形成している。そもそも銀行業界は，進取の気性よりは堅実，安定を良しとする特性をもっている。銀行業界がわが国においては前例のない先進的なチェック・ト

ランケーション導入へ主体的に舵を切ることはないという状況判断はある意味で妥当といえる。

　後方垂直統合から派生したケースとして，一部銀行の提携による部分的な導入が考えられる。この場合，チェック・トランケーションを導入しない銀行との紙ベースの手形交換は残存し，事務の二元化による短期的にコストが増加する可能性は残る。しかし，チェック・トランケーションは先進性と経営余力をアピールする機会であるとして抜本的な業務改善の先鞭をつけようと考えたり，チェック・トランケーションの諸機能を自行が提供する決済サービスへの付加価値として活用しようとする金融機関が一定の数集まれば，部分的な試行が始められる可能性はある。連携の組み合わせは後述するが，いくつかのパターンが考えられる。例えばメガバンクを中心に親密地銀が手形交換業務の電子化で連携すれば，連携した銀行間の手形・小切手については物流が不要となり相応の効率性が期待できる。この部分的連携は電子手形交換所にとって現実的な脅威である。しかし銀行から独立してチェック・トランケーションを事業化するにしても，顧客となる銀行間での協力関係は構築する必要がある。銀行同士の連携に対して電子手形交換所が有用な存在であることを主張しなければならない。そのためには，チェック・トランケーション導入にあたって銀行自身や他の主体では代替できない役割を電子手形交換所が果たすことが重要である。銀行による部分的連携は脅威であるが不可避な事態である。そうであれば，部分的連携をむしろ前向きにとらえて彼らと事前に良好な関係を維持するという戦略を考慮すべきであろう。

　第2のケースは，供給者であるシステム・ベンダーが自らチェック・トランケーションをサービスとして銀行に提供する前方垂直統合である。前述でもみたとおり，システム・ベンダーが電子手形交換所の活動に占める割合は大きい。銀行間の共同システムにとって，銀行はスポンサーであり顧客である。また銀行は本来，共同システムの運営に関する経営責任を有している。しかし共同運営という名のもと，特定の銀行や個人が決済ネットワーク業界における共同シ

ステムについて責任を負うことは稀である。結果として，共同システムに不具合があった場合，そのお詫びをするのはシステム開発や運用を実務的に担当するシステム・ベンダーである。実際，決済業務のなかでも銀行間の共同システムに関するノウハウや管理手法を蓄積して実態を最も熟知しているのはシステム・ベンダーに他ならない。しかしシステム・ベンダーは銀行を大事なクライアントと位置づけており，システム開発や運用を受注するといった従来の枠組を超えて銀行と競合して，金融サービスを一般の法人や個人に提供する事業リスクをとる動きはみられない。

　第3のケースは，広義の決済ネットワーク業界に存在する共同システム，全銀システムやSWIFTなどの組織体が，券面イメージ機能を備えて手形交換業務の支援に新規参入者として登場するケースである。これまで銀行間の共同システムは機能単位で棲み分けられており，時に不足する機能を補完しながら運営されてきた。これらの共同システムは高度化，多様化する決済サービスへのニーズに対応するため，当初から明確な目的をもって組織化されている。そのため当初設定した方向性の延長線上にない機能を追加して運用されることはあまりない。また銀行のもとで決済業務を支援する互助会的な組織として位置づけられていることから，共同システムとして独立した意思決定は行わず，実質的な管理者である銀行の意向次第で運営方針が決められる。しかしこれらの銀行間共同システムは元々決済サービスを支援する機能をもった組織であり，チェック・トランケーションに参加する素地は十分にもっている。背後に存在する銀行の考え方によっては，これらの共同システムは電子手形交換所にとって大きな新規参入の脅威となりうる。

　以上による新規参入の脅威を念頭において，新規参入の脅威が存在する業界の特徴について，Barney[2002]による次の5つの参入障壁にしたがって論じていく。

（1）規模の経済
（2）製品（サービス）の差別化
（3）規模に無関係なコスト優位性
（4）意図的抑止
（5）政府による参入規制

(1) 規模の経済

　規模の経済は，生産量と生産コストの関係において，最適な生産規模の存在と最適な生産規模の逸脱による生産コストの急上昇によって説明される。手形交換業務における規模の経済をみるとき，生産量を手形・小切手処理枚数，生産コストを手形交換所による1枚あたりの処理コストにみたてたとき，手形交換所には規模の経済が存在する。

　Barney[2002]は規模の経済が存在する業界においてとりえるオプションを3つ挙げている。これらのオプションを，チェック・トランケーションが手形交換の業務支援サービスに新規参入する視点から解釈すると次のとおりである。

① 業界のパイ全体を大きくした上で参入すること

　業界のパイ全体を大きくするとは，手形・小切手の利用枚数を増やすことに該当する。現実にはわが国の手形・小切手交換枚数は減少傾向にある。チェック・トランケーションによって新規参入を果たすためには，電子手形交換所の設立とともに，わが国における手形・小切手の利用をあらためて促進する施策が必要であることを示唆する。手形・小切手の利用促進の可能性については後述する。

② 新たな生産技術の開発によって最適な生産規模を縮小させること

　新たな生産技術の開発による最適な生産規模の縮小とは，チェック・トランケーションでは，電子化による物流の省略化などを通じた抜本的な業務合理化に該当する。ただし当初は既存の物流と事務が二元化すると見込まれるため，顧客である銀行において処理コストが一時的に増加する懸念がある。

③ 自社製品の差別化によって他社製品より高い価格設定でコスト上の不利を打ち消すこと

　製品の差別化によって高い価格設定でコスト上の不利を解消する方策は，チェック・トランケーションの導入を進める上で注目すべき戦略である。長期的には飛躍的な処理コスト削減が見込まれるチェック・トランケーションだが，短期的には既存の手形交換所が残存したり加盟銀行が増えないなどの理由でコスト上のデメリットが予想される。合理化の側面を強調するだけではこの短期的なメリットは乗り越えられない。そこで第3のオプションを選び，チェック・トランケーションの独自機能を活かした新たな付加価値を銀行および銀行の利用者である個人や法人に提供する，差別化戦略を検討すべきだということである。チェック・トランケーションの本質的な機能を軸とした差別化戦略については「Ⅸ　ベンチャービジネスとしての可能性」で後述する。

(2) サービスの差別化

　銀行事務の分野において顧客である銀行に対する手形交換所の認知度はきわめて高い。また手形交換所が銀行業界に対して有するブランド力には一日の長がある。わが国ではじめて手形交換所が設立されてから100年以上の歴史をもつ銀行間の物流機構は，n対nの物流を効率化するという機能以上のイメージを銀行に与えている。取扱高の減少による規模の小ささにもかかわらず，銀行における認知度とロイヤルティの点で，決済システムのなかでも独特の存在感を示している。既存の手形交換所は独立した事業体としての意識がないなかで形成され，結果として時間的および地理的にも圧倒的な経営資源を蓄積してきた。手形交換業務を事業機会ととらえてサービスを提供するためには，この参入障壁を十分認識したうえでこれを乗り越えなければならない。

　チェック・トランケーションは既存の手形交換所がもつ差別化の参入障壁を電子化や情報通信などの技術によって乗り越えようとする試みである。既存の手形交換所が長年にわたって全国をくまなく網羅してきた地理的な優位性は，電子化によってあっけなく置換することができる。この圧倒的な利便性を武器

として，銀行業界に染み込んだ伝統的な存在へのロイヤリティを凌駕することがチェック・トランケーションに求められている。そして，この利便性を享受するための参加銀行の負荷をいかに少なくするかが，具体的施策のポイントとなる。

(3) 規模に無関係なコスト優位性

Barney[2002]は，規模の経済とは無関係にコスト優位性をもって新規参入の障壁となる要素として，独自の専有技術，ノウハウ，原材料への有利なアクセス，有利な地理的ロケーション，学習曲線によるコスト優位の5つを挙げている。このなかで，手形交換業務をサポートするサービスを提供しようとする事業体にとって注意すべき項目は「ノウハウ」である。

既存の手形交換所は，永年にわたって手形交換業務の運営に関する経験を蓄積している。通常営業のみならず異例対応やコンティンジェンシープランにいたるまで，手形交換所規則には記載しきれない運用上の留意事項が存在する。不渡制度の細かなニュアンスへの配意や銀行破綻時の対応で実務的に不手際があった場合など，一般社会に与える影響は深刻である。これらに関する豊富なノウハウを習得することなく手形交換業務を手がけることは，事実上不可能である。電子手形交換所のシステムや制度設計上の考慮もれやおもいがけない事故やミスも懸念される。また顧客である銀行の理解を得ることもできないだろう。血液を身体の隅々までいき渡らせるように，経済主体の間を行き来する一連の仕組みとしての決済システムは経済活動のインフラストラクチャーとして万全の体制が要求されるからである。ノウハウ獲得において新規事業体は大いに努力と工夫が必要となる。

ノウハウはさまざまなところに存在する。手形交換制度の実質的な運営主体である東京銀行協会がもつノウハウもあれば各地の手形交換所にも存在する。またユーザーとしての銀行内にも存在する。こうしたノウハウを入手するためには工夫が必要となる。提携による組織的なやり方も考えられるし，研究会形式での個人間の情報共有なども選択肢となる。事業展開の手法やスピード感に

もよるが，電子手形交換所への加盟を希望する銀行と協働してノウハウを蓄積，整理する方法も考えられる。電子手形交換所における新しい業務要件を確定させるには既存の制度が内包する知恵とノウハウを集結させる仕組みが不可欠である。

　既存の手形交換所は，事業体としての自覚がないなかで大きな強みを有している。それはVRIOフレームワークにおける模倣困難性の顕著な事例である。先にみた全国銀行協会におけるチェック・トランケーション導入のための検討内容を時系列で追跡したことは，経路依存性を実証する過程でもある。また検討過程でみられる一つひとつが「無数の小さな意思決定」の事例である。事業体として電子手形交換所を設立するためには，既存の手形交換所のもつ強みやそこに存在する参入障壁を乗り越える周到な準備が必要となる。

(4) 意図的抑止

　(1)(2)(3)で挙げられた参入障壁は，既存の企業等が効率性や差別化を追求することによる副次的効果として参入を抑止するケースを取り上げたものであり，自然参入障壁とよばれる。これに対して(4)および(5)で述べる参入障壁は意図的に参入を抑止するケースである。意図的な抑止は，企業が効率性や差別化を追求した結果生じるものではない。新規参入の抑止そのものを唯一の目的としており，既存の企業等の効率性などとは無関係に行われる点が特徴である。

　仮に，チェック・トランケーション導入検討の凍結が既存の手形交換所の効率性や機能の優劣にかかわりなく意思決定されていたとした場合，意図的抑止の視点を適用することもひとつのアプローチとしてとりえるであろう。

　通常，既存の企業は意図的抑止のために何らかの投資を行うとされる。チェック・トランケーションの新規参入に対する意図的抑止のための投資として明示的なものはない。ただし，検討途中で電子手形交換所設立の可能性があるにもかかわらず，既存の手形交換所において紙片の手形・小切手を処理する分類・仕訳するための機器を更新したり，既存の手形交換所の存続を前提とした人員

手当てを新たに行うなどの対応があったとすれば，これにかかる費用は新規参入を防止した潜在的なコストとみることができる。

(5)政府による参入規制

　ここでは新規参入の主体を電子手形交換所に読み替えて議論を進める。すなわち，手形交換業務における決済ネットワーク業界に対してチェック・トランケーションを導入して事業化しようとする電子手形交換所を新規参入者と規定する。既存企業である各地手形交換所の実質的な運営主体は全国銀行協会である。全国銀行協会はある種の規制団体として，潜在的参入者である電子手形交換所に対して，チェック・トランケーション導入の検討凍結というかたちで参入を規制していると考える。

　護送船団方式に言及するまでもなく，銀行経営は金融庁の指導監督や銀行法をはじめとする法令を念頭において行動することが常となっている。ところがチェック・トランケーション導入を検討していた2001年当時は，銀行が後方垂直統合的に運営している銀行間の共同システムをひとつの独立した事業体とみなして取り締まる法令や体制が整備されていなかった。この点に関連する問題意識として久保田[2003]では，資金決済システムにおけるデフォルト時の滞留金の所有者が不明確であることを指摘している。さらに決済サービスの担い手を法的に認めるために，決済に関連して独立した法案の成立を提言している。決済サービスのもつ社会的役割の重要性に見合った制度を構築すべきとの視点は重要である。ここでは，チェック・トランケーション導入の検討当時，立法や行政による管理体制がとられていなかった決済ネットワーク業界における実質的なプレーヤーとして機能していた全国銀行協会の存在に焦点をあてて検証する。

　一般に経営を論ずる場では，新規参入を阻む際には便益とコストの関係を考慮すべきであるといわれる。実際，営利目的の組織がかかわる場合，その行動には何かの利益を追求していると考えるのが順当であろう。そこで全国銀行協会がチェック・トランケーションの新規参入を阻んでいる事象について利益を

軸とした考察を進める。利益の概念については定量的であるとの解釈から「損失の抑制」も広義の意味で利益の追求であると解釈する。

全国銀行協会が何らかの利益を追求していたとする場合，論点はどのような利益を追求しようとしたのか，その利益は誰のためのものか，という2点に集約できる。

① どのような利益を追求しようとしたのか

利益の内容を検証する際に，まず浮かぶのがコストに関する議論である。2002年末の検討凍結を告げる全国銀行協会の発表ではコストの点について次のとおり触れている。

「(中略)手形・小切手以外に手形交換所で交換される債券や利札などの証券をチェック・トランケーションに取り込むことが困難なため，事務が二元化すること，また，全金融機関が一斉にチェック・トランケーション制度に参加するために，他の金融機関に代理交換を委託する仕組みが複雑にならざるを得ないなど，費用対効果，合理化効果等の見通しに疑問があることが明らかとなった。」

事務の二元化に伴う導入当初の一時的なコスト増加についてはDener [2006]でも触れられている。アメリカでは「Ten billion dollar problem」ともよばれており，チェック・トランケーション普及上の課題とされている。仮に手形交換業務のオペレーションに限定してもチェック・トランケーション導入によって顧客である銀行の負担するコストが増加するのであれば，損失の抑制という広義の利益追求を狙いとするという意味で全国銀行協会の意思決定は合理的なものといえる。逆にもし導入によって銀行の負担が減少するのであれば，コスト削減機会の喪失という意味で検討凍結の意思決定は非合理的なものであったということになる。前述で採算性について検証したとおり，チェック・トランケーション導入による採算を数値だけで正確に示すことはむずかしく，実際に交換所・銀行をトータルでみたときの収支予想は計測されていない。そのため定量的な利益については仮置きの議論しかできないのが実態だったはずである。

意思決定のあり方として「不明な事項がある案件は実施しない」という判断が合理的となるケースは存在する。期待効用理論によれば，確実な利益と得られるかどうかわからない不確実な利益がある場合，両者の期待値が同じであっても不確かな利益は選ばれない。リスク回避型の思考をする主体にとっては，確実な利益を大きく上回る期待値があってはじめて不確実な利益が選好対象となりうるのである。したがって「懸念」が払拭されず収支が不明なプロジェクトをそこから先に進めることができない，という判断が合理的であったと説明することは可能である。

　追求可能な利益として，チェック・トランケーションではコスト以外のメリットについても言及している。天災等に対する事業継続性や決済リスクの管理強化，また手形・小切手の利用者にとっては迅速な資金化や照会の利便性向上などである。こうしたメリットは業界における既存勢力に対抗する差別化のための重要な要素であるが，コスト以上に定量化することがむずかしい。リスク回避的な思考をする人にとって金額換算できないメリットは不確実な期待値でしかない。したがってこの種の利益追求をどれだけ提示して導入メリットを言及しても基本的な意思決定パターンは変わらない。リスク回避型の選好関数のなかでリスク回避度の大小の議論に集約される。

　新たに事業化を試みる立場からは，利益は創出して追求すべきものとなるが，既存の事業者にとって利益は既得権益として守るべきものとなる。では，そこで守られる利益とは何であろうか。本来，手形交換所が独立した事業体として運営されるならば，個別の採算を改善するために最善の努力を行うインセンティブが働く。しかし，従来の手形交換所が顧客による後方垂直統合によって成立したことに由来する特徴があり，それぞれの地域における銀行支店同士の互助的な組織である。こうした組織について採算に関する責任の所在は不明確である。関係者にとって手形最大の関心事は実務が粛々と遂行されることである。そこに運営の安定性を保ちつつ効率化やコスト削減を推進しようと強く動機づける仕組みはない。地方で個々に運営されている手形交換所の立場からみれば，

交換所同士が連携したり電子化や情報通信技術の導入することで業務効率化やサービス改善に取り組む必然性は生まれにくい。従来の手形交換所が存置されるという前提では，できる範囲の合理化といってもたかがしれている。ジュラルミンケースに入れて運ぶ手形・小切手の枚数が1日あたり2,000枚から1,000枚になったとしても，多少ケースが軽くなって持ち運びやすくなるとはいえ，人が持ち出して持ち帰ってくるという工程自体はなくならない。かくして採算に関する責任の所在が不明確な組織である手形交換所において，守るべき利益はその場所で雇用が確保されている従業員の利益と同一化していく。すなわち手形交換所の運営を制御する「経営」という視点が欠落するとき，手形交換所の機能は自己継続性を確保することを目的とする。手形交換所の機能とはそこで働く従業員そのものである。手形交換所が「経営」されないことに伴う問題点は，手形交換所の運営を実質的に担う銀行の背後に存在する株主の利益との相反を考えれば明らかであろう。

　利益の内容を問う場合，収支を短期でみるか長期でみるかという時間軸も重要である。チェック・トランケーション導入にかかるコストは当初一時的に増加し，後にコスト削減が実現するとの論評がアメリカでも一般的である。この認識がわが国でも共有されるとしたならば，全国銀行協会は長期的な利益を追求せず短期的な損失の抑制を狙いとして，わが国の決済システムに関する戦略的な判断を行ったと解釈できる。実際に2001年から2002年にかけての時期を振り返ると，銀行業界は個別銀行として合併再編の準備や不良債権処理に追われていた。その後の銀行再編についても予断を許さない状況の下，100億円単位で足の長い投資案件にコミットできる銀行もなく，リーダーシップをとれる銀行もなかった状況であったことも推察される。それだけ銀行業界全体が疲弊していたわけであり，その時々の環境によって意思決定を変えること自体はある種の柔軟な対応ともいえる。ただし問題は検討凍結の意思決定以降，時間の経過とともに銀行の体力が回復してきた時期にあっても，なお銀行業界がチェック・トランケーションの導入凍結を放置しつづけている状況である。時々の

環境によって柔軟な意思決定を行えるならば，銀行業界は主要各国のチェック・トランケーション導入に関する状況を認識した動きをなぜとれないのか。これは今後さらに研究が必要なテーマとなる。

② 利益は誰のためのものか

利益の分析と並行して「その利益が誰のためのものか」について整理する。手形交換業務において手形交換所の顧客は銀行であり，銀行が支払う費用と受け取る効果が銀行に最適なバランスになることが求められる。したがって一義的に利益は銀行のためのものである。ところが顧客である銀行と手形交換所機能を提供する主体の関係は単純ではない。東京手形交換所では交換所としての業務に専従する者が存在する。この東京手形交換所は銀行業界が費用を分担して運営する東京銀行協会の一組織である。また各地の手形交換所は，近隣の金融機関支店が物流の効率化を目的として中心となる金融機関支店を1ヵ所定めてそこに集まり，立会い交換を行っている。この業務にかかるコストは当然銀行が負担することになる。いずれのケースにしても銀行間の手形交換サービスに金をだすのは銀行である。したがって，顧客である銀行の経営判断としてはより低コストでより高い利便性をもつサービスを追及することが合理的なはずである。

問題はこの先にある。すなわち，ここまで銀行という言葉でくくられていた顧客の実態を深く掘り下げる必要がある。ポイントは，手形交換サービスに対するコストの負担者であり，利益の享受者としての銀行は単一の組織ではなく，互いに競合関係にある同業者の集合体だという点である。資金の仲介者として決済のネットワーク化の一翼を担う機能としてはそれぞれの銀行は同質であるが，決済に関する戦略や方針はそれぞれ異なる。全国銀行協会の場を活用して各行協働のうえ推進したいと個別銀行がそれぞれ画策する案件は，決済システムに関連するものに限ってもチェック・トランケーション以外にあるかもしれない。チェック・トランケーションの導入にしても，その合理化効果や電子化など最新機能の利便を活用できる度合は個別銀行の事情によって異なってくる。

仮にチェック・トランケーション導入によって銀行業界全体に100の余剰がでるとしても，その分配が特定の銀行に偏る懸念があると，導入同意は利他行為だとして経営判断できないことも想定される。また無形な効果についても，世界各国が試行錯誤しながら取り組んでいる最新の決済システム導入を推進するイニシアチブを個別銀行が突出した形でもつようにみえたとすれば，それを阻止するベクトルを形成する集団が必ずあらわれる。こうして利益の追求者である銀行の実情を分析すると，2001年度に5年先を見据えたチェック・トランケーション導入を前提とした意思決定を公式に行ったものの，その内実で銀行ごとに温度差があったのは当然ともいえる。

③ **全国銀行協会における会長行制度**

ここで新規参入を規制する団体と位置づけた全国銀行協会の会長行制度について取り上げる。チェック・トランケーションのように，銀行業界が横断的に力をあわせて取り組むべきプロジェクトを議論する場として，全国銀行協会は強力な推進力とステータスを有している。過去，銀行業界としての重要な方針や方向性の多くは全国銀行協会での作業に基づいて進められているといってよい。全国銀行協会は銀行による任意団体であるが，その会長職は主要銀行が1年ごとの持ち回りで行う慣例となっている。過去は上位都市銀行として第一勧銀，三菱，三井，富士の4行，その後住友と三和が加わって6行体制となった後，現在は東京三菱UFJ，三井住友，みずほの3メガバンクによって会長職が輪番されている。検討される議案は委員会や幹事会などへ合議にかけられるが，実質的には下部組織である検討部会で事前に検討や調整が行われた上で諮られる。こうした事情から企画・推進能力のあるスタッフを有する実力ある銀行が会長行となったとき，大きな案件が前に進むといわれていた。実際，会長行の差配が銀行業界の方向性に与える影響は少なくなかった。1年ごとの輪番制による会長行制度は，こうした影響力が個別銀行に偏らない仕組みとして相応に機能したともいえる。

しかしこの利点の表裏の関係として，長期的視野をもってコミットすべき案

件の推進体制としては課題もあった。全国銀行協会で運営されている業務や検討された諸案件に関するノウハウや経緯などは，知識としては運営を委託されている東京銀行協会のプロパー社員に蓄積される。しかし全国銀行協会自体は，各施策について責任をもって実行するための組織や権限体制，人的資源の配置となっていない。責任をもって施策を推進できるのは全国銀行協会のスポンサーの代表である会長行である。ところがその責任者が1年で交代するため，将来的な展望をもって推進すべき案件に連続性，継続性を欠くこととなる。会長行を輪番する銀行は，銀行業界の代表であると同時に，銀行業界で競合するプレーヤーでもある。そのため個別銀行としての判断が優先されると，全国銀行協会としてある目標に向かっていた案件でも，会長行として個別銀行の描く別の方向へ誘導するケースもみられる。先に述べたとおり，銀行業界全体として取り組めば利益があがるとしても，その分配の偏りが懸念される場合などは，敢えてその利益を追求しなかったり，利益の追求を阻害するベクトルが働く可能性を内包する制度といえる。

④ **参入阻止ゲームでみる戦略**

手形交換業務における決済ネットワーク業界に新規参入を図る電子手形交換所と既得権益との利益の関係を整理するため，この状況をゲーム理論における参入阻止ゲームとみなし，標準型を用いて表現する。

表Ⅵ-9，10において，利得は左側が参入企業，右側が既存企業である。既存企業として，ここでは手形交換所の実質的なオーナーである銀行と手形交

表Ⅵ-9　既存企業の主体を「銀行」とみたときの参入阻止ゲーム

		既存企業（＝銀行）	
		闘う （既存の交換所が継続して存立）	闘わない （電子手形交換所への切替を受容）
参入企業 （電子手形交換所）	参入する	(−500, a)	(800, 1200)
	参入せず	(0, 600)	(0, 600)

注）左項が参入企業の利得，右項が既存企業の利得を示す。表Ⅵ-10も同じ。

Ⅵ　決済システムの業界構造分析

所が存在することで雇用などの利得を得ている関係者の総体の2種類を想定した。利得の数値は相対的な大小関係をみるために設定したものである。論点とするポイント以外の相対関係の整合性は担保しておらず，絶対的な水準にも大きな意味はない。

　はじめに既存企業の利得をみる。まず電子手形交換所の参入がなかった場合の既存企業の利得を考える。既存企業の主体を銀行，関係者総体のいずれでみても，既存企業には相応の利得が発生すると設定した。ただし，物流方式が残存することによって雇用されている関係者の利得の切実さや，物流から電子データ化することで生じるメリットを銀行が享受できていない点を勘案，既存企業の利得は相対的に表Ⅵ-9の銀行(600)のほうが表Ⅵ-10の関係者総体(1000)よりも小さくなるよう留意している。次に電子手形交換所が参入する場合の既存企業の利得を考える。既存企業が闘わない場合，すなわち電子手形交換所への切替を受容する場合の利得は，既存企業の主体を銀行とみるか関係者の総体とみるかで大きく異なる。

　既存企業を銀行とみたとき，電子手形交換所への切替を受容することは銀行にとって総合的に大きなメリットであるとここではとらえた。採算性の検証が困難であることなど合理化効果で明確な結論がでないとしても，決済リスク管理や災害リスクへの対応力強化，また地理的時間的な制約からの解放といった効果を含めた視点である。表Ⅵ-9におけるそのメリット感の大きさ(1200)は，現時点で既存の手形交換所に雇用されている表Ⅵ-10の関係者の総体の利得

表Ⅵ-10　既存企業の主体を「物流方式による手形交換業務にかかる関係者の総体」とみたときの参入阻止ゲーム

		既存企業（＝関係者の総体）	
		闘う (既存の交換所が継続して存立)	闘わない (電子手形交換所への切替を受容)
参入企業 (電子手形交換所)	参入する	(−500, a)	(800, −200)
	参入せず	(0, 1000)	(0, 1000)

173

(1000)を上回るものであると考えている。こうした利得構造を前提として，既存企業が闘ったときの利得 a を考える。電子手形交換所が設立してもいくつかの既存の手形交換所が残るとすると，銀行にとっては二重の経費負担となりチェック・トランケーションの効果が半減する。したがって a＜1200 となる。このとき既存企業の主体を銀行としたときの利得構造は既存企業がソフト・プレーヤーのパターンであると考えられる。

　一方で既存企業を関係者の総体とみたとき，電子手形交換所への切替を受容することは，自らの雇用基盤を大きく揺るがす出来事である。したがって利得はニュートラルを下回り，マイナスになると仮定できる。こうした利得構造を前提として，既存企業が闘ったときの利得 b を考える。電子手形交換所が設立してもいくつかの既存の手形交換所が残るとすると，そこでの関係者の雇用は確保される。すなわち b がマイナスとなるわけではない。したがって(1000)＞b＞－200 となる。このとき，既存企業の主体を関係者の総体としたときの利得構造は既存企業がタフ・プレーヤーのパターンであると考えられる。

　このようにチェック・トランケーション導入を参入阻止ゲームで考察したとき，既存企業の主体が銀行であれば電子手形交換所の参入に対して既存企業は闘わない，そして既存企業の主体が関係者の総体であれば既存企業は闘う戦略をとると整理された。この整理から示唆される点はいくつかある。既存企業としての意思決定を，関係者の総体ではなく銀行という経営主体に行わせることもひとつの方法である。また，既存の手形交換所を運営するよりもチェック・トランケーションを導入した効果が明らかに大きいと銀行が認識することも重要なポイントであろう。

VII 衰退業界における戦略と戦略的撤退

1 わが国における手形・小切手の取扱状況

　前述の「Ⅵ．5.（3）業界の市場成長率」でもみたとおり，わが国の手形交換業務を巡る環境は厳しい。取扱高，手形交換所数ともに減少傾向が続いている。業界の成長率は明らかにマイナスを示しており，この状況を前提とすれば衰退業界とみなされる。

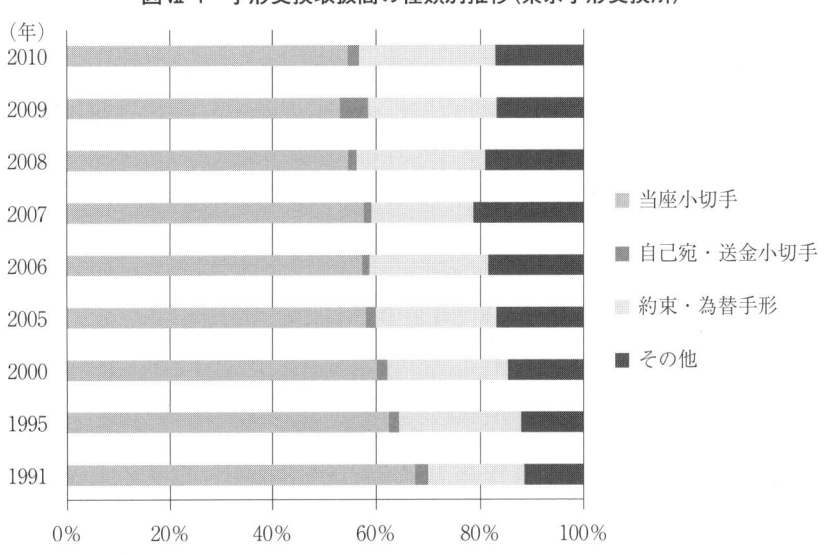

図Ⅶ-1　手形交換取扱高の種類別推移（東京手形交換所）

出所）全国銀行協会「決済統計年報」（平成22年版，平成13年版）に基づいて筆者作成
　　http://www.zenginkyo.or.jp/stats/year1_01/details/cont_2010.html

東京手形交換所を例に，取り扱っている交換証券枚数の種類別構成比をみると，1991年3月は当座小切手が67.44％，手形18.59％，その他交換証券が11.58％を占めている。2010年3月の構成比は当座小切手が全体の54.75％，手形25.83％，その他交換証券が17.35％となっている。小切手が交換証券に占める割合は5割以上と依然として最も大きいが，比率は10％以上低下している。手形やその他交換証券の占める割合が相対的に拡大しており，特にその他交換証券の占める比率が倍増している(図Ⅶ-1)。

2　衰退業界としての手形交換業務の評価

わが国における手形・小切手の取扱高の推移をみる限り，電子手形交換所が参入しようとする事業領域は成長分野とはいえない。もちろん，後述するとおり，紙片の手形・小切手の将来性について否定的な見解ばかりもつのは早計である。紙のもつ多様な特性は人間にとって有用であり，電子的な技術との共生によって発展が見込めるからである。しかし現状のままで何も行動を起こさない限り，交換高の逓減傾向は止まらない。手形・小切手は衰退産業の傾向を示している。

事業としてのチェック・トランケーションを考察する場合，手形・小切手の交換取扱高の推移を無視することはできない。衰退傾向を冷静にみつめて，銀行が手形交換業務に対して何を求めているかという需要の予測と取扱高の減少ペースの見極めを行う必要がある。仮に手形・小切手の取扱規模が縮小していても，銀行のニーズがチェック・トランケーションの提供するサービスに合致していれば，電子手形交換所が利益をあげることは可能である。例えば，中小企業の金融支援強化策の一環として企業間信用を創造する機能をもつ手形の意義が見直されるといったケースである。こうした世論が形成されてくれば，手形制度を再活性化させるためにチェック・トランケーションを導入しようとするインセンティブが銀行に働くかもしれない。電子手形交換所は従来の手形交

換所が抱える時間的・地理的制約からユーザーを解放する機能をもっている。紙片の手形・小切手を電子データ化するという差別化したサービスを提供できるチェック・トランケーションは、手形という金融の道具に新たな付加価値を与えることができる。

　手形交換にかかわる業界構造が電子手形交換所にとって魅力あるものかどうかを確認することは重要である。これを評価するための指標としてポーター[1998]は衰退業界の魅力を決定する構造要因を提示している（表Ⅶ-1）。衰退業

表Ⅶ-1　衰退業界の魅力を決定する構造要因

構造要因	快　適	不　快
需要状態		
衰退のスピード	非常に遅い	速い、あるいは不規則
衰退の確実さ	100％確実で予測可能	非常に不確実、不規則
残存する需要セグメント	複数、あるいは大型	ニッチが存在しない
製品の差別化	ブランド・ロイヤリティ	汎用品に近い製品
価格の安定性	安定、プレミアム価格をとることも可能	非常に不安定でコスト下回る価格レベル
撤退障壁		
再投資の必要性	ない	高い。強制的で、資本財への投資を必要とする場合も多い
過剰な生産能力	ほとんどない	多い
資産の経過年数	ほとんどが古い資産	新しい資産がかなりあり、古い資産も償却されていない
施設の共有	転用売却が容易	市場がなく、処分するのにかなりコストがかかる
垂直統合	弱い	強い
単一製品の競合他社	ない	大企業は複数存在する
競合状態の決定要因		
顧客業界	分散しており弱体	交渉力が強い
顧客にとっての乗換コスト	高い	最小限
規模の不経済	ない	かなりのマイナスがある
異なる戦略をもつグループ	少ない	同じターゲットに複数存在

出所）Porter[1998 = 1999]，194ページ

界としての手形交換事業にチェック・トランケーションが位置した場合の快適さ，不快さについてポーターの構造要因にしたがって分析する。ただし電子手形交換所はこれまで衰退業界で事業活動をしていたわけではない。そのためポーターが示した要因が合致しない箇所については割愛または読み替えを行う。

(1) 需要状態

　手形・小切手の取扱高の減少ペースは過去10年でおおむね8％前後である。規則的ではあり，ペースは速い。この減少傾向が確実に進むかどうかは議論の分かれるところである。電子債権制度の導入など世間の動向は紙片の手形・小切手をなくす方向に進んでいるようにもみえる。もちろん紙の特性と電子化技術が相互に補完しあうことで，紙ベースの手形・小切手が再び脚光をあびる可能性も否定できない。とはいえ，自然体でいけば過去の傾向を踏襲したパターンで減少していくシナリオが最も現実的である。

　残存する需要セグメントにおけるチェック・トランケーションの活路を考察する。銀行が手形交換に求めるニーズを問いかけても銀行自身がそれを正確に認識できていない可能性がある。繰り返し述べてきたとおり，管理会計の仕組みは，手形交換業務あるいは手形・小切手という分類で計数を把握できるところまで進化していないのが実態であろう。銀行のニーズを喚起させるには，チェック・トランケーションのもつ諸機能を駆使して開発できる商品やサービスについて銀行にわかりやすい提案をする市場開拓型のマーケティングが必要となる。チェック・トランケーションの差別化要因は銀行間の手形・小切手の授受を物流から電子データに置換する機能である。さらに電子データ化された手形・小切手情報は銀行にとってさまざまな用途へ活用できる可能性をもっている。個別銀行内部の事務合理化への応用や銀行の利用者のための券面イメージアーカイブ機能の提供など，工夫できる余地は大きい。特に銀行経営は利用者である法人や個人など世間の目を強く意識している。チェック・トランケーションに対する銀行のニーズを喚起，顕在化させるためには，銀行のメリットだけでなく銀行の背後にある巨大な法人・個人利用者層のニーズを満たす提案を

行う着意が重要となる。
（2）撤退障壁

　電子手形交換所が衰退業界のなかで事業活動をしていない状況下で撤退障壁を論ずることはむずかしい。再投資の必要性といってもまだ初期投資すらしていない状態だからである。ただし事業化した後に撤退を余儀なくされる事態を想定するならば，今の時点で過剰な生産能力の有無や資産転売の可否，施設の共有などは考慮しても無駄にはならない。実際，生産設備に関する諸項目についていえば，いったん電子手形交換所を事業化した場合の撤退障壁は高い。事業化の是非を判断する際に念頭に置くべきポイントのひとつであろう。

　垂直統合が発生する程度の強弱は，前述のとおり銀行による後方垂直，システムベンダーによる前方垂直のいずれの可能性も否定できない。特に後方垂直は現存する手形交換所自体がその形態をとっており，かつて電子手形交換所も後方垂直による実現を目指した実績もあるなかで最も可能性の高いシナリオといえる。単一製品の競合他社については，チェック・トランケーション自体わが国では実現していないため，電子化による手形交換業務支援サービスを提供する競合他社は存在しないといえる。

（3）競合状態の決定要因

　顧客である銀行業界が利害関係を共有したとき，業界外部に対する交渉力はきわめて強くなる。競争と協力関係が並存する銀行業界にあって，顧客である銀行の脅威をコントロールするには，個別銀行の競争力強化に的を絞ってサービスを提案するのもひとつの方法といえる。自社がチェック・トランケーションを利用することによって競合他行に対する競争優位を獲得できるとアピールすることで，顧客業界としての交渉力を弱めることができる。ただし電子手形交換所はネットワーク外部性をもつ決済ネットワーク業界の事業体である。需要数がシステムの価値を左右するとなると最終的な銀行業界の優位は変わらない。顧客銀行との関係を左右するポイントは，臨界的加入者数(Critical Mass)をいかに少なくするように電子手形交換所がサービス供給体制を構築できるか

に依存する。

(4) 方向性

　ある業界が衰退傾向にあるとき，そこで利益を上げることなど考えもせず思考を停止するのが一般的な反応であろう。実際，チェック・トランケーション導入の検討を凍結した関係者をはじめとして，紙片の手形・小切手を対象とした事業化アイデアを聞いた多くの人はこの思考パターンに陥る。しかし Porter [1998]は，衰退業界にあっても業界構造にみあった戦略を策定することで利益を上げる企業の存在に着目した。衰退業界においても利益創出の活路があることを見出したポーターの研究成果をもとに，利益をあげる企業に共通する要因として示された項目に基づいて電子手形交換所の進むべき方向を探る[45]。

① 衰退を明確に認識している

　Porter は，自社が属する業界の衰退する見通しを立てられない企業幹部を責めることはできないといいながら，衰退業界で利益を上げるためには衰退を明確に認識する視野が第1であると論じている。チェック・トランケーションが処理対象とする手形・小切手の取扱高が現時点で減少傾向にあるのは客観的で不可避な事実である。競合である既存の手形交換所も年々減っている。こうした衰退の事実を最も客観的に認識して，消滅に至る過程をコントロールできる力をもっているのは，代替品の業界に参入している企業であるといわれる。この例でいくと，電子マネーやクレジットカード発行会社なども利益を上げる資質をもっているということになる。

　しかし実際のところ，手形・小切手の盛衰を最も客観的に認識しているのは，おそらく銀行自身である。銀行経営は手形交換を多様な業務処理の一部門程度に認識しているケースが大半であり，思い入れや思い込みが特に強いわけではない。銀行は総体的にみれば手形交換の将来を冷静に認識できる組織であるともいえる。ポーターが指摘する思い込みというバイアスは比較的少ないことから，銀行は本来，チェック・トランケーションの分野で利益を上げる資質をもっている。

② 消耗戦を避けている

　撤退障壁の高い競合と戦う場合，まず悲惨な結果に終わるといわれる。企業は相手の動きに精力的に対応せざるを得なくなり，多くの資金を投下しなければ自社のポジションを確立できないからである。チェック・トランケーションは既存の手形交換所のもつ物流機能に比べて差別化された競争力をもっている。しかし既存の手形交換所の撤退障壁は低いわけではない。既存の手形交換所は自らのポジションを死守するための行動にでるかもしれない。採算を度外視あるいは認識することなく業務処理を継続している現状は，まさにこうした消耗戦に突入しているとも解釈できる。

　消耗戦を回避するために既存の手形交換所の撤退障壁を低減する戦略はひとつの選択肢となる。例えば既存の手形交換所で雇用を得ている従業員に対して，電子手形交換所設立による経済的なメリットが還元される仕組みづくりである。従業員のメリットと電子手形交換所の成長ベクトルが同じ方向を目指せるように，ファイナンスや業務運営面で工夫できれば試す価値はある。各地手形交換所の従業員が優先的に電子手形交換所へ投資できる環境があれば，電子手形交換所の順調な成長に応じて配当や含み益を得ることができる。また電子手形交換所の従業員として，既存の手形交換所から人材を受け入れるといった施策も考えられる。いずれも既存の手形交換所を廃止することによる労務問題を緩和するために電子手形交換所が汗をかくというスタンスである。競合の抱える課題への配慮がチェック・トランケーション事業化の成否に影響するという着意が得られたことは興味深い。

③ 明確な強みがなければ収穫戦略をとらない

　収穫戦略は功罪あわせもっている。必要以上の投資を抑制して既存のブランド力などに頼って利益を刈り取ろうとするのが収穫戦略である。しかし，マーケティングやサービスが抑制されたり価格が上げられたりすると，顧客は他社へ乗り換えてしまう懸念がある。

　業界構造が自社にとって望ましいケース，または残存する需要セグメントに

おいて自社に競争優位があるケースのいずれかを充足しなければ，収穫戦略をとるのは危険だとポーターは指摘する。業界構造が望ましいケースとは，不確実性や徹底障壁が低く，終盤での競合状態が比較的安定した状態をさす。またチェック・トランケーションが銀行にとってニーズを満たす特別なサービスだと認識されていれば，手形・小切手の取扱高の減少にもかかわらず収穫戦略は実行可能なオプションとなる。

現実にはチェック・トランケーションはまだ事業化もしていないため，終盤局面での収穫戦略の要否を問う状況にはない。ただし事業化した後，衰退業界にあって収穫戦略を選択するか否かの岐路に立つ状況は十分現実味をもっている。そのとき，差別化したサービスによって電子手形交換所が顧客である銀行にとってなくてはならない存在となっていることが重要な要件となる。

④ 衰退を潜在的なチャンスととらえている

ポーターはハリガンとの共同研究で20年にわたる8つの衰退産業，61社の戦略を調査した。その調査によると，衰退産業から撤退に成功した42社のうち39社が図Ⅶ-2の戦略マトリクスに従っており，撤退に失敗した19社のうち16社は戦略マトリクスに反した行動をとっていた。衰退産業における戦略

図Ⅶ-2 衰退業界における戦略

	残存する 需要セグメントにおいて 競争優位がある	残存する 需要セグメントにおいて 競争優位がない
衰退時に 望ましい 業界構造	リーダーシップ戦略 もしくはニッチ戦略	収穫戦略もしくは 即時撤退戦略
衰退時に 望ましくない 業界構造	ニッチ戦略 もしくは収穫戦略	即時撤退戦略

出所）Porter［1998 = 1999］，202ページ

を研究した結論としてポーターは次の結論を得ている。

「有利なポジションにある企業にとって衰退は大きな利益をもたらす場合がある。(中略)業界の衰退を単に問題としてではなくチャンスと捉え，客観的な判断を下す力のある企業なら，相当の利益が得られる可能性がある」[46]。

　市場規模が縮小傾向にあることだけをみて新規参入の適否を判断するのは凡百の経営者である。衰退傾向にあっても「潜在的なチャンスだ」とする前向きな思考は，世界の主要国でチェック・トランケーションに取り組んでいる関係者にみられる共通したスタンスである。チェック・トランケーション導入を検討するにあたりポーターの戦略的素養をもつ関係者がいれば，わが国も喪われた10年を過ごさずに済んだかもしれない。

VIII プラットフォームとしてのチェック・トランケーション

1 ネットワーク外部性に基づく考察

　振込を利用しようとしたとき，限られた相手としか振込のやりとりができない決済システムよりも，より多くの人々と資金を授受できる決済システムのほうが明らかに使い勝手がよい。ユーザー数が増えるほど，そのサービス財の価値が増大する状態はネットワーク外部性といわれる。決済ネットワーク業界はまさにネットワーク外部性をもつ典型的な業界である。箕輪[1994]が示したとおり，決済方法は当事者間で現金を直接授受する基本形態から「仲介者が介在する決済」へ発展し，さらに「決済のネットワーク化」が出現する。決済のネットワーク化では決済の仲介者である銀行同士をつなぐ「仲介者の仲介者」が出現する。そのひとつの形態が銀行間共同システムであり，全銀システムやSWIFT，手形交換所といった機関として具現化される。決済構造にみられるこうした進化は，経済活動を円滑かつ効率化することを目的としている。その目的は物流や電力，電話事業においてみられる狙いと通ずる合理性を有している。

　決済システムの特性である需要サイドの規模の経済性は，チェック・トランケーション導入の支障となる要因のひとつを明らかにする。新たに電子手形交換所を設立しても，当初参加する銀行の数が2，3行の時点では参加する銀行が享受できる利便性は限定的である。自らがどれだけ紙片の手形・小切手を電子データ化しても，それを受け入れる銀行がなければ，紙ベースの手形・小切手を従来どおり搬送，処理する非効率な部門を抱える必要がある。紙片を前提

VIII プラットフォームとしてのチェック・トランケーション

とした既存の手形交換部門を大幅に削減できるほどにチェック・トランケーションで手形交換できる相手銀行が増えなければ，電子手形交換所に参加するメリットが生まれない。新規参入となるチェック・トランケーションの価値はすでにすべての銀行とつながっている従来の決済システムと比べて大きく劣後する。早期にクリティカル・マスを超えるための周到な戦略が電子手形交換所には必要となる。

Farrell & Saloner による市場の失敗の議論もチェック・トランケーション導入の検討凍結という現状をよく説明する。Farrell & Saloner では，ネットワーク外部性が存在する場合の市場の失敗を示すために過剰慣性という概念を用いている。過剰慣性とは，非効率な旧技術が既得基盤をもつために効率的な新技術の採用が阻害されることを指す。通信情報技術の革新が進展した現在，物流を前提とした手形交換所という機能は旧技術に属する。しかし既存の手形交換所がもつ圧倒的な既得基盤のために，チェック・トランケーションという効率的な新技術の採用は阻害されている。決済システムという業界で既存の銀行間共同システムの優位性がロックインし，チェック・トランケーション導入が阻害される状況は，ネットワーク外部性に基づく考察によれば当然の帰結ということになる。

2　業界標準の視点からみた普及可能性

(1) 業界標準の諸類型

チェック・トランケーションを事業化するということは，電子手形交換所による業務運用プロセスを決済ネットワーク業界の業界標準として確立する過程とみることもできる。業界標準を類型化した表VIII-1 に照らして電子手形交換所の設立を巡る状況を整理する。

現在，電子手形交換所が参入しようとする手形交換の世界では，手形・小切手を紙片のまま物流する交換技術をもった既存の仕組みが業界標準として生き

表Ⅷ-1　業界標準の類型化

自主的標準	デファクト	スポンサーなし標準	特定の創業者あるいはそれに準ずるものが財産権を有するわけではないが、社会的によく典拠づけられた形式で存在している標準
		スポンサー付き標準	単一ないし複数のスポンサーが間接あるいは直接の財産権を有し、他企業に対して採用を推奨する標準
	デジュリ	合意標準	米国国立標準協会(ANSI)に所属する組織のような自主的な標準設定機関によって制定される標準
技術規制		強制的標準	規制権限をもっている政府機関によって制定される標準

出所)依田[2001]，19ページより一部加工して筆者作成

ている。業界標準の類型を念頭において決済システムの業界構造を整理すると、決済の仲介者であり手形交換所の顧客である銀行は、多くの「強制的標準」をもつ世界にあるといえる。既存の手形交換所は実質的に全国銀行協会を中心とした運営が行われている点から「合意標準」と位置づけられよう。こうした状況下、新規事業体としての電子手形交換所は「スポンサー付き標準」という形態の業界標準を目指すこととなる。

「スポンサー付き標準」というかたちでの業界標準を獲得することを当面の目標とする電子手形交換所がとりうる戦略はどのようなものか。ここで注目したいのは最近の傾向としてみられる、デファクトともデジュリともいえない業界標準の存在である。導入期に大量の経営資源を投下し、低価格戦略を推進するだけでは圧倒的な市場シェアの確保は保証されない。実際、業界標準を確立しようとする企業は、事前に有力企業と協議会を設立して多数派工作を行い、将来多数派を占めるための長期的戦略をもって活動するといった企業行動が目立っている。

電子手形交換所の事業化を想定する場合も、手形・小切手を電子データ化して授受する運用前に何の取り決めもなく既成事実を積み上げる方法は現実的でない。事前準備なくいきなり電子化を導入する方法は、標準化の進行を速めるには有効かもしれないが、先行者や一部の加盟者の独善が嫌気されたり、規定

VIII プラットフォームとしてのチェック・トランケーション

の不明瞭化を招くなど安定的な事業運営にとってデメリットが大きい。チェック・トランケーションを導入しても業務が混乱しないよう電子手形交換所規則の類やコンティンジェンシープランを事前に策定して加盟銀行に周知徹底を図るなど，オープンなネットワークとなる体制とする必要がある。残念ながら加盟銀行は当初おそらく極めて少数であり，当初からデファクトを狙う戦略と純粋な形でのデジュリ戦略のどちらも選択できない。したがって電子手形交換所は少数ながら加盟銀行による委員会方式で基盤をつくり，そこでのパフォーマンスによって市場を主導，形成してシェアを拡大する戦略をとるのが妥当とみられる。

(2) 事前提携先の例示と検証

では具体的に，電子手形交換所を立ち上げる当初メンバーの対象先はどうなるか。加盟銀行の候補を模索する際に重要なことは，既得基盤に対して主流か非主流かを見極める点である。一般には，既得基盤のもとで十分なメリットを感じている銀行が敢えて自らの既得基盤をぶち壊すような行動はとりにくい。既得基盤が再構築されることで従来以上のメリットを得るチャンスが巡ると考える銀行が連携の対象となりやすい。従来以上のメリットとは，例えば銀行利用者に対して大きく利益を還元できたり，銀行業界内あるいは社会的なパフォーマンスの向上であったり，さまざまな形態が考えられる。ただし究極的に事業としての利益を最大限に引き出すためには，すべての銀行を加盟銀行とすることが目的となる。話が立ち上げられた当初から関与していないプロジェクトについて，企業は主体的，積極的に協力しない傾向が強い。したがって主流である銀行についても情勢を見極めたうえで，準備段階から参加可能な推進体制となるよう考慮することは大事である。

また加盟候補の選定にあたり，採算ラインを確保できる最低限の規模を意識することも重要である。保守的な銀行業界の外から新規参入する前提で事業化を計画する以上，当初立ち上げ時から加盟銀行が増加しないという最悪のケースも想定しておく必要がある。コストに占めるシステム開発の比重の大きさや

ネットワーク外部性の特性から，電子手形交換所設立にかかる初期のコスト負担は大きい。2001年当時で電子手形交換所の開発費用は年間38億円，5年で190億円かかるといわれていた。この初期費用を前提としたとき，参加銀行の目途もなく見切り発車で電子手形交換所を立ち上げるリスクは高い。したがって，稼動開始までにどれだけ多くの参加銀行を集めるかが事業存続の鍵となる。銀行との交渉に際しても，当初の賛同の得やすさだけではなく提携によって最終的な参加数がどの程度の規模になるかを念頭におく必要がある。

① 地銀・第二地銀との連携

上の留意事項を念頭において具体的な検証を進めるならば，参加銀行の候補の第1は地方銀行や第二地方銀行との連携である。各地手形交換所は地元の有力銀行が中心となって運営しているが，全体の方向性を決めているのは全国取扱高の1/3を占める東京手形交換所であり，その実質的な運営主体はメガバンクが会長行を輪番で務めている全国銀行協会である。全国銀行協会は基本的に旧都市銀行を中心に運営されている組織である。地方銀行が全国的な決済ネットワークの運営で主導的な立場を確保しているものはない。以前はCD・ATMのネットワークにおいて地方銀行は先陣を切っていた。1980年10月に地方銀行は同業態の金融機関同士のネットワークとしてACS(All Chigin Cash Service)を稼動させ，顧客の利便性向上を果たした実績をもっている。第二地銀協加盟行によるSCS(the Second association of regional banks Cash dispenser network Service)も同時期に稼動している。同じネットワークの都市銀行版であるBANCS(BANk Cash Service)の稼動が1984年であったことを考えると，キャッシュカードの使い勝手を良くするという顧客志向の立場に立った先進的な取組みを地方銀行・第二地方銀行が先駆けて実践する風土はあったといえる。チェック・トランケーションが実現すると運営主体は全国でひとつになる。ここで業界標準を獲得するメリットは大きい。特にチェック・トランケーションは手形・小切手の使い勝手を良くする施策である。企業間信用として活用される手形の主要利用者層である中小企業は，地方銀行の主要顧客層ともマッチす

る。不良債権処理の問題でメガバンクに先行されているからこそ，業務改善による合理化効果は待ったなしの状態ともいえる。「地方発」で先進的な取組み事例としての宣伝効果も期待できる。信用組合や信用金庫，労働金庫，農協といった業態も同じ意味でこうした連携に興味をもつ可能性は高い。

② **ゆうちょ銀行との連携**

　連携の可能性として第2に挙げられるのはゆうちょ銀行である。もともと手紙やはがきといった紙媒体の処理を基本とする企業文化を有する組織である。電子メールや電子債権など一足飛びにペーパーレスへ移行する電子化よりも，紙片の良さを残しつつデジタル技術の恩恵も享受できる共生関係をもった技術革新のほうが，ゆうちょ銀行には受け入れやすい素地があるとみられる。ゆうちょ銀行の詳細な業務内容を確認できているわけではないため現時点では詳述できないが，チェック・トランケーションというイメージ処理のプラットフォームは，手形・小切手にとどまらずゆうちょ銀行のもつ幅広い業務を対象に活用できる可能性をもっている。

③ **外資系金融機関との連携**

　第3の候補は外資系金融機関である。国内における手形・小切手の取扱高で非主流であることは明白だが，外資系を候補にあげる重要なポイントはむしろ海外における先行したチェック・トランケーションの取組みである。母国において本社がチェック・トランケーションを導入，推進している外資系にとって，電子手形交換所の役割を理解することは容易である。また母国のチェック・トランケーションとの機能やサービスの連携なども視野にいれたとき，必ず関心を寄せてくると見込まれる。

④ **メガバンクとの連携**

　第4に候補として考慮すべき先はやはりメガバンクである。先に述べたとおり，新規プロジェクトに後発で参入することを企業は好まない。一行あたり手形・小切手取扱高が全体の少なからぬ割合を占める各メガバンクが加盟銀行の外にある状態が続くことも，長期的には好ましいものではない。最終的に全銀

行の参加を展望するならば，極力多くの銀行が主体的に関与していると感じられるような検討体制をとる必要がある。2001年度の導入検討の時から2002年末の検討凍結に至るまで，チェック・トランケーションに対する銀行の取組み姿勢には跛行性があった。すべてのメガバンクが同調しなくとも，1行でもチェック・トランケーションに前向きな銀行があれば，その銀行を中核として親密地銀とのセットで参加，連携することができれば，相応の規模を確保した事業展開も可能となる。

銀行間の手形交換業務という顧客が限定された領域，かつ非常に強固な既得基盤が存在する領域で，業界標準を獲得するためには，準備段階の周到な組織化と長期的視野に立った市場シェア獲得の読みが決め手となる。前述の4つの選択肢についても，大きな分類にとどまらず固有名詞を挙げて個別・具体的に連携の可否を算段するといった詳細な詰めの作業が必要となる。

3 プラットフォーム財としてのチェック・トランケーション

決済システムはネットワーク外部性をもつ。この説明は決済システムの特徴を端的に表しているといってよい。しかしより厳密にいえば，決済ネットワーク業界は「クライアント・サーバ間の階層的関係をもつプラットフォーム型産業である」と説明すべきである，というのが本章での結論である。ここでは，まずネットワーク外部性の議論を前提として，プラットフォームの概念で産業構造に関する問題を研究する方向性に着目する（国領[1995]，出口[1994]，[2005]）。プラットフォーム型の産業構造に関する理論モデルとして出口[2005]を援用して説明する。

プラットフォーム財とは，その財やサービスを前提とすることで，より上位の財やサービスの提供が可能となるような財やサービスのことである。プラットフォーム上で提供される財やサービスを「サービス財」とよぶ。プラットフォーム産業のステークホルダーについて，出口[2005]は3種類のエージェントを

Ⅷ　プラットフォームとしてのチェック・トランケーション

規定している．プラットフォーム財の提供者，その上のサービス財の提供者，プラットフォーム財とその上のサービス財のユーザー（クライアント）である．ただし本章では，ユーザーについてプラットフォーム財とサービス財のユーザーを別の存在ととらえ，4種類のエージェントを念頭におく．決済システムにおけるユーザーとは，一般の利用者が振込を利用するユーザーだけではなく，銀行自体が銀行間の共同システムを利用するユーザーであることを明確に意識するためである．

　プラットフォーム財とその上のサービス財，そしてサービス財のクライアントの関係をまとめたものが表Ⅷ-2 である．

　出口[2005]は，プラットフォーム構造をもつ産業においてイノベーションが抑制されていると懸念する．この状況はプラットフォーム外部性とよばれ，特定のプラットフォームにロックインした市場では，そのプラットフォーム上でのサービス財とプラットフォーム財の共棲関係が成立するため，その市場に他のプラットフォームが参入するための障壁が高くなる性質をもっている．決済ネットワーク業界とはまさにプラットフォーム財の世界であり，決済システム

表Ⅷ-2　プラットフォーム財とその上のクライアント・サーバ関係

プラットフォーム財	サービス財	サービスのクライアント
電話線提供	電話接続サービス	電話利用者
電力送電系	電力供給サービス	電力利用者
ガス配送系	ガス供給サービス	ガス利用者
CD プレーヤ	CD 音楽提供サービス	CD 音楽聴取者
ゲームマシン	ゲームソフト	ゲーム利用者
パソコン	OS	OS 利用者
OS	応用ソフト	応用ソフト利用者
専用線サービス	プロバイダサービス	インターネット利用者
プロバイダサービス	インターネット上のサーバ	サーバのクライアント
流通網	流通網上の商品	当該の商品の顧客
メンテナンス網	要メンテナンス商品	要メンテナンス商品の顧客
鉄道路線	輸送サービス	鉄道輸送サービス利用者

出所）出口[2005]，21 ページ

表Ⅷ-3　決済におけるプラットフォーム財とその上のクライアント・サーバ関係

プラットフォーム財	サービス財	サービスのクライアント
全銀システム	振込	銀行利用者
手形交換所	手形交換	
MT交換	振込	
SWIFT	外国送金	
統合ATMスイッチングサービス	ATMサービス	

〈これまでの決済システムに対する認識〉注)

銀　　　行 (決済システムに関する機能を提供する主体として)	銀行利用者

注)銀行間共同システムは主体として認識されておらず「決済サービスを担うのは銀行」といった抽象的なイメージを示したもの。決済システム内で提供される機能もプラットフォーム財とサービス財に分別して認識されていない。こうした未分化の決済システム内に存在する銀行をノードとみなしてネットワーク分析が行われている状態。分化の認識があった場合でも銀行利用者からみて銀行の背後に存在するのは，中央銀行もしくは階層化された決済母店としての大手銀行である。

はプラットフォーム構造をもつ産業である。

　表Ⅷ-2にしたがって決済システムにおけるプラットフォーム財とその上のクライアント・サーバ関係を整理すると表Ⅷ-3のとおりである。

　電子手形交換所は，銀行間で資金清算を担う全銀システムや手形交換所と同じくプラットフォーム財である。銀行はこのプラットフォーム財の上で，振込や手形小切手の取立，送金業務などのサービス財を銀行利用者に提供する。プラットフォーム財のクライアントは銀行である。またプラットフォーム財のサーバである全国銀行協会といった運営主体の会員組織を組成するのも銀行である。電力業界やかつての通信市場と同じく，決済システムの分野においても，プラットフォーム財とサービス財がほぼ垂直統合される形で同一の供給主体によって提供されている。

　決済システムを司る金融は，交通・運輸，郵便，通信，電気事業を扱う会社などと同じように公益性を有する社会インフラと認識されることが多い。これらの事業はネットワーク産業と称して括られることもある(南部ほか[1994])が，その本質はプラットフォーム型の産業構造を有する点にある。プラットフォー

ム産業に共通する大きな課題は，同一主体によって提供されるプラットフォーム財とサービス財の垂直分業，上下分離をいかに実現するか，である。プラットフォーム構造をもつ産業においてプラットフォームとサービスが垂直統合されている場合，垂直統合している企業の利益最大化の戦略は，社会的な技術革新による社会効用の最大化と方向性がずれる可能性がある（出口[2005]）。

　実際，プラットフォーム構造をもつ産業ではいずれも分離作業が難航している。例えば通信の分野では，1985年の自由化を経た後にNTT分割が行われた。これを評して伊東[2000]は「日本はすでに10年遅れた」と記している。1997年の法改正でNTTが東西の地域会社と長距離会社に分割されたケースは，アメリカの通信改革でいえば，その10年前に遡るAT＆T分割時代の内容にすぎないという。また電気事業の分野では，これまで垂直統合されていた電力会社が大規模発電サーバを中心とした事業展開を行ってきた。この結果，電力事業におけるサービス財としてのコジェネや地熱発電といった小型化技術の革新は緩慢にしか進まなかった（出口[2005]）。電力業界のプラットフォーム構造を放置してきたツケは，2011年3月に発生した東日本大震災に伴う福島原発のトラブルで一挙に顕在化した。今後は送電サービスと電力供給を地域ごとに独占供給していたわが国の電気事業体制の抜本的な見直しが議論の中心となるはずである。翻って金融・決済の分野をみると，チェック・トランケーションの事例からもわかるとおり，銀行業界は垂直分業への転換を自助努力で遂行する能力に欠けていることを2002年末に明らかにしたまま現在に至っている。

IX ベンチャービジネスとしての可能性[47]

1 考察の起点

　ここまで事例研究や経営戦略論の視点で考察してきたとおり，チェック・トランケーションをわが国に導入する動きは停滞している。しかし経済活動における発展的な試みを論じる場合，われわれはこうした「受動的反応」を考慮するだけでは不十分であり，もっと「創造的反応」に注目すべきではないだろうか[48]。ここでいう創造的反応とは，企業者の新結合すなわちイノベーションであり，ベンチャービジネスとしての可能性の追求であるといってよい。

　多くの銀行間の資金決済を担う共同システムは仲間組織で運営されている。しかしわが国の仲間組織が新たな仕組みであるチェック・トランケーションをわが国に導入できない現実を2002年末以来，目の当たりにしてきた。そこで解決の糸口として本書でとりあげる仮説は，銀行間決済システムが存立する世界をひとつの産業領域と規定し，この業界で電子手形交換所を純粋な民間組織として新たに事業展開するというシナリオである。このシナリオにはひとつの正解があるわけではない。未だ導入されていないチェック・トランケーションについて試行錯誤する作業自体に明確なゴールがみえているわけでもない。ただ「自己がどのような存在であるべきかを考察することが極めて重要であり，その判断が常時更新される体系こそが企業戦略である」[49]との主張に従えば，チェック・トランケーションはまさに戦略的思考の渦中にある。

　チェック・トランケーション導入という戦略を実現させるためには，電子手形交換所の運営主体を民間企業と定めるだけでは十分ではない。実現に向けた

IX　ベンチャービジネスとしての可能性

さらなる戦術能力を磨く必要がある。そのため本章ではチェック・トランケーションがベンチャービジネスとしてどのような可能性をもっているか，本質的な価値を意識する。チェック・トランケーションにできることをとことん考え抜いたうえで，どのような道であれビジネスプランとして実現できる可能性について追求する。この方法論は「戦術能力が高めることが戦略の可能性を増大させ，より高い組織能力や企業成果への指標となることは明らかである」[50]との認識に示唆をうけている。

(1)顧客志向による成長可能性

　Levitt[1960]で議論の対象とされた産業は，いずれもかつて一度は成長産業であったものである。有名なアメリカにおける鉄道事業の例をはじめ，合成繊維が出現するまでのドライ・クリーニング業界，自家用燃料装置の台頭におびえる電力事業，スーパーマーケットに追いやられてしまう前の食料雑貨店などである。"マーケティング・マイオピア"の名とともに展開される優れて顧客志向の発想は，一度最盛期を迎えたことのある産業の持続的な成長の鍵として論じられている。ここでは電子手形交換所のあり方を考察するためにレビットの発想を援用する。まだ立ち上げられてもいない事業の成長性，将来性を検証する工程ではあるが，レビットを引用することは決して性急ではない。企業が提供する製品やサービスの表層に固執するのではなく，顧客の立場からみた製品やサービスの本質を問うことで組織体が自らの存在する意味を問い直す契機となる。チェック・トランケーションのように新規で立ち上げようとする主業務の領域がすでに縮小傾向にあるケースでは，なおさらマーケティング・マイオピアにおける顧客志向的な発想を先取りすることは有用である。「手形交換業務の合理化」という生産志向的な思考にこだわっていては，現状は打開できない。

(2)本質的な機能

　そもそもチェック・トランケーションが構想された当初の目的は銀行間の事務処理である手形交換業務で紙片を取り扱う負担を削減することであった。電子手形交換所に求められた機能とは，紙片の券面イメージを精緻・高速に電子

データ化することである。

　これまでわれわれはチェック・トランケーションの目的や機能を「銀行における合理化施策」「処理対象は手形・小切手だけ」だと思い込んでいた。この思い込みはチェック・トランケーション導入を進めるうえで有形無形の支障となっていたかもしれない。「顧客である銀行がその気にならなければ何もはじまらない」「取扱高が減少している手形・小切手に市場の将来性はあるのか」といった悲観である。しかし，電子手形交換所で想定する処理の枝葉を落としてみると，その機能は「紙片の券面イメージを電子データ化する」ことに集約される。紙片とは手形・小切手である必要はない。あらゆる紙片はチェック・トランケーションの処理対象として電子イメージ化されてもよい。また処理する紙片が手形・小切手に留まらないとなれば，ユーザーを銀行に限定することもない。

　本質としての機能が「紙片の電子データ化」だとすれば，付加価値となるひとつの機能は高いセキュリティである。前述の「Ⅵ．3　供給者分析」でみたとおり，紙片の券面イメージを読み込む際に，対象となる紙片の固有性を示す情報もデジタル化して取り込む技術を導入すれば，券面の電子データを受領する相手は送信者の手元にある紙片の正当性について，画像による目視だけでなくデジタル情報によっても確定することが可能となる。

　チェック・トランケーションの機能を「銀行間における手形交換業務の抜本的な合理化」にこだわると，実はその能力を過小評価することになる。そこであらためて電子手形交換所の本質を規定するならば，「高セキュリティな環境下，券面イメージを含めた紙片の情報を電子データ化して保管，記録，識別，特定，配信する能力をもつ機関」といえる。

（3）紙という価値[51]

　チェック・トランケーションが機能する場所は銀行のバックオフィスである。チェック・トランケーションを導入しても，一般の利用者が市中で紙片の手形・小切手をやりとりするという江戸時代からの商慣習は変わらない。「紙と電子化技術が共生する」点で，チェック・トランケーションの取組みは電子マネーや

電子債権と一線を画す。

　ふりかえると金融業が現在に至る発展を遂げた経緯は，そのまま脱ペーパー，電子化の歴史と重なる。金融のさまざまな場面で紙が担ってきた役割を電子化技術が代替することで，多彩な金融サービスや飛躍的な業務効率化が実現されてきた。裏を返せば，金融業では手形・小切手や紙幣に代表されるとおり紙の利便性を最大限に活用してきた長い歴史をもつ。

　実際，紙のもつ特性は多様である。情報媒体として利用する立場からみた紙と電子媒体の特徴を調査した表IX-1をみても紙のもつ優れた特性が多く目をひく。例えば紙は一覧性や操作性が優れている。100万円と記された小切手や

表IX-1　情報媒体としての紙と電子媒体の利点

	紙の利点	電子媒体の利点
検索	① 一覧性がある(29) ② 操作が簡単(14) ③ 慣れ，しみ込んだ行為(6) ④ 1960年代以前のものも探索できる(2) ⑤ 適切な索引語で柔軟に捜せる(1)	① 検索性がある(64) ② 速報性がある(17) ③ 距離の短縮(12) ④ ハイパー性がある(5) ⑤ 情報が豊富(1)
入手	① 物理的存在，紙の質感(15) ② 保存性がある(9) ③ 耐用性がある(3) ④ リサイクル性が高い(2) ⑤ 軽い(1)	① 蓄積性がある，省スペース(27) ② 即時性がある(9) ③ 劣化しない(4) ④ 地球に優しい(1)
利用	① 携帯性がある(43) ② 文字が鮮明で読みやすい(32) ③ 固形的認識(9) ④ 書き込み，線引きが簡単(5) ⑤ じっくり思索できる(4) ⑥ 反復性がある(3) ⑦ インストラクションメディア(2) ⑧ 折り畳んだり巻いたりできる(1)	① 絵や音声が利用できる(10) ② 引用が簡単(5) ③ 電子辞書の携帯性(2) ④ 文書ファイルの処理が楽(1) ⑤ マニュアルは読むより見る(1)

出所）笠本[1999]を参照して筆者作成。
　　笠本の調査方法は紙と電子媒体を利用者の側から比較している論文，随筆，エッセイ，新聞記事などの文献を収集し，それぞれ紙の利点欠点，電子媒体の利点欠点として集計したもの。表中（　）内の数値は集計した事例の件数。

1万円札は一瞥するだけで100万円なり1万円の価値があると認識できる。しかし，電子マネーの媒体であるプラスチックのカードをみても，そのカードがどの程度の価値をもっているか人間の認知能力では認識できない。電子マネーに内包される価値を知るためには，情報を読み取るハードウエアや電源が必要となる。情報を書き込む場合も同様である。手形・小切手は情報を一覧して読み取る際に便利なだけでなく，金額など必要な要件を簡単に記載することもできる。

紙は単価が安くて耐用性や携帯性に優れているという点も重要である。これらの利点は支払手段として紙のもつ流通性の高さという決定的な価値の源泉となっている。すなわち紙幣や紙片の手形・小切手は媒体そのものを目の前にいる受取人に手渡しすることで支払行為を完了することができる。クレジットカードや電子マネーで代金を授受するためには，人間では認識できない電子情報を読み取る機器の準備が必要となる。日々の経済活動においてクレジットカードや電子化された支払手段では対応できない領域は依然として広く存在する。紙幣や紙の手形・小切手はそうした領域をカバーして経済活動を支えている。

こうして紙の価値をあらためて見直すとき，紙片という多様性を許容してIT技術と共生するチェック・トランケーション構想への期待はおおいに高まる。ともすれば世の中では「電子化＝ペーパーレス＝先進的」といった画一的な思考に陥りやすい。しかし需要者である人間の認知能力には限界があり，電子化を極限まで進めても充足できないニーズは残る。紙と電子化が融合するチェック・トランケーションというプラットフォームは金融の世界にとどまらず，かつてない新たなサービスの創造を予感させる。

2 新規事業化に向けた戦略の可能性

(1) 銀行本体の事務合理化への提案

チェック・トランケーションは元来，銀行事務の抜本的な合理化施策として

はじまった。新規事業としてチェック・トランケーションの実現を考察するうえで，はじめに基本となる銀行に対する事務合理化を提案することの可能性について取り上げる。

わが国の銀行はチェック・トランケーションを導入しなかったものの，自行内では手形を処理する目的で手形・小切手の券面イメージ化を進めているところも多い。引落データを作成するためのエントリー作業を効率化するために，持帰手形のMICR文字やチェックライターの箇所をOCRで読み取り，券面イメージの電子データを処理工程で活用している。印鑑照合を券面イメージの電子データでサポートすることによって照合の自動化を展望する銀行もある。前述のとおり，手形・小切手を処理する機器メーカーも手形交換業務にイメージ処理をソリューションとして組み入れた製品の開発を進めている。仮にいくつかの銀行が同一メーカーの機器でイメージ処理を行っているとすれば，作業の集中化は技術的には容易とみられる。幾つかの銀行のイメージ処理を集中化することで作業の合理化が可能となる。ここで提案するプランは，個別銀行の持帰手形をイメージ処理するよう提案するところから始まる。合意した複数の銀行を対象として共同のイメージ処理センターを設立して，持帰手形を集中して処理する。この共同センターの運営を常軌化させてイメージ処理体制の基盤を作る。その上で共同のセンターに参加する銀行間で授受する手形・小切手について，各銀行の持出分の手形・小切手もセンターでイメージ処理するよう働きかける。合意した銀行については，持帰分のイメージ処理をやめて持出時点でイメージ取得するよう工程を切り替えて，チェック・トランケーションを完成させるという手順となる。

事務工程を標準化すれば，銀行が違っても持ち帰り手形を処理する手形交換のバックオフィス業務を共通化することは可能である。イメージ処理の集中化に参加した銀行は短期的にも合理化メリットが期待できる。本提案は次の4つのステップを着実に進めることによって実現する。

Step1：持ち帰り手形のイメージ化の常軌化

Step2：参加銀行間でのチェック・トランケーション（持ち出し手形のイメージ処理）

Step3：イメージ処理の集中化を進める幾つかのグループ間でのイメージデータ相互活用

Step4：全国で手形交換を行っている金融機関によるイメージ処理の集中化への参加

　当初のチェック・トランケーション導入構想では，持出分・持帰分の電子化とも個別銀行の作業であり，電子手形交換所が請け負う業務とは考えていなかった。本提案が順次実施された場合，個別銀行が担うはずの手形・小切手の電子データ化作業までも電子手形交換所が取り込むかたちになる。本提案を推進すると，究極的には手形交換業務に関する銀行バックオフィス業務はすべて共同のセンターに集中される。これは電子手形交換所が当初想定していたよりも進化した形態である。チェック・トランケーション導入によるこの進化形は，銀行事務が銀行の枠を超えて横断的に集約できる可能性を示唆している。電子手形交換所が実現すれば，銀行のバックオフィスが抱えているその他の事務処理についても共通化を促す契機となる。銀行利用者からみえる看板には異なる銀行名が掲げてある一方で，事務処理を行う母体はどの銀行を窓口としても同一の事業体が請け負っている，といった世界も展望される。

　イメージ処理を集中化するためにユーザーである銀行をグループ化できる立場にいるのは，機器を提供するメーカーである。しかし実際にはこうした動きをメーカーは好まない。機器メーカーにとって，イメージ処理の拠点は銀行ごとに分散されて多いほど製品の売上が増えるからである。機器メーカーが自ら積極的に集約化へ動くインセンティブは働かない。こうした機器メーカーの動き，すなわち集約化へと動かない状況を確認するだけでも，銀行にとって集約化はコスト削減の有効な手段であることが明らかである。しかしこのプランを進めるためには，顧客である銀行が自行業務への理解に基づいて主体的な意思をもった取組みが不可欠となる。銀行が機器メーカーに業務を半ば丸投げする

ようなスタンスでは供給者の言うなりである。相見積もりをさせて徒に価格競争だけを煽るやり方でコストを下げる施策では業務品質を確保できない。本提案の成功の鍵は，業務改善に関する深い知識，そして他の銀行と協働して総合的な合理化を図ろうとする広い視野をもった人材の有無である。こうした資質をもつ人材の「気づき」や意欲を引き出すための発掘・育成プログラムも，並行して検討すべき課題となる。

(2)交換所単位での導入

　手形交換のどの工程を対象としても銀行としての事務合理化であることに代わりない。ただし銀行サイドへの提案として「銀行としてではなく，手形交換所単位でチェック・トランケーションを導入する」という見せ方をすることはオプションのひとつとなる。

　チェック・トランケーションは，持ち込まれた手形・小切手を受入銀行がその時点で電子データ化して持ち出し，支払銀行も電子データで持ち帰る流れを完成形と考えている。ここでは完成形の一部のみを稼動させることを提案する。持帰分のみを対象にするということは，持出分の手形・小切手は紙片のまま搬送するということである。そのために各地の手形交換所をイメージ処理の拠点として認識する。紙片で持ち出された手形・小切手を各地手形交換所で電子データ化して，当該データを持帰銀行に提供する仕組みである。

　持出銀行としての負担感は，当初からチェック・トランケーションを完成した形で導入した場合，障壁となる要因のひとつと考えられている。チェック・トランケーションの成否は電子データを作成する持出銀行，すなわち紙片を受け入れる銀行の体制整備が要諦となるためである。例えば，持出銀行はイメージスキャナーを設置しなければならない。持出銀行が交換母店で処理する方法を選択すれば設置台数は抑えられる。しかし支店単位で紙片の読み取り作業を行おうとする場合，大手銀行ではかなりの台数が必要となる。いずれにせよ新規の設備を追加で投入する負荷がかかる場面である。また持出銀行では作業工数も増加する。具体的には，イメージ処理機による紙片の手形・小切手読み取

りや電子データ作成，また紙現物の形式点検などである。作業人員を養成して支店単位で配置するためには教育・研修の工数も見込む必要がある。持出銀行としての負担感から抵抗がある銀行にとって，手形持出業務を従来のままにして持ち帰り分のみ電子データ化されて利用できるプランは相応にメリット感のある提案といえる。手形・小切手が電子データ化されて還元されるだけでも，エントリー業務や印鑑自動照合へ活用するなど個別銀行にとって相応の利用価値があるともいえる。

　しかしこの案では，紙片の手形・小切手の物流は片道とはいえ残存する。そのため銀行と手形交換所を行き来する使走チームを削減することはできない。結果として，チェック・トランケーションのコスト削減効果はかなり小さくなる。また交換所単位で導入を推進する場合，個別の銀行にしてみれば同じ銀行内に処理すべき手形・小切手が紙片と電子データの2種類のかたちで存在し，二元化された事務を処理するという効率の悪い体制になってしまう。現実的な問題として，手形交換所とはいっても地元の主要銀行の支店にある空き部屋などを利用して立会交換を行っているような場所も少なくない。イメージスキャナーを設置して読み取り作業を行い，処理済の手形・小切手を管理するといった業務を各地手形交換所で品質を維持しながら処理，運営する管理負担も見込む必要がある。事業化を推進する電子手形交換所の立場からみても，各地の手形交換所ごとにチェック・トランケーションへの移行を説得して導入を推進する営業・サービス活動は負担感が大きい。負担感とは手形交換所が全国各地に散在しているという地理的な理由だけではない。前述のとおり手形交換所の運営について意思決定できる主体を特定することがむずかしいため，手形交換所を単位として交渉するプロセス自体にかかる手間が想定されるためである。

　いずれにせよ，電子手形交換所はクリアリング機能をはじめとして決済データや券面イメージデータの管理を行うためのシステム開発が必要となる。ポイントはイメージ処理拠点をどこに設定するかにある。前述の銀行の事務合理化への提案は，参加を希望する銀行の連携によってイメージ処理の拠点を自発的

に形成するアイデアである。これに対して本案は，イメージ処理の拠点を「各地の手形交換所」と定めることで参加銀行の募集や参加促進といった工数を省略できること，また拡張計画を標準化できることが特徴的なアイデアである。電子手形交換所への参加を募る工程こそが，困難ではあるが差別化の源泉であると考えられるなか，参加への工作対象すなわち市場領域を手形交換所と規定することで交渉や運営の標準化を図る工夫をしたのが本案である。ただ，受入銀行としての負担感を軽減することに重心を置いた結果，チェック・トランケーション導入による本来の効果は半減している。この形態で導入を推進したときのメリット感が銀行にとって魅力となるかどうかが，この施策の課題となろう。

(3) 地域振興および観光活性化の起爆剤

地域単位でチェック・トランケーションを導入する試みはアメリカや中国ではよくみられる形態である。もちろん，領土の広さや各地域の経済活動の独立性など各国事情が異なるため，海外事例をそのままわが国へ適用することはできない。しかし全国規模での一斉実施が見込めないわが国の現状を斟酌したとき，地域単位で導入して成功実績をみせることは現実的な選択肢のひとつとなる。

ここで提案する内容は，アメリカや中国でみられる地域単位での試行とは狙いが異なる。諸外国の試行は国内全域に普及させることを前提としており，その縮小版として小規模な実験を行うスタンスである。ここでの提案は，まとまりをもった経済活動を営む地域を特定し，その地域単位での経済活性化を目的としている。ポイントは，特定した地域にある地域金融機関がチェック・トランケーションを導入している国の主要外銀の代理店として提携する点である。以降の流れは次のとおりである。

・地元金融機関は提携した外銀が指定する小切手読取用のスキャナーを導入する
・提携した外銀の発行する小切手をもつ外国人観光客がわが国の取組み地域を訪問した際，自国と同様に小切手を使用して商品やサービスの代金

を支払う
- 旅館や商店，タクシー等で受け取られた小切手は資金化のため地元金融機関へ持ち込む
- 地元金融機関は小切手をスキャナーで読み取り，その電子データを提携外銀へ送信する
- 提携外銀は振り出された小切手の承認ができ次第，資金を送金する
- 送金された資金を地元金融機関が法人や個人の口座へ入金して，一連の決済は完了する

　電子手形交換所を設立することなく，チェック・トランケーションの利便性をわが国において実感できる点が本案の特徴である。対象地域の小売店やサービス業を営む法人，個人にとっては，シームレスな決済サービスの提供によって外国からの訪問客の購買活性化による売上増が期待できる。取り扱う地元金融機関にとっても，規格や仕様が全く異なる外国の小切手であれば，わが国の手形・小切手と別建てにして二元的に事務処理することに違和感は少ない。現場で実際に小切手を授受する人にとってわかりやすい仕組みであることは，新たに普及を目指す制度にとって大きな利点である。

　導入対象に選ばれる地域として真っ先に想定されるのが観光地である。京都や奈良，秋葉原など，外国人が多く訪れる著名な観光都市は本提案になじみやすい。外国人を積極的に誘致して観光産業を盛り上げようとしている都市や地域は総じて有力な選定候補先である。2011年3月の東日本大震災で被災した地域が観光客を誘致する目的で導入する，といった着意もあってよい。また大学や研究施設，工場など外国人が多く滞在するエリアを対象とする提案も面白い。他にも地理的な範囲というニュアンスとは少し異なるが，空港施設やホテル・宿泊施設，大規模商業施設，鉄道など交通機関，外国人が多く集まるレストランといった人工的に形成された場所も一案である。

　すでに主要各国がチェック・トランケーションを導入しているにもかかわら

ず，検討することさえ凍結されているわが国の経緯を顧みると，今後国産による電子手形交換所機能の開発は期待できないかもしれない。しかし逆転の発想で，こうしたわが国の状況をプラスに転じるアイデアがこの提案である。外国で導入されているチェック・トランケーションであってもスペックが本邦の手形交換業務に合致していれば，電子手形交換所の果たす役割，機能がアメリカにあろうと中国にあろうと技術的には問題ない。自国でチェック・トランケーションを導入しないのであれば，各国のチェック・トランケーション運営主体と連携して彼らの設備や機能を活用してネットワーク化する方向に注力するのである。各国が多大な困難に直面しながら自国で導入を推進しているのに対して，わが国は自前主義にこだわらないというスタンスをとる。そして国際間決済ネットワークの結合を積極的に推進する者として，国際的に独自のポジションを確保するという戦略である。

　もちろんこうした国際間のネットワーク化には，外銀や地域の選定，本邦金融機関のとりまとめや外銀との間での調整など多くの作業工数が見込まれる。調整項目も業務ルールの取り決めから制度運営，法制，当局対応に至るまで多岐にわたる。もちろん異通貨間の決済の障壁は低くない。自国でチェック・トランケーションを普及させるのとは異なる数多くの難題が予想される。しかし現在みる限りにおいて他の主要国もまだ着手していないユニークな発想である。チェック・トランケーションに関して大きく出遅れたわが国の現状を奇貨とする意味からも挑戦する価値はある。

　このプロジェクトを観光都市で推進する際に留意すべき動向として「ビジット・ジャパン・キャンペーン」がある。これは国土交通省が 2002 年 6 月に閣議決定された「経済財政運営と構造改革に関する基本方針 2002」に基づく「グローバル観光戦略」の一環として実施されている。実施本部の構成員には観光立国担当の国土交通大臣を本部長として旅行業や宿泊業，レストラン，航空会社，鉄道や自動車運送業，旅客船業などの業界団体や企業トップが名を連ねている。「グローバル観光戦略」で実行すべき戦略として挙げられているのは次の 4 つである。

戦略1：外国人旅行者訪日促進戦略～より多くの外国人の日本への来訪を促す戦略～

戦略2：外国人旅行者受入れ戦略～訪日外国人旅行者すべてに満足感を与える戦略～

戦略3：観光産業高度化戦略～本戦略の目標達成に向けて観光産業を高度化している戦略

戦略4：推進戦略～本戦略を多様な主体が連携しつつ効果的かつ着実に推進する戦略～

このうち戦略2のひとつとして「戦略2－1：外国人旅行者受入れ素地の形成（ウエルカム戦略）」として興味深い記述があるので以下，引用する[52]。

「わが国にはこれまで多くの外国人旅行者を受け入れてこなかったために，その受入れ素地は貧弱な状況にある。即ち，例えば，標識・表示が日本語のみで外国人には不親切であったり，海外通貨から日本円への両替に多大な時間と労力を要する場合があるなど，外国人旅行者にとっては不便極まりない事象が少なからず指摘されている。(中略)外国人旅行者を特別な存在と考えるのではなく(中略)無用に戸惑わせたり不便を感じさせたりすることが無いような社会を構築する。(中略)施策例としては，次のものが考えられる。(中略)

○旅行のキャッシュレス化の推進等支払い利便性の向上。例えば，
・クレジットカードや外貨による支払い可能な店舗の増大
・複数の国において広く使用できるICカードの開発・普及
・国際空港，市中，観光地等における日本円の購入，特にクレジットカードを利用した購入の利便性の向上　等(以下，略)」

ポイントは，訪日外国人に対するシームレスな決済環境の整備は観光立国を目指すわが国にとって重要な課題と明記されている点である。2001年に日本人の海外旅行者1,622万人に対して，わが国の外国人旅行者受け入れは477万人に過ぎない。キャンペーンでは2010年までに1,000万人の訪日外国人を誘

IX　ベンチャービジネスとしての可能性

致しようとしていた。地域単位でチェック・トランケーションを導入するというプログラムは，ビジット・ジャパン・キャンペーンの戦略の方向性とも適合している。2002年にチェック・トランケーション導入を検討していたのであれば，この動きに沿って本提案による地域単位での導入を検討するくらいの努力はできたであろう。しかし実際には本案で示したような提案はみられなかった。奇しくも2002年12月24日，閣僚懇談会において「グローバル観光戦略」が発表されたその日，全国銀行協会はチェック・トランケーションの導入検討を凍結する旨を理事会で決定している。

(4) 支払手段としての小切手の活用促進

　小切手の取扱高を増やすことはチェック・トランケーションの動向に大きな影響を与える。小切手が普及すれば，銀行間の手形交換に業務において紙片を扱う事務負担が増加する。これにより銀行サイドでチェック・トランケーションへのニーズが自然と高まる可能性がある。しかし現在わが国で支払手段としての小切手は普及しているとはいえない。リアルな対面取引では現金とクレジットカードがあれば大抵の用件は足りてしまう。わが国では支払手段として小切手が普及する見込みは現時点では大きくない。

　しかし小切手は見方によっては大きな可能性を秘めた媒体である。特に紙片であることにこだわり，かつ支払手段という出自に束縛されることなく自由に用途を発想したとき，思いがけない創発を誘発する。それが供給サイドにとって投資する価値のある機能であると認められれば，その機能をテコとして小切手の利用が進むことも考えられる。

① 広告宣伝媒体

　およそ世の中に存在する紙のなかで，紙幣ほどあらゆる人の興味をひきつける紙はない。紙幣が視界にはいると人は自然と目を向けてしまう。もし紙幣に広告宣伝が掲載されていれば，その効果は絶大であることに疑う余地はない。しかしファイナリティをもつ紙幣の発行は日本銀行によって厳格に管理されている。金融業に携わる商業銀行といえども紙幣の作成は手を出すことができな

い領域である。

　小切手は決済完了性をもつ手段ではないが，紙幣にきわめて近い方法で用いられている。小切手であれば加工することへのハードルは紙幣よりは低いだろう。わが国では小切手として必要な記載事項が完全に記載されていれば，どんな紙にどんな形式で書かれていようと法律上は有効である[53]。小切手券面に広告を掲載することに大きな価値を見いだす企業とタイアップすることで，小切手にかかる諸費用を広告宣言費として広告掲載企業に付け替えることも可能となる。こうした環境を整えれば手形交換制度は根本的にその姿を変貌させるだろう。そこはもはや決済システムの領域ではなく，広告宣伝とマーケティングが交錯する未知の世界となっているかもしれない。人々はスポンサーの企業広告が入っている小切手をコスト負担なく利用する。そうして普及した小切手の取扱高増加に伴う事務処理コスト負担までもスポンサー企業が投資する。もちろん投資する先は電子手形交換所である。小切手という強力な広告宣伝媒体を手中に収めたいという先見の明をもった銀行外の企業によってチェック・トランケーションが導入・推進される，といった興味深いビジネスプランも描きうる。2010年に施行された資金決済法は，実はこうしたダイナミックな決済サービスへの取組みを可能とする土壌を提供している。

② 税金納付手段

　いくつかの国では徴税を公正に行ううえでチェック・トランケーションが有効であるとの見解があった。振出人と受取人が特定できて資金の流れが追跡しやすい小切手は，匿名性の高いキャッシュにはない価値を税務当局に提供する。しかしここで提案する機能は，たんに小切手のもつ資金トレースの容易さをアピールするにとどまらない。手形・小切手の券面上に金額欄を増設するというアイデアである。

　小切手に金額欄が2ヵ所になった場合，追加した金額欄に消費税額を記入することを想像してみる。従来の金額欄には本体価格を記入する。例えば街の電気店がエアコンを設置した代金を小切手で受け取る場合，従来の金額欄には本

体価格10万円，新たに設けた金額欄には消費税額の5千円が記載されることになる。電気店は取引銀行へ小切手を持ち込んで資金化を待つ。売上金額に対して納めるべき消費税額の管理集計は自営業など小規模事業主にとって負担が大きい。本体価格と消費税額が分別された小切手で売り上げ代金を回収することで，小切手を持ち込んだ銀行が消費税の計算まで処理することも可能となる。消費税の計算，徴収事務を銀行に代行集約することから，一種の源泉徴収にも似た仕組みである。こうした小切手が普及すれば，街の電気店は毎年締め切り前に消費税の計算で四苦八苦することがなくなる，という算段である。

　現在の手形や小切手の統一用紙の規格によると，金額欄は1ヵ所である。統一手形用紙は1965年，統一小切手用紙は1968年に制定されたものである。当時は消費税を念頭においた議論をする状況にはなかったが，2011年の現時点で消費税の問題は大きな論点となっている。増税の有無はともかく，消費税を納める実務はすでに生じており現場に負担があるのは事実である。小切手の活用によって小規模・零細事業主による消費税の納税負担が軽減されるとしたら，制度を普及させる価値は十分にあると考える。

③ **自家製の切手あるいは小切手**

　電子メールや携帯電話は普及しているが，紙ベースの手紙やはがきなど郵便物自体をなくそうとする動きがあるわけではない。そして郵便物を届けるためには切手が必要となる。切手は紙が存在感を示すひとつの領域を確立している。この切手を自宅で手軽に印刷するという発想がここでの提案である。簡易なスキャナーによって紙片を特定するID情報を電子データ化して取得，送信できる機能を自宅に設定する。すると切手を郵便局で購入することなく自宅で印刷した紙を郵便で送ることは可能である。送付する者は自宅で取得した紙ID情報を電子手形交換所に送信，登録する。郵便局は持ち込まれた自家印刷切手の紙ID情報を読み取り，電子手形交換所にデータ照会することで取扱いの適否を確認できる。切手代の決済については，事前に郵便局に口座をもつことによって郵便物にかかった費用を差し引く方法もあれば，紙ID情報を送信する際

に決済を行う方法でもかまわない。

　自家印刷切手の延長線上にある考え方として，自宅で印刷した手形・小切手を実用化する提案も考えられる。1枚1枚の紙の紋様が人間の指紋と同じようにユニークであると仮定すれば，そこから取得される紙ID情報もユニークである。したがって，身近にある紙を自宅で印刷して支払行為に利用するためのセキュアな環境を，自家作成切手と同様に一般ユーザーへ提供することも理論的には可能となる。

　現代は，見本さえあれば見た目には本物と違わぬ偽造の画像を作成できる技術環境にあふれている。もっともらしい体裁や質感だけで紙片を本物とみなすのは危険である。見た目には区別のつかない紙片の原本性や正当性をデジタル化された紙ID情報で確認するサポート機能は，今後の社会に不可欠となる可能性をもつ。本提案は紙のもつ視認性や安価性といった特性を活かしつつ，先進的なセキュリティ技術で紙片の信頼性を確保する構図である。紙と電子技術の共生においてチェック・トランケーションの果たす役割は大きい。

(5) 他の紙片への機能転用
① 公的証明書類などの正当性認証機関

　住民票や印鑑証明書，公正証書といった公的証明書類を扱う役所は紙ベースの世界が今も主流である。一般市民は役所を訪ねて紙片の書類を請求する必要がある。紙片が多く残存する理由のひとつは，こうした証明書類を要求する側が紙ベースの現物での確認を好む傾向が強いためである。しかし一般に紙片の証明書類をとりに役所まで出向くのは億劫であり，できるだけ役所へ行く回数を減らしたいとのニーズがある。紙媒体のまま扱うことに煩雑さを覚える人もいるだろう。電子手形交換所がもつ認証機能を活用することで，こうした不満を極力少なくするスキームがここで行う提案である。

　例えば，銀行やコンビニなど消費者に近いポイントとなる窓口にイメージスキャナーを設置しておく。一般の利用者は役所が発行した証明書類をそこへ持込んで書類をスキャンする。スキャナーは紙のID情報をデジタル化して読み

IX　ベンチャービジネスとしての可能性

取り，情報を電子手形交換所に送信する。このとき電子手形交換所は券面イメージデータと紙片の同一性を確認するためのデジタル情報のアーカイブとして機能する。以降，証明書類が必要な場合はアーカイブから自分の証明書類を呼び出して印刷すればよい。証明書類が紙片として出回る時，受取側が証明書類の正当性を確認したいときには証明書類の持参人のもつ紙ID情報と電子手形交換所に照会した情報を照合する。USBメモリーやスマートフォンなどに住民票や印鑑証明書，戸籍謄本といった公的証明書類の画像データと紙のIDデータを所持しておけば，いつでも紙ベースの証明書に代えて提示することができる。提示された側はそのIDデータを電子手形交換所に照会して正否を確認する。

　このスキームはあくまでも役所が紙ベースの証明書類を発行し，その紙片を正とすることを前提としている。といって，役所の証明書類がオリジナルの段階から電子化されれば本案は不要になると考えるのは早計である。安価性や視認性，流通性や一定の信頼性，持ち運びの容易さなど紙ベースの証明書類の利便性に対する信頼は人々の間で根強い。紙から電子化へ，といった単純な一方向の構図だけで人間の多様なニーズを充足することはできないことを銘記して現実に即した合理化策を検討することも一法である。

　公的証明書類以外にも，書画や絵画など紙をベースとした芸術作品の真贋保証機能や各種商品券やクーポンの正当性確認機能の提供も視野に入る。あえて紙ベースで存在するものをターゲットとすることで，認証機関としての電子手形交換所の活路を開く作戦といえる。

② エンターテイメントへの活用

　紙片が社会の慣習として残る分野として，ビジネスの世界では名刺の存在がはずせない。名刺の電子データ化といえばスキャナーによる情報管理，データベース化といった流れがあるが，ここでは発想をすこし変えてエンターテイメントへの活用を考えてみる。紙のID情報を読み取る装置は極力簡便でかつ普及している機器が望ましい。オフィスでも自宅でも普通に使っている機器，例

211

えばパソコンのマウスやカメラ付き携帯電話，スキャナー機能付きプリンターなどを想定している。これらの機器で紙のID情報を読み取ることによって，エンターテイメントの発想へとつながる。

　名刺の紙ID情報をデジタル化して数値換算できることを活用して，これを名刺同士の強弱や優劣に見立ててWeb上で対戦ゲームに仕立てるといったアイデアがある。もちろんゲーム性という点ではユニークに創出された数値情報にどのようなアルゴリズムを適用するか，ヒューマン・インターフェースでどのようなコンテンツにするかなど工夫の余地は大きい。こうした機能を単体で事業化するには力が不足するようであれば，既存の名刺情報整理ソフトの一環として機能を付与したりスマートフォンのアプリとして開発するといった入り方も考えられる。

　このアイデアの狙いは，紙のID情報をスキャナーで取得するという動作を社会に浸透させるという点である。自分で手軽に紙のIDをスキャンすることが日常的になれば，電子手形交換所の本質的な機能を理解する潜在的な利用者の拡大につながる。また紙のID情報の精度，ユニークさの程度を，エンターテイメントという領域をつかって実地に検証できるという点でも意味をもつモデルになる。

３　経済政策としての決済システム

　ベンチャービジネスとしてチェック・トランケーションを活かすためには，決済システムをとりまく環境を整備することも重要である。決済システムに関わる電子化技術や通信技術など関連する分野の技術革新は目まぐるしいほどに早い。しかし，プラットフォーム構造を有する決済ネットワーク業界の技術革新は決して早いとはいえない。プラットフォーム財がもつ技術革新に対する参入障壁のせいである。競争の公正性を担保することで消費者の効用最大化を導くためには，プラットフォーム財の特性をふまえて参入障壁を最小化する政策

が不可欠である(出口[2005])との主張は正論である。

そもそも決済システムは為替取扱高だけみても1日平均10兆円もの資金を扱っている。このうち代金取立の取扱金額は2010年中で11兆6千億円を超えている。仮に代金取立の資金効率が1日改善するだけでも、決済システムに滞留していた11兆円以上のマネーが市中で活用される計算となる。決済システムのなかで日々流れている膨大な量の資金の速度を制御することは、市中のマネーサプライを管理することと同義といってよい。これだけ巨額のマネーに接していながら、決済機能強化に関する施策は金融政策や財政政策と並ぶ第三の経済政策とみなされることはこれまでなかった。ここでは決済政策を第三の経済政策と認識したうえで、政策提言として次の3つを挙げる。

(1) 金融特区の活用／企業間信用振興

決済システムの機能活用を通じて国内経済の活性化と国際競争力を強化することを狙いとして「金融特区を活用する」ことを問題提起する。出口の主張をふまえて決済ネットワーク業界への参入障壁引き下げを念頭においた施策が望ましい。具体的には、資金決済法による資金移動業者の登録や資金清算業者の免許に関する規制緩和および業者への減税措置、手形にかかる印紙税をはじめ各種決済手数料への課税軽減などが挙げられる。チェック・トランケーション導入をピンポイントで試行するといった個別のアイデアもあってよい。実験的な取組みがなされる場というならば、チェック・トランケーションの機能を検証する場としても活用できる。例えば、手形・小切手の資金化時限短縮という効果は振出人のフロートメリットに対してどの程度の影響を与えるのか。企業間信用の創造手段として活用されている手形・小切手の利用が、チェック・トランケーション導入によって増えることで、どの階層にどの程度の資金調達改善が実現するのか。検証すべき仮説は少なくない。

実際、政策上の論点として中小企業の資金繰り改善は大きな課題である。資金調達手段としての企業間信用の位置づけを確認すると、結論からいえば銀行借入と同様に重要な位置づけを占めている。特に事業再生の現場では、破綻防

止のための資金援助や DIP ファイナンスの環境整備は途上にある。こうした場面で企業間信用の代表的な手段である手形割引を活用できることは，再生を図る企業にとってもそれを支援しようとする企業や管財人等の関係者にとっても大変有用なツールとなっている[54]。

　この企業間信用の主な手段を約束手形から売掛債権の流動化へ移行すべきだとの意見がある。手形の取り扱いが減少傾向にあることから企業間信用の資金調達手段として手形に代わる制度を創設する必要性を主張したのが電子債権制度である[55]。しかしこれは次の2点を理由として正確な議論だとはいえない。

　第1の論点は手形制度の浸透である。経済産業省[2007]にもあるとおり，手形は資金調達手段として法的確実性が高く，譲渡手続きも簡易である。手形を受け取れば自らの判断で適当な時期に割引に出して資金調達できるといったメリットもある。さらに当座勘定規定や手形交換所規則などの取扱ルールに基づく運用の中で，取引停止処分制度による不適切な参加者の排除される制度が確立しており，支払および信用取引の手段として手形制度は高い信頼性を有している。企業間信用の手段を潤沢にする目的が第1にあるならば，まず取り組むべきはチェック・トランケーション導入によって手形の使い勝手をよくして，手形の流通量を増やすことであろう。

　第2の論点は売掛債権を流動化するスキームの導入と中小企業の企業間信用の円滑化の関係である。結論からいうと，売掛債権流動化スキームの導入は中小企業の資金調達には大きな影響は与えない。これは企業の売掛金や受取手形などの指標と手形交換における金額ベースの取扱高との相関関係の有意性検定を行った結果に基づいている[56]。

　手形交換の減少に伴い売掛金が増加している企業であれば，売掛債権流動化スキームは資金調達の多様化を促す施策として有効であろう。しかし検定結果によると，金額ベースの手形交換取扱高の減少と売掛金の増加が相関する企業は資本金が5千万円以上の大規模な企業である。資本金が1千万円未満の中小・零細企業においては，手形交換取扱高と売掛金の増減が正の相関をもつ。

すなわち，手形交換の取扱高が年々減少するなか，中小企業では受取手形が売掛金に移行しているわけではなく受取手形と売掛金がともに減少している。売掛債権の流動化スキームが導入されても，中小企業に売掛金という原資自体が減少している以上，資金調達の円滑化に役立つとはいえない。

　もちろん大企業に比べて資金調達を借入に依存する比率が高く，日々資金繰りに苦心する中小企業にとって，資金調達手段としての企業間信用の重要性は疑う余地もない。だからこそ対策の優先順位や組み合わせを正しく理解して施策を遂行することが重要である。繰り返しになるが，電子債権とチェック・トランケーションは排他的な施策ではない。資金調達の多様化と円滑化を共通の目的として協働できる制度になりうる。電子債権制度は債権を分割譲渡できる新しいチャネルとして企業間信用の手段を多様化させる。チェック・トランケーションは現行の紙片の手形の利便性を向上させることで，主たる企業間信用の手段である手形の利用を促進する。紙片の手形は法的安定性や信頼性が高く流通性にも優れているが，債権として分割利用することはできない。電子債権の特性を活かして高額手形の分割や証券化につながる仕組みができれば，手形の利便性はさらに向上する。電子債権制度にとっても金融インフラとして長く確立している手形制度を基盤にできるメリットは大きいであろう。電子手形交換所が決済データのクリアリングやアーカイブといった資金清算業にとどまらず，電子債権記録機関としての機能を有したときの展開可能性はその一例である。特区ではこうした創発的な動きも期待したい。

(2) 第二全銀システムの創設

　わが国の決済システムを語るうえで欠かせない存在がある。全国銀行データ通信システム，通称「全銀システム」である。1973年に発足して以来，コンピューターと通信回線を利用してわが国の振込など内国為替取引をオンラインで処理する。2010年中の振込取扱件数は13億7,256万件を超える[57]。全銀システムについては大きなトラブルもなく大量の振込を安定して処理している点を評価する声がある一方で，8年ごとのシステム更改時には若干の決済リスク対

策が強化された以外，顧客サービスを高めるような機能改善は何も行われてこなかったとの指摘もある。2011年11月には第6次のシステム更改が行われ，大口取引のRTGS化やXML採用によるコメント電文の機能強化などを予定している。しかし，技術革新や社会情勢の変化に比べて軽微な機能アップにとどまっている感は否めない[58]。

　2010年の資金決済法施行によって，全銀システムは一般社団法人全国銀行資金決済ネットワーク，通称「全銀ネット」とよばれる組織によって運営される体裁が整えられた。このことは銀行間共同システムが単なる機能から一個の事業体へと認識された証である。ただし決済システムの運営において全国銀行協会という組織の実務能力に問題があったわけではない。真の課題は銀行間の資金清算業が独占状態となっている点である。全銀システムの運営主体が法人化されたことで内部統制など相応の機能強化はすすむだろう。しかし決済ネットワーク業界という領域で競合相手が出現していない現状に変わりはない。銀行を隔てた向こう側にいる一般利用者の利便性よりも，自組織内の都合を優先する行動をとっていないか適切にチェックすることは依然としてむずかしい。

　決済システムの世界にも競争原理を働かせるために効果的な方法のひとつは本邦決済システムの中核を担う全銀システムの対抗軸となる「第2全銀システム」とでもよぶべき機関の創設である。プラットフォーム構造をもつ決済ネットワーク業界に政策的に競争状態を作ることは理にかなった手段といえる。第2全銀システムの存在は，まず既存の全銀システムの健全な運営に対するけん制機能となる。また長く運用実績のある既存の全銀システムが決済システムの安定性を担う一方で，第2全銀システムは最新の金融技術を用いた実験的な取組みや試行の場と位置づける発想もあろう。もちろん，チェック・トランケーション導入も第2全銀システムの存在によって進捗する可能性は高くなる。既存の全銀システムに対して過剰なまでのバックアップ体制を付け加える発想ではなく，国際社会や経済社会の変化に適応し，リードする先進性をもった決済システムを新たに構築するといったプラス思考があってもよい。

（3）決済コンソーシアムの設置

　2010年に施行された資金決済法では，小額の為替取引を銀行以外の業者が扱うことが認められた。銀行間で資金清算を業とする組織を管理する体制が整備された点も注目すべき進展といえる。しかし，法整備だけでは決済システムの効率性や利便性の向上にむけた体制として盤石とはいえない。実践に課題が多いならば，まずは決済システムについて広く議論できる場が必要であろう。チェック・トランケーション導入に関するてん末や電子債権制度が推進される経緯をみる限り，わが国で決済システムに関する包括的な議論が尽くされているとは思えない。例えば電子債権制度の目的は「紙片の手形を駆逐すること」ではないはずである。「事業金融の円滑化」という本来の狙いに立ち戻って幅広い視野で議論すれば，電子債権記録機関を構築する話がでた際にチェック・トランケーション導入に必要な電子手形交換所の機能もあわせもった多機能な機関の検討もできたはずである。

　アメリカではチェック・トランケーション導入は検討から試行までFSTC（Financial Services Technology Consortium）という機関で行われていた。FSTCという組織には銀行業界を超えてシステム・ベンダーや機器メーカーなどが参加して，広く金融サービスに関する技術や業界規格を議論する場となっていた。1993年に設立されたFSTCも，2009年にはBITSという全米主要金融機関のCEOによって組成された電子金融サービスを推進する非営利団体に統合された。現在，アメリカの決済システムに関する包括的な議論はBITSで行われている。決済システムを議論する体制自体，刻々と変化するのが世界各国の実状である。わが国も当初から完璧を求める必要はない。決済システムを巡る法整備が進む一方で，技術の進展やマーケットの動向，決済実務の現場の声などを幅広く集約した議論が明らかに不足している。わが国として決済システムのあるべき姿を論じる場，コンソーシアムの必要性を痛感する。前述の金融特区や第2全銀システムとあわせて，どの提言を入り口としても問題はない。期待するのは実現にむけて一歩でも前に進むことである。

4　戦術の重み

　以上，電子手形交換所の事業範囲を銀行のバックオフィスに限定せず，広く社会経済全体が市場となる可能性について考察した。後方垂直統合の延長として銀行間の共同決済システムをとらえただけではこうした戦略を描くことはできなかった。電子手形交換所を決済ネットワーク業界におけるひとつの事業体，銀行から独立した組織体として認識することではじめて拓けた地平といえる。特に紙片の1枚1枚から独自のID情報を取得して集中管理する技術を加味したとき，チェック・トランケーションの用途はさらに広がりを増す。

　ここで挙げたアイデアはいずれも単体で事業化しようとすればチェック・トランケーション以上の困難が予想される。少なくとも当初から単独の事業として採算がとれる可能性は低い。現時点ではあくまでも銀行バックオフィスを対象としたチェック・トランケーションを主軸とした事業の付随的な価値創出案として模索しているレベルである。ただこうした発想は顧客志向を意識しなければ出し得なかったアイデアである。今は未熟なシーズであっても試行錯誤によって将来の大きな事業の柱に成長するかもしれない。また他のアイデアを創発する可能性もある。少なくともマーケティング・マイオピアでLevittが提示した顧客志向の発想をテコとして，チェック・トランケーションは銀行事務の合理化という狭い枠組みから解放された。ベンチャービジネスとしての可能性を考察する機会を得たことはその証左である。

　前述「Ⅵ，Ⅶ，Ⅷ」における考察が戦略的な視点をベースにしているとすれば，「Ⅸ　ベンチャービジネスとしての可能性」で列挙したアイデアはいずれもチェック・トランケーション導入を目的として真摯に考えた戦術的な切り口である。どの戦術を選択すれば成功するかはわからない。どれを選択しても成功せず，この他に成功する戦術があるかもしれない。ここでは戦術の良し悪しを評価することには踏み込まない。議論のポイントは戦術の選択が事業の方向性に与える影響である。

IX　ベンチャービジネスとしての可能性

　戦術のなかには相互に補完しあうものもあれば，択一性をもつものもある。例えば中小企業の企業間信用の活性化に照準をあてる戦術は他の戦術と併用できる。しかし市場領域の選択，すなわち銀行内の合理化や交換所，あるいは地域をターゲットとしたそれぞれの戦術はどれかひとつを選んだとき，他の戦術を捨てることになる。戦術を選択する際には最も高い確度で目的が実現できると判断されるものを選ぶだろう。そうして選択された戦術に基づいて事業体は具体的な行動を進めていく。そのとき事業体がとる行動は事業体のメッセージとして社会に発信され，社会から認知される。事業体としてチェック・トランケーションを進める以上，利益の計上が大きな目的であることには間違いない。しかし目的を達成するために選択した戦術に基づく具体的な行動を基準として，事業体は利益を上げるだけではない存在理由を問われる。戦術の選択と集中という作業は，チェック・トランケーションが存立するための内部的な作業であると同時に，それをとりまく外部環境と積極的に関わることでもあると銘記しなければならない。

　利益を上げることを目的としたとき，事業体はどのような方法で利益を上げるのかと問われる。利益を上げるためにある方法を選択したとき，事業体はなぜそのような方法で利益を上げるのかとさらに問われる。何か戦術を採用するということは，時に事業体の印象や性格を規定する行為に等しい。戦術能力の高さによって，とりうる戦略の幅が広がったり戦略を補完するという指摘[59]に加えて，戦術は戦略を凌駕する方向性を事業体に与えてしまう可能性をもつことを付言したい。

　戦術が有するこの可能性をネガティブな特性だといっているわけではない。抽象的な知の体系としての戦略が具体的な行動の体系としての戦術によって変化するという現象を評価しているわけでもない。ただ留意すべきは，選択する行動としての戦術と事業体の知の体系がもつ本質のベクトルとがずれないように心がけることである。行動はしばしば知ではなく情欲によってコントロールされている。知の制御が利かない行動は，理性が利かない行為と同じように，

219

宿主を破滅に導く。決済システムの領域でベンチャービジネスとしての可能性を追求するのであれば尚更，戦術の重みにハンドルをとられて事業体としての道を外さないよう自己言及，自己定義，自己変容としての戦略に立ち返る必要がある。

X まとめと今後の課題

　本書では「決済の経営学」ともよぶべき分野の開拓を視野にいれて考察を試みた。議論のテーマとしては，チェック・トランケーションという手形交換業務の電子化による業務効率化プロセスの事業化を取り上げた。チェック・トランケーションを推進する事業体として電子手形交換所を位置づけ，電子手形交換所を含めた銀行間決済の共同システムが属する領域をひとつの業界と認識した。この業界を決済ネットワーク業界とよび，経営戦略的思考に従ってチェック・トランケーションを事業化する可能性を探った。

　チェック・トランケーション導入に関する全国銀行協会による検討過程の詳述は，そのまま事業体としての電子手形交換所の強みと弱みを示している。当初の検討部会における議論の様子は事業の強みとしての模倣困難性が形成される過程と読むことができる。チェック・トランケーション導入を事業の立ち上げと捉える際の強みと弱みに関する考察はBarney[2002]による経営資源に基づく企業観(resource based view)，VRIOフレームワーク[60]を念頭においている。

　チェック・トランケーション導入を巡るわが国の実状は，検討に従事した銀行員の能力の限界の表れともいえる。イノベーションに適さない銀行員のしごと能力を形成した背景と変革の可能性を探ることも，チェック・トランケーション導入にむけた現実的な課題となる。議論の方向性のひとつとして，銀行に蔓延する「堅確な事務処理」という発想から「損失とコストのバランスをとる」発想へ，業務プロセスの根底にある思想を転換する方法を試行している(河野[2009a])。

　事業戦略としてチェック・トランケーションの業界構造分析を行うことで得

られた示唆は多い。顧客である銀行による後方垂直統合の脅威については認識を新たにすると同時に，さらなる研究課題へとつながる発見があった。具体的には全国銀行協会という組織のあり方に関するものである。検討凍結の背景にはチェック・トランケーションそのものに起因する採算性や運営面の問題だけではなく，銀行の後方垂直統合によって形成されている組織のガバナンスの問題があることが明らかとなった。銀行の背後に隠れた存在として銀行間の共同システムと全国銀行協会は不可分の問題を抱えている。本書では，決済システムを単なる機能ではなく事業体と認識する立場を明確にして事業戦略の観点から分析を試みた。しかし全国銀行協会という組織の課題をよく知るためには，あるがままの全国銀行協会を観察することからはじめるべきだったかもしれない。このテーマに対しては経営人類学的なアプローチの有効性を感じている。

　供給者としてのシステム・ベンダーによる前方垂直統合の脅威は現時点では顕在化していない。しかしその脅威は，銀行業にとっても決済システムにとっても潜在的には大きいのではないかと推察していた。ところがバリューチェーン分析によって電子手形交換所の差別化要因の源泉と関わる部分が少ないことが確認された。システム・ベンダーが経営主体となる銀行や決済システムが出現していない現状を裏付ける結果となった。

　衰退業界を研究したポーターとハリガンの成果に基づく分析では，衰退業界にあるチェック・トランケーションの可能性と利益を上げるための具体的戦術について示唆を得た。銀行の背後にある一般の利用者層を意識したニーズを発掘するという視点や，既存の手形交換所の撤退を容易にするためにそこで働く従業員の労務対策にまで視野を広げるという着意が導出されたことは特筆すべき点といえる。何よりも衰退業界において，なお利益の創出を目指すフレームワークを構築しようとする前向きなスタンスに学ぶところは大きい。

　レビットにならい，チェック・トランケーションの機能の本質に立ち戻って演繹的に消費者のニーズを類推した差別化のためのビジネスプランも考察した。ただし，どれほど精緻に作業して意思決定を行ったとしても，その意思決定自

X　まとめと今後の課題

体が合理的な行為になるとは限らない。日置[2005]では意思決定論が問題となるのは集合的な意思決定がなされているためであり，組織内で民主主義を擬制することが必要になるためだとされている。ビジネスモデルの考察も電子手形交換所の実現について合理的選択を行ったかのように錯覚するため，せいぜい複数の代替案のなかから最も合理的な選択をしているように形式を整えているだけかもしれない。ただし，検証しうる限りの選択肢を挙げて十分に吟味した実績を残すことは当事者に納得感を与える。一連の分析作業がプレーヤーに与える好もしい心理的影響は自信をもって計画を推進する精神的裏づけともなる。

ネットワーク外部性の議論に始まりデジュリでもデファクトでもないプロセスによって業界標準が確立されるパターンが確認されたことは，電子手形交換所設立のための部分的提携というアイデアに論拠と確信を示すものである。またプラットフォーム財の概念を通して決済システムを見直すことで，産業構造自体が抱える問題と政策的に補完すべき問題が明確に分別された。プラットフォーム財とサービス財の提供主体を分離することの積極的な論拠が確認できたことも，チェック・トランケーション導入を主張しつづけてきた異端としては意を強くした。

チェック・トランケーションがもつ「電子化と紙の共生」はサービスの差別化にとって重要な概念である。紙という媒体の特性にさらにこだわり，電子マネーや電子債権とは違う展開可能性を見いだす作業は道半ばである。紙の特性がもつ可能性の追求に関連して，銀行が本人を認識する手段としての印鑑あるいは署名鑑の問題も深化すべき課題だと考えている。そもそも河野[2001]のなかでも触れている交換証券の実態調査を行った理由は次のとおりである。当時，電子手形交換所のシステム開発における最大のコスト要因は膨大な券面イメージデータの量を通信，保管する点にあった。そのためデータ量を抑制する方法を模索していた。その際，海外事例を手がかりとして「印鑑照合を省略する」アイデアが出た。印鑑照合をせずに預金を払い出せるのであれば小切手券面を電子データ化する必要がなくなり，通信回線やデータ保管の負荷が軽減されるの

ではないか，という発想である。ただし高額な小切手まで印鑑照合なしで払い出しするとモラルハザードなどのリスクが想定される。そこで交換証券の金額帯を調査してその分布状況を調べたものである。なお「印鑑照合省略」は銀行員が過剰品質を追求するスタンスから脱却できるかどうかの試金石として注視している。

　わが国では本人を認証する手段として「ハンコ」が重視される。署名いわゆる「サイン」を意識する場面といえばクレジットカードを利用するシーンがまず浮かぶ。カードだけでなく小切手帳さえもっていればサインひとつで支払に対応できれば便利であるし安全性も高い。わが国で本人確認手段としてサインを利用することに抵抗がなくなることは小切手が普及する条件になると考えている。小切手が普及するかどうかはチェック・トランケーションにとって大きな関心事である。そこで今後の研究課題となるものは各国におけるサインとハンコの普及と衰退の歴史，その背景にある信用保証の問題，国が関与する実印制度と符号の一致を確認するサイン文化の比較研究などである。

　決済ネットワーク業界に対するネットワーク分析の課題も明らかとなった。プラットフォーム構造を念頭においたネットワーク外部性の議論を通じてロックインを解消する方法を探る必要性が確認された。また決済ネットワーク業界全体にかかるコスト構造を把握するために，箕輪[1994]による類型化アプローチでみた決済システムの合理化への展開やマルチラテラルとバイラテラルの決済構造における採算性などについて，数理的な分析を試みることも有用だと考えている[61]。

　諸外国における手形交換所制度，およびそこで取り扱われる小切手など交換証券に関する調査や歴史的経緯の追跡は，わが国のチェック・トランケーションのあり方を考察する上で重要な示唆を与える。BIS国際決済銀行によるRed Bookはそうしたアプローチによる研究成果のひとつである。ただしチェック・トランケーションの前身となる手形交換所に照準をあてた研究成果はみられない。単なる統計数値の収集と比較ではなく，各国の経済環境や歴史的経緯をた

ずねながら手形交換所を比較検証する作業は多くの時間を要すると思われるが，チェック・トランケーションを研究するうえでは取り組みたい課題である。

　決済システムとは資金を還流させる仕組みである。これは金融業にあって収奪構造をもたないめずらしいビジネスモデルだともいえる。21世紀の金融業は，決済ネットワークの配管工として19世紀のロスチャイルド家とは異なる方法であらためて国境を超えるかもしれない。収奪型の金融ビジネスの盛衰をみた20世紀を終えた今，「収奪から還流へ」という比較文明論的な潮流に沿って決済を論じようと試みている（河野[2009b]）。

　最後にわが国でチェック・トランケーション導入という目的に対して本書のアプローチがどの程度有効か，という点にも触れておきたい。例えば狭義の経営哲学[62]から実際の経営に役立つ普遍的価値を導出するのがむずかしいのと同様に，研究対象としてチェック・トランケーションをどれだけ分析して論じてみても，実際に電子手形交換所を設立できるかどうかは別次元の問題である。またチェック・トランケーションを経営学として議論するならば，論理的な再現性を強調する必要はないかもしれない。しかしチェック・トランケーション導入に再現性がなく，一回性の顕現化しか伴わないテーマであったとしても，そこに普遍的価値を見出す努力を続けて「よい経営的思考」[63]に近づこうとするアプローチは「決済の経営学」そのものといってよい。

　チェック・トランケーションについていえば，アプローチの内容やアプローチすること自体の有効性に対する疑念を払拭する方法のひとつは実践を通じた証明であろう。経営の現場では結果によって思考が評価される[64]。元々の出発点にはわが国でチェック・トランケーションを実現したいという思いがある。本書を契機として電子手形交換所設立の是非を世に問い，その存在に対する社会の評価を仰ぐことが残された最も大きな課題である。

【注】

1）本書のもとになる博士論文は，公益財団法人全国銀行学術研究振興財団による 2007 年度の研究助成金を受けている。研究助成を受ける調査形態は共同研究（代表者：吉田和男京都大学教授・経営管理大学院長（当時））であるが，本書に関する一切の責任は筆者にある。
2）Small Value Payments Company L. L. C. の略。電子的な小口決済全般の改善を目的として 1998 年にアメリカの大手銀行 12 行の出資による株式会社組織でスタートした（青木[2000]）。
3）Magnetic Ink Character Recognition の略。文字や数字が磁気インクで印刷されることによってコンピューター・リーダーソーターによる高速処理が可能となる。
4）手形交換所の数は，法務大臣指定の交換所と私設手形交換所（同一地域の金融機関により構成された規模の小さいもので，「未指定手形交換所」ともいう）の合算。2010 年の設置数内訳は法務大臣指定の手形交換所が 121 ヵ所，私設手形交換所が 122 ヵ所（全銀協 HP：http://www.zenginkyo.or.jp/stats/year1_01/）。
5）手形交換所の組成時期をみると，西欧ではロンドンが 1773 年とひときわ早い。しかしニューヨークでは 1853 年，パリ 1872 年，ベルリン 1883 年と，日本の対応スピードに全く遜色はなかった（鶴見[1988]，50 ページ）。
6）川邉[2002]では「チェック・トランケーションとは，小切手の現物の交換は行わずに，小切手を受入銀行に留め置いたままで，当該小切手の振出人等の口座番号や金額等のデータを受入銀行から支払銀行に伝送することにより，小切手決済における事務負担を軽減し，併せてリスク削減，顧客サービスの向上を図ること」と定義している。
7）後藤[1986b]においても，西ドイツで 1985 年から開始された Abkommen über das beleglose Scheckeinzugsverfahren の訳語をあてる際，本来直訳すれば「証書によらない」「小切手によらない」の意となる beleglose をあえて「データ化された」と訳すことによって誤解の防止を図っている。
8）『日本経済新聞朝刊』2007 年 9 月 24 日付。抜粋すると「全銀協は数年内に現行の手形交換所を廃止することも視野に入れている。紙の手形が事実上，なくなる可能性がでてきた。」とある。ただし全銀協に確認したところ，手形交換所の廃止や紙の手形をなくすといった方向性を公表した動きはない。
9）池尾和人慶応義塾大学教授は中島・宿輪[2000]の書評で次のとおり述べている。
「たとえば，いくつかの代表的なテキストをみてもそのほとんどにおいて決済システムに関する記述は，その役割に比してあまりに乏しいことにあらためて驚かざるを得ない。こうしたことから一般的にも決済システムに関する認識や理解が不足しているのが，わが国の偽りない現状であろう。」『週刊金融財政事情』2001 年 2 月 5 日，59 ページ）
10）林秀樹「銀行における手形取扱い実務について」東京三菱銀行事務部。具体的な報告内容は金融法務研究会[2000]に包含して整理されている。
11）CPSS は Committee on Payment and Settlement Ststems の略。G10 の中央銀行で構成される委員会組織であり，BIS（Bank for International Settlement，国際決済銀行）に事務

【注】

局をもっている。なお，CPSS［2001］のコア・プリンシプルに関する日本語表記は日本銀行仮訳に統一する。

12）CPSS［2001］，9.1.5，p. 70
13）折谷［2009b］，11ページ「『そもそもインターバンク決済システム相互間には，競争があり得るか』についてみると，本質的にはそうした競争はありえない」
14）公文［1979］，42-43ページ「主体にとっての関心の対象を現実界のなかから選び出すこと，つまりある特定の『対象』を全体としての現実界から切りはなして取り出すことである。概念的には，この操作は，こうして選び出された対象に対応する1つのなまえを与えることを意味する。このように，現実界にある特定の対象に対応するなまえあるいは名辞を定めることを切断とよび，得られた名辞すなわちもっとも単純なレベルにおけるシステムのことを名辞としてのシステム(system as a term)とよぶ」
15）本章前述ほか，折谷［2009c］など。
16）日置［1987］，181-182ページ
17）2001年当時，筆者がある都市銀行の事務センターで永らく手形交換実務に携わっていた関係者にチェック・トランケーションの構想を説明したところ，彼らは一様に「そんなことは思いもつかなかった」と口を揃えていた記憶がある。彼らは事務処理の現場で当該事務に精通しており，与えられた仕組みのなかで極限まで改善を図ろうとする気質をもっている。しかし現場には「支払呈示は紙現物で行うもの」という既存の仕組み自体を超えて「紙の運搬をやめれば抜本的合理化が図られる」といった発想が出る土壌がないことを強く感じた。
18）内容や日付は，2001年度検討部会の開催日時は検討部会メンバーであった筆者の手控えによる。また検討課題の内容や最終的に確定した方針などについては，金融法務研究会［2002］を引用している。
19）視察時の訪問先は次のとおり。
　5月8日（シンガポール）：United Overseas Bank，富士銀行シンガポール支店，MAS (Monetary Authority of Singapore)
　5月10日（パリ）：GSIT (International Teleclearing System Group), Banque de France
　5月11日（パリ）：Societe Generale
　5月14日（フランクフルト）：DG Bankm, Deutsche Bundesbank, Landeszentralbank in Hessen Hauptstelle Frankfurt der Deutschen Bundesbank
　5月16日（ニューヨーク）：Commerce Net，View pointe
　5月17日（ニューヨーク）：SVPCo (NYCH)
　5月18日（ニューヨーク）：Electronic Payments Network, Chase Manhattan Bank
20）全銀協における過去の議論で，MICR情報として代理交換委託金融機関番号を追加で印字することの要否が検討されたとして，その顛末を確認してほしいとの指摘が本検討メンバーからでた。過去の議論は，受託銀行の変更時にMICR印字された旧金融機関番号の読み取りを容易にしたいとの狙いで提案されたものであった。当時，受託銀行を対象としてアンケート調査をした結果，①東京だけの問題でなく全国に影響する，②クリアバンドに空きがない，③システム対応に多大な費用がかかる，との理由から，代理交換委託金融機関番号の追加印字に関する提案は却下されている。

21) 不渡届の具体的な処理方法は次のとおりである。まず支払銀行が不渡手形ごとに不渡届(甲・乙両片)を作成して，交換日の翌営業日までに乙片を交換所へ提出し，甲片を不渡手形に添付して持出銀行へ送付する。持出銀行では甲片を確認して交換日の翌々営業日までに交換所へ提出する。代金取立手形の場合は，支払銀行が交換日の翌々営業日までに甲・乙両片を交換所に提出する。
22) 2002年度のチェック・トランケーション検討部会は5月21日，6月4日・11日，7月30日，10月1日などに開催されている。検討は委員銀行からアンケート調査を行うなどの手法を取り入れて進められた。ただし，2002年度の議論について筆者は直接内容を知る立場になかった。そのため本書では，2002年4月から12月までの検討状況については12月24日に決議された際の内容に基づいて整理する。
23) 検討凍結の決定を伝える記事は『金融』[2003]，87ページに記載されている。
24) 2002年度の検討に筆者は直接はいっていない。そのため以下の記述は図表を含めて全国銀行協会理事会「チェック・トランケーション導入に関する検討の見直しについて」(2002年12月24日付)決議資料(非公表)からの引用を中心としている。なお表現を平易にするため筆者により修正した箇所もある。
25) 本項の内容は2008年1月に筆者が京都大学大学院経済学研究科編入学の際に提出したものをほぼ全文引用している。現実にはそれから2年後の2010年，資金決済法施行によって銀行間の資金清算業は免許制となり，全国銀行協会は法人格をもった組織に改められた。本項の記載内容は現時点では実現しているものもあるが，改善策に至る洞察の流れを当時の目線でみるため，また当時の指摘が適切に実現されていることを確認するために，敢えて改訂せずに掲載している。
26) 国有商業銀行とは中国銀行，中国建設銀行，中国農業銀行，中国工商銀行の4行を指す。資産規模総計は金融機関全体の53.9%(2006年3月末，中国統計年報季報)，拠点数は合計で7万以上の陣容を誇り，中国全土を営業地域とすることが認められている。
27) 『中国金融』2006年第2期
28) 『金融時報』電子版，2007年5月9日
29) 同上
30) 人民元決済は，国有商業銀行と株式制商業銀行に代表される中国全土をカバーするグループと，都市商業銀行や農村信用社に代表される営業範囲が特定地域に限定されたグループに分かれて運営されている(東[2007])。
31) 本項は河野[2011]2011年3月18日付総合面③を基に構成している。
32) 本項は河野[2001]2001年12月10日，43-44ページを基に構成している。
33) 本項は河野[2001]2001年12月10日，44-45ページを基に構成している。
34) 本項は河野[2001]2001年12月10日，42-43ページを基に構成している。
35) 本項は河野[2011]2011年3月22日付総合面③を基に構成している。
36) 決済システムというビッグワードを用いたときに生じる混乱を回避するための措置。ネットワークという言葉自体も含みの多い用語であり，これに着目して決済システムを解読する試みもあるが(折谷[1986]，林[1989]，藤田・深浦[1998]など)，ここでは議論しない。
37) 銀行の脅威に関する動向を示す材料として次の事項を確認することができる。第1に，全国銀行協会は過去にチェック・トランケーション導入を検討，推進しようとしたが，

【注】

2002年末に頓挫しており，現在に至るまで検討凍結が解除されていないという点である。第2に，経済産業省を中心として電子債権の積極的な普及を目ざす動きが著しい状況を背景として，全国銀行協会における検討凍結を解除しようとする動きは現時点でもみられないばかりか，検討凍結ではなく検討を停止するよう再議決しようとする動きまであるといわれている。第3に，2007年に官庁で行われた審議会において，チェック・トランケーション導入に言及してわが国での推進に前向きな発言をした報告者が事後，官庁に呼び出されて，以後チェック・トランケーションという言葉を出さないよう注意されたという話も聞く。第2，第3はパーソナルコミュニケーションによる情報取得である。ただし守秘義務の観点から情報源の特定はしない。

38) Porter［1985］，65ページ
39) Porter［1985］，58ページ
40) Porter［1985］，153ページ
41) より厳密にいうと，振込や自動振替は手形・小切手のように具体的なモノが存在していないため，支払指図の手段ではなく「支払指図の手続き」とよばれている（箕輪［1994］）。プリペイドカードや代金前払証書，電子マネーなどは現金の代替手段である。
42) 当時，ビットウォレット常務執行役員であった宮沢和正氏とのパーソナルコミュニケーションによる情報取得。
43) 西村［2001］。SWIFTの設立経緯や運営方法は新たな事業体として電子手形交換所を設立する戦略を考えるうえで有益な研究対象である。ほかにSWIFTに関する資料としてカンプ・ドノバン［2006］，中島［2009］など。
44) 金融法務研究会報告書［2002］，41ページ
45) 以下の分類はPorter［1998＝1999］204-206ページ，Porter［1980＝1982］357-358ページによる。
46) Porter［1998＝1999］，206ページ
47) 本項では機能面の展開可能性を考察する。法的制約などは考慮していない。展開可能性を実現するためには当然，個々直面する課題を克服する必要があるが，ここでは触れない。
48) 伊東・根井［1993］，128ページ
49) 日置［2005］，12ページ
50) 同上
51) 「紙のもつ本質を突き詰めて考える」との着想は伊庭保氏（元ソニー副会長）の助言による。2005年のある席上でチェック・トランケーションの事業化について筆者が説明した際，チェック・トランケーションの核心が紙片にあることを即座に指摘された。
52) 国土交通省［2002］，6ページ
53) ただしわが国の金融機関は「統一手形用紙」「統一小切手用紙」という規格を制定し，これ以外の用紙を使った手形や小切手は実務上取り扱わない（全国銀行協会［2006］）。
54) 弁護士法人淀屋橋・山上合同の四宮章夫弁護士による2007年12月19日京都大学経営管理大学院での講義「事業創再生法務」における発言より。四宮氏は裁判官および弁護士の立場から企業倒産や再生支援の現場を長く経験されている。
55) 経済産業省［2007］，11ページ
56) データは財務省［2009］，全国銀行協会［2010］による。金融業，保険業を除く全産業を対

象として「売掛金」「受取手形」「受取手形割引残高」の各数値と手形交換の取扱高(金額ベース)との相関関係の有意性検定の手順と結果は以下のとおり。
① 前提とする帰無仮説は「母相関係数＝0」，対立仮説は「母相関係数≠0」。
② 有意水準 α で両側検定を行う。
③ データは1981年度から2008年度までを対象とした(標本の大きさ n＝28)。
④ 売掛金，受取手形，受取手形割引残高のデータは資本金の大きさで8つに分類した。
　　(2百万円未満，2～5百万円，5百～1千万円，1～5千万円，5千万～1億円，1～10億円，10億円以上，全規模)
⑤ 相関係数 r と検定統計量 t_0 は表のとおり。
⑥ 上の各相関係数は自由度 n－2(ここでは 28－2＝26)の t 分布に従う。
⑦ 有意確率を $P=P_r\{|t|\geq t_0\}$ として，有意水準5％(α＝0.05)および1％(α＝0.01)で検定を行う。
　　α＝0.05のとき，$P=P_r\{|t|\geq 2.056\}=0.05$
　　α＝0.01のとき，$P=P_r\{|t|\geq 2.779\}=0.01$
　　$P>\alpha$のとき，帰無仮説を採択する(結果を「－」で表示)。
　　$P\leq\alpha$のとき，帰無仮説を棄却する(結果を「＊」で表示)。

A．売掛金と手形交換取扱高(金額ベース)

項目／金額区分	2百万円未満	2－5百万円	5百－1千万円	1－5千万円	5千万円－1億円	1－10億円	10億円以上	全規模
相関係数 r	0.805	0.752	0.926	－0.303	－0.524	－0.422	－0.377	－0.300
検定統計量 t_0	6.912	5.821	12.550	1.619	3.137	2.374	2.076	1.606
α＝0.05	＊	＊	＊	－	＊	＊	＊	－
α＝0.01	＊	＊	＊	－	＊	－	－	－
結果	強い相関	強い相関	強い相関	－	強い負の相関	負の相関	負の相関	－

B．受取手形と手形交換取扱高(金額ベース)

項目／金額区分	2百万円未満	2－5百万円	5百－1千万円	1－5千万円	5千万円－1億円	1－10億円	10億円以上	全規模
相関係数 r	0.757	0.852	0.928	0.654	0.432	0.718	0.845	0.857
検定統計量 t_0	5.915	8.312	12.719	4.407	2.439	5.265	8.053	8.495
α＝0.05	＊	＊	＊	＊	＊	＊	＊	＊
α＝0.01	＊	＊	＊	＊	－	＊	＊	＊
結果	強い相関	強い相関	強い相関	強い相関	相関がある	強い相関	強い相関	強い相関

(3)受取手形割引残高と手形交換取扱高(金額ベース)

項目／金額区分	2百万円未満	2－5百万円	5百－1千万円	1－5千万円	5千万円－1億円	1－10億円	10億円以上	全規模
相関係数 r	0.736	0.677	0.848	0.784	0.820	0.752	0.519	0.781
検定統計量 t_0	5.549	4.686	8.161	6.436	7.315	5.810	3.098	6.372
α＝0.05	＊	＊	＊	＊	＊	＊	＊	＊
α＝0.01	＊	＊	＊	＊	＊	＊	＊	＊
結果	強い相関	強い相関	強い相関	強い相関	強い相関	強い相関	強い相関	強い相関

⑧ 以上から次のことが確認できる。
　　・受取手形と手形交換取扱高，受取手形割引残高と手形交換取扱高には資本金の大小にか

かわらず強い相関がみられる。
　・売掛金と手形交換取扱高の相関関係は資本金の金額区分によって異なる。
　・資本金5千万円以上の企業では，売掛金と手形交換取扱高に負の相関関係がみられる。
　・資本金1千万円未満の企業では，売掛金と手形交換取扱高に強い相関関係がみられる。
　・資本金1千万－5千万円の企業では，売掛金と手形交換取扱高に相関関係がみられない。
　・すべての規模の合計の売掛金と手形交換取扱高に相関関係がみられない。
57) 全国銀行協会[2010]より。振込にはテレ為替・MTデータ伝送・文書為替・メール振込，給与振込のテレ為替・MTデータ伝送を含んでいる（全銀協HP：http://www.zenginkyo.or.jp/stats/year1_01/details/cont_2010.html）。
58) 島田直貴(2009)「決済システム（プライベート為替システム）」2009年4月23日，株式会社金融ビジネスアンドテクノロジーHP：http://www.fin-bt.co.jp/top4.htm
59) 日置[2005]，13ページ
60) バーニーはVRIOフレームワークと称して企業活動を分析する際の問いとして次の4つを提示している。①経済価値(value)に関する問い，②稀少性(rarity)に関する問い，③模倣困難性(inimitability)に関する問い，④組織(organization)に関する問い。
61) 参照として林[1989]，吉田[1993]，深浦[1995]，藤田・深浦[1998]，安田[2001]など。
62) この場合，狭義の経営哲学とは「経営者の経験に裏打ちされた個別価値としての経営哲学（経営思想）」を指す。出所は日置・高・王[2007]，13ページ。
63) 日置[2005]，16ページ
64) 日置[2005]，3ページ

【参考文献】

Audrain, S. C., Brintech, Inc. [2004], "A Checklist: What Community Bankers Chould Do Now," *United State Banker*, Vol. 6 May 2004, pp. 26-26

Barney, J. B. [2002], *Gaining and sustaining competitive advantage*, 2nd ed., Prentice-Hall.（岡田正大訳『企業戦略論』ダイヤモンド社，2003 年）

Blakeley, S. Esq. [2004], "Check 21 and Fraud: Say Goodbye To Bust-Outs?," *Business Credit*, February 2005 Vol. 107 No. 2, pp. 10-12

Business Credit [2004], "Check 21 Resource Document," *Business Credit*, October 2004 Vol. 106 No. 9, pp. 41-45

Bielski, L. [2003] "Disappearing act," *ABA Banking Journal*, March 2003 Vol. 95 Issue 3, pp. 42-57

―, [2004a], "A new era begins," *ABA Banking Journal*, June 2004 Vol. 96 Issue 6, pp. 51-51

―, [2004b], "Grapping with substitution," pp. 52-53

―, [2004c], "On the road to image," pp. 53-60

―, [2004d], "When will it come together?," pp. 60-62

―, [2004e], "The Check 21 priority," *ABA Banking Journal*, December 2004, Vol. 96 Issue 12, pp. 10-10

―, [2005], "Check 21 Complications?," *ABA Banking Journal*, January 2005, Vol. 97 Issue 1, pp. 53-56

Capachin, J. [2004], "Uncertainty is the Watch Word in Lead Up to Check 21," *United State Banker*, Vol. 6 May 2004, pp. 34-34

Carrubba, P. A. Esq. [2004], "Warranties & Indemnities to Watch Out for in Check 21," *United State Banker*, Vol. 6 May 2004, pp. 18-18

Cline, K. [2004a], "Ready or not," *Banking Strategies*, Vol. 80 No. 4 July/August 2004, pp. 30-37

―, [2004b], "Paper to Pixels," *Banking Strategies*, Vol. 80 No. 2 March/April 2004, pp. 20-22

―, [2004c], "Transition Quandry," *Banking Strategies*, March/April 2004, pp. 30-34

Committee on Payment and Settlement Systems（CPSS）[2001], *Core Principles for Systemically Important Payment systems*, BIS.（日本銀行仮訳『システミックな影響の大きい資金決済システムに関するコア・プリンシプル』）

―, [2003], *Statistics on payment and settlement systems in selected countries*, BIS.

―, [2011], *Statistics on payment and settlement systems in the CPSS countries-Figure for 2009*, BIS.

Costanzo, C. [2004a], "Sprint or Marathon?" *Banking Strategies*, March/April 2004 Vol. 80

【参考文献】

No. 2, pp. 24-30
──, [2004b], "Investing in Imaging," *Banking Strategies*, March/April 2004, pp. 36-40
Dener, A. [2006], "Check 21 and the migration to Electronic Payments," *Business Credit*, March 2006 Vol. 108 No. 3, pp. 32-35
Dewatripont, M. & Tirole, J. [1994] "The Prudential Regulation of Banks", The MIT Press. (北村行伸・渡辺努訳『銀行規制の新潮流』東洋経済新報社, 1996 年)
Frazer, P. A. T. & Vittas, Dimitri [1982] "The retail banking revolution: An international perspective", M. Lafferty Publications (London)
Freeman, S. [1996], "The Payments System, Liquidity and Rediscounting," *American Economic Review*, 86, pp. 1126-1138
──, "Clearinghouse Banks and Banknote Overissue," *Journal of Monetary Economics*, 38, pp. 101-115
Giesen, L. [2004], "Leading the Way," *Banking Strategies*, March/April 2004, pp. 44-46
Green, E. J. [2004], "Challenges for Research in Payments", Invited Lecture, Conference on the Economics of Payments, Federal Reserve Atlanta, March 31, 2004. (http://www.frbatlanta.org/news/CONFEREN/ep_conf2004/green.pdf)
Johnson Jr., T. P. [2004], "Bridge to Silos," *Banking Strategies*, March/April 2004, p. 4
Kotler, P. [2002], *A framework for Marketing Management, 1st ed.*, Pearson Education company. (恩蔵直人訳『コトラーのマーケティング・マネジメント　基本編』ピアソン・エデュケーション, 2002 年)
Levitt, T. [1960], "Marketing Myopia," *Harvard Business Review*, Vol. 38 No. 4 July-August, pp. 45-56. 後に *Innovation in Marketing* [1962] (小池和子訳『マーケティングの革新』ダイヤモンド社, 2006 年) に収録。
Mills, D. [2004], "Mechanism Design and the Role of Enforcement in Freeman's Model of Payments.", Review of Economic Dynamics 7.
Monahan, J. [2004], "Silo Busters," *Banking Strategies*, March/April 2004, pp. 51-52
Murphy, P. A. [2004], "It's a time of change for Check Processing," *United State Banker*, Vol. 6 May 2004, pp. 7-12
──, [2004b], "Banks Need Time to Get Ready for Check truncation," pp. 28-32
──, [2004c], "It's the 21st Century: Checks are Checking Out," pp. 37-37
──, [2004d], "Withering checks", *United State Banker*, Decermber 2004, p. 16
Orr, B. [2005], "Warning！Electronic tsunami coming," *ABA Banking Journal*, December 2005 Vol. 97 Issue 12, pp. 38-39
Pilecki, M. [2006], "Capturing Value From Check 21: New Opportunities For Banks And Commercial Customers," *Business Credit*, September 2006 Vol. 108 No. 8, pp. 60-70
Porter, M. E. [1980], *Competitive Strategy*, New York: Free Press. (土岐坤・中辻萬治・服部輝夫訳『競争の戦略 (新訂)』ダイヤモンド社, 1982 年)
──, [1985], *Competitive Advantage*, New York: Free Press. (土岐坤・中辻萬治・小野寺武夫訳『競争優位の戦略』ダイヤモンド社, 1985 年)
──, [1998], *On Competition*, Harvard Business School Press. (竹内弘高訳『競争戦略論 I 』

ダイヤモンド社, 1999年)
Radecki, L. J. [1999] "Banks' Payments-Driven Revenues," *Federal Reserve Bank of New York, Economic Policy Review*, July 1999.(抄訳「決済業務の収益性について」『金融情報システム』2000年4月号)
Reserve Bank of India (RBI) [2003] "Working Group on Cheque Truncation and E-Cheques", July 2003, Reserve Bank of India
Revell, Jack [1983] "Banking and electronic fund transfers," Organisation for Economic Co-operation and Development (Paris, France and Washington, D. C.)
SVPCo. [2004], "The Nation's Largest, Multilateral Check Image Exchange is Ready to Launch," *Banking Strategies*, March/April 2004 Vol. 80 No. 2, pp. 48-49
Swift, C. [2004a], "Time for a Clean Sweep?," *Banking Strategies*, Vol. 80, No. 6 November/December 2004, pp. 90-99
——, [2004b], "Transition time," p. 92
——, [2004c], "To share, or not to share?," p. 94
——, [2004d], "The zero-Paper Advantage," pp. 96-98
Swift, C. and Hoffman, K. E. [2004], "Fraud looms large," *Banking Strategies*, Vol. LXXX Number Ⅳ July/August 2004, pp. 12-17
Unisys [2005], "Is Your Check 21 Implementation A Fraud Hazard?," *Business Credit*, February 2005 Vol. 107 No. 2, pp. 29-31
United State Banker [2004a], "Oklahoma Bank Finds Imaging Path Lined with Savings," *United State Banker*, Vol. 6 May 2004, p. 8
——, [2004b], "Check Fraud: A Problem to Reckon With," *United State Banker*, Vol. 6 May 2004, pp. 22-24
——, [2004c], "checks: A profound, but a slow transformation", *United State Banker*, Decermber 2004, pp. 1-4
——, [2004d], "Check 21: Separating fact from fiction", *United State Banker*, Decermber 2004, p. 10
——, [2004e], "Frost Bank expects 15% return on imaging investment", *United State Banker*, Decermber 2004, p. 10
青木章[2000]「米国における電子的な小切手呈示について」『金融情報システム』No. 230, 2000年6月, 32-45ページ
東善明[2007]「中国資金決済システムの動向」『日銀レビュー』2007年4月
磯部朝彦／ケブン・J・カーニー[1993]『エレクトロニック決済と金融革新』東洋経済新報社
依田高典[2001]『ネットワーク・エコノミクス』日本評論社
伊東光晴[2000]「NTT分割はこうして決まった(「NTT分割の結論はこうして導き出された」『エコノミスト』1996年3月26日号所収に加筆)」『日本経済の変容』岩波書店
伊東光晴・根井雅弘[1993]『シュンペーター』岩波新書
伊藤元重[1988]「なぜ貨幣機能にかかわる経済活動に規制が必要なのか」『金融研究』第7巻第3号, 日本銀行金融研究所, 23-37ページ
今久保圭[2005a]「決済システムの経済分析入門」『日銀レビュー』2005-J-16, 日本銀行

【参考文献】

――,［2005b］「決済方式が参加者行動に及ぼす影響」『日本銀行ワーキングペーパー』No. 05-J-14，日本銀行

大垣尚司［2004］『金融アンバンドリング戦略』日本経済新聞社

――,［2005］『電子債権　経済インフラに革命が起きる』日本経済新聞社

折谷吉治［1986］「決済ネットワークシステムにおける中央銀行の役割」金融研究会報告論文1986年6月26日，日本銀行金融研究所

――,［2004］「中央銀行のガバナンス・ストラクチャー」『明大商学論叢』第86号第4号，2004年3月

――,［2005］「企業組織に関する境界決定理論の中央銀行への適用」『明大商学論叢』第87号第4号，2005年3月

――,［2006］「金融システムにおける中央銀行の存在理由―取引コスト経済学からのアプローチ」『明大商学論叢』第88号第4号，2006年3月

――,［2007］「中央銀行のパブリック・ガバナンス―新制度経済学からのアプローチ」『明大商学論叢』第89号第4号，2007年3月

――,［2009a］「中央銀行決済システムの多角化―証券決済システムとリテール決済システムを例として」『明大商学論叢』第91号第1号，2009年2月

――,［2009b］「中央銀行の決済システムガバナンス―組織の経済学からのアプローチ」『明大商学論叢』第91号第2号，2009年3月

――,［2009c］「中央銀行決済システムのグローバル化―CLS Bank設立経緯の「組織の経済学」による分析―」『明大商学論叢』第91号第3号，2009年3月

笠本留美（1999）「情報の検索から利用における紙と電子媒体の違い」慶應義塾大学文学部図書館・情報学科平成11年度卒業論文

梶井厚志・松井彰彦［2000］『ミクロ経済学―戦略的アプローチ』日本評論社

片木進［1986］「決済システムの変革の動向と制度上の問題点」金融研究会報告論文，1986年6月26日，日本銀行金融研究所

川邉光信［2002］「チェック・トランケーション導入に関する基本方針について」『金融』2002年4月，2-7ページ

神田秀樹［1988］「金融リストラクチャリングと法的課題」『金融研究』第7巻第3号，日本銀行金融研究所，59-66ページ

金融［2003］「全銀協，チェック・トランケーション導入に関する検討の見直しについて決定」『金融』2003年2月，87ページ

金融研究会［1988］「金融研究会―金融リストラクチャリングの基本問題」『金融研究』第7巻第3号，日本銀行金融研究所，1-13ページ

金融法務研究会［2000］「チェック・トランケーションにおける法律問題について」全国銀行協会

――,［2002］『チェック・トランケーション導入にあたっての法的課題の再検証』全国銀行協会

久保田隆［2003］『資金決済システムの法的課題』国際書院

公文俊平［1979］「一般システムの諸類型―社会システム論のために―」『講座情報社会科学6 社会システム論の基礎II』学研

桑田良望[2007]『中国の金融制度と銀行取引　2007 年版』みずほ総合研究所
経済産業省[2007]『電子債権制度に関する研究会　中間報告』経済産業省,
　　http://www.meti.go.jp/report/downloadfiles/g70301a01j.pdf
決済に関する研究会[2007]「決済に関する論点の中間的な整理について（座長メモ）」金融庁金
　　融研究研修センター，http://www.fsa.go.jp/frtc/kenkyu/20071218.html
河野憲嗣[2001]「わが国におけるチェック・トランケーション導入を展望する」『週刊金融財
　　政事情』2001 年 12 月 10 日：40-45 ページ，2001 年 12 月 17 日：38-43 ページ，金融財政
　　事情
――，[2009a]「銀行員のしごと能力―神は細部に宿るか」
　　しごと能力研究学会発表（第 2 回全国大会：2009 年 10 月 17・18 日，東京大学）
――，[2009b]「還流装置としての決済システム―収奪型金融ビジネスからの脱却を展望する」
　　比較文明学会発表（第 27 回大会：2009 年 11 月 28・29 日，立教大学）
――，[2011]「世界の主流は CT へ―日本，ガラパゴス化の懸念―」(2011 年 3 月 10 日～4 月
　　14 日連載），金融ファクシミリ新聞社
国土交通省[2002]『グローバル観光戦略』国土交通省,
　　http://www.mlit.go.jp/kisha/kisha02/01/011224_3/011224_3.pdf
国領二郎[1995]『オープン・ネットワーク経営　企業戦略の新潮流』日本経済新聞社
後藤紀一[1986a]『振込・振替の法理と支払取引』有斐閣
――，[1986b]「西ドイツのデータ化された小切手取立方式（チェック・トランケーション）に
　　ついて」『金融法務事情』No. 1128, 14-23 ページ
――，[2002]「電子手形交換所の開設と支払呈示の効力」『金融法務事情』No. 169, 6-16 ページ
財務省[2009]「法人企業統計」財務省財務総合政策研究所,
　　http://www.fabnet2.mof.go.jp/nfbsys/Nennhou_oy.htm
酒井良清・前多康男[2003]『新しい金融理論』有斐閣
――，[2004]『金融システムの経済学』東洋経済新報社
徐煕錫[2005]「韓国における電子手形法の制定とその法理―韓国電子売掛債権制度との比較」
　　金融庁金融研究センターディスカッションペーパー，2005 年 12 月 20 日，金融庁 HP,
　　http://www.fsa.go.jp/frtc/seika/17.html
全国銀行協会[2006]「動物たちと学ぶ手形・小切手のはなし」全国銀行協会。
――，[2010]「決済統計年報」全国銀行協会 HP,
　　http://www.zenginkyo.or.jp/stats/year1_01/details/cont_2010.html
全国銀行協会連合会・社団法人東京銀行協会編[1997]『銀行協会五十年史』全国銀行協会連合
　　会・社団法人東京銀行協会
鶴見誠良[1988]「日本における決済制度の展開」『金融研究』第 7 巻第 3 号, 日本銀行金融研究
　　所, 39-58 ページ
――，[1991]『日本信用機構の確立―日本銀行と金融市場』有斐閣
出口弘[1994]『ネットワーク』日科技連出版社
――，[2005]「プラットフォーム財のロックインと技術革新」『経済論叢』第 175 巻第 3 号,
　　2005 年 3 月，18-44 ページ，京都大学経済学会
中島真志[2009]『SWIFT のすべて』東洋経済新報社

【参考文献】

中島真志・宿輪純一［2000］『決済システムのすべて』東洋経済新報社
成生達彦［2004］『需要，供給，市場　ミクロ経済学』有斐閣
南波駿太郎［1988］「金融リストラクチャリングを巡る論点」『金融研究』第7巻第3号，日本銀行金融研究所，75-103 ページ
南部鶴彦［1988］「金融リストラクチャリングと産業組織の革新」『金融研究』第7巻第3号，日本銀行金融研究所，15-21 ページ
南部鶴彦・伊藤成康・木全紀元編［1994］『ネットワーク産業の展望』日本評論社
西村寿一・大野正文［2003］「電子的な手形決済をめぐる動向―チェック・トランケーションに係る法律問題」『ジュリスト』2003 年2月15日号（No. 1239）有斐閣
西村帯司［2001］「電子商取引の発展とスイフトの役割」『金融』2001 年6月，2-14 ページ
日本マルチペイメントネットワーク運営機構「マルチペイメントネットワークのサービス開始に向けて」『金融』2001 年8月，2-11 ページ
野村敦子［2008］「韓国の電子売掛債権・電子手形の動向」『Business & Economis Review』2008 年3月号，日本総合研究所，http://www.jri.co.jp/report/ber/detail/377/
――．［2011］「韓国・中国に学ぶ電子手形普及の条件」『週刊金融財政事情』2011 年5月16日
林紘一郎［1989］『ネットワーキングの経済学』NTT 出版
日置弘一郎［1994］『文明の装置としての企業』有斐閣
――．［2002］『市場の逆襲』大修館
――．［1987］「経営学におけるポストモダーン（1）」『経営学研究』第 53 巻第1・2号，177-196 ページ，九州大学経済学会
――．［2005］「経営哲学の試み」『経済論叢』第 175 巻第3号，2005 年3月，1-17 ページ，京都大学経済学会
日置弘一郎・高巖・王英燕［2007］「京セラ経営哲学寄附講座開設記念シンポジウムを受けて議論の整理と問題提起」経営哲学学会第 24 回全国大会報告資料
深浦厚之［1995］『銀行組織の経済分析』有斐閣
藤木裕・渡邉喜芳［2006］「決済システムの理論的基礎：フリーマンモデルとその展開の紹介」『金融研究』第 25 巻第3号，日本銀行
藤田渉・深浦厚之［1998］『ネットワーク社会とペイメント・メカニズム』社団法人日本クレジット産業協会　クレジット研究所
丸山雅祥・成生達彦［1997］『現代のミクロ経済学―情報とゲームの応用ミクロ』創文社
箕輪重則［1994］『日本の決済システム』経済法令研究会
諸節潔［2002］「CLS 銀行の営業開始について」『金融』2002 年 11 月，2-9 ページ
ヤープ・カンプ，ジェームス・ドノバン「スイフトの 2010 年までの中長期計画および業務戦略」『金融』2006 年6月，10-16 ページ
安田雪［2001］『実践ネットワーク分析　関係を解く理論と技法』新曜社
吉田暁［1988］「金融リストラクチャリングと決済制度の安定性」『金融研究』第7巻第3号，日本銀行金融研究所，67-73 ページ
――．［2002］『決済システムと銀行・中央銀行』日本経済評論社
吉田和男［1993］『経済学に最低限必要な数学―直観による理解』日本評論社

おわりに

　2005年12月8日，翌春新設されるという経営管理大学院の説明会に参加するため，午後会社を休んで京都へ向かった．両親は大阪府枚方市に暮らしていた．久しく帰省していなかったし無理をすれば顔をだすこともできたのだがそれもせず，説明会が終わると早々に東京へ戻った．父が突然亡くなった，と知らせを受けたのはそれから4日後の朝だった．「あのとき，すこし足を伸ばしていれば父と話ができた」．次でいい，と判断したことへの後悔は今も消えない．葬儀を終えて東京へむかう車中で，会社を離れて京都で学ぶ決心が固まった．

　大学を卒業して以来，常に仕事が中心の生活だった．42歳にもなっていまさら国内留学？　2年間も仕事を離れてキャリアを中断してその後にどんな将来がある？　何の保証があるわけでもなく，ふつうに考えれば無茶な選択だろう．ただ，社会人となって以来，全力疾走しているような毎日のなかで，じっくりと物事を考え，知的体系に向き合う時間は欲しかった．組織の一員として直面してきた意味不明な意思決定を理解する鍵を，アカデミズムに見いだしたいという自分なりの思いもあった．実際，大学院の講義は想像をこえて刺激的で興味深かった．自身の実務経験や問題意識に照らすことで，どんな授業からも学びがあった．とはいえ，知的好奇心は充足しながらも先の見えない生活だった．2年間の休職は経済面でもキャリアの面でも失うものが大きかった．転機となったのは，京都大学経済学研究科博士後期課程の編入学試験に合格したことだ．確たる展望ももたずに飛び込んだ大学院だったが，これまでの自分の思いを博士論文にまとめるという目標ができた．

　もっとも博士論文の制作はおもうようにすすまなかった．経営管理大学院を修了した後は以前と同じように東京でサラリーマンとして働いた．独居する母の介護もはじまり，執筆の時間を捻出することは容易でなかった．遅々とした執筆の手を早めさせたのは2011年3月に起きた東日本大震災である．ありふ

れた日常が一瞬にして喪失する光景。物流を伴う手形交換業務だけが決済システムの中で大幅に復旧が遅れた事実。チェック・トランケーション導入を実現していれば，あのときの混乱を幾らかでも軽減できたという後悔。いったい自分はいつまでやるべきことを先のばしにして人生を終えるのか。背筋をのばして原稿に取り組んだ。課程博士学位申請論文を大学に提出したのは，大震災の余韻もさめない2011年9月6日だった。百万遍の交差点で一息つき，食事をとろうと譽紫へむかったとき，母の容態が急変したとの連絡がはいった。急ぎ帰京したが，病院に着いたとき母はすでに息をひきとっていた。学位論文の公開審査会はその年の冬，奇しくも経営管理大学院の説明会からちょうど6年後の2011年12月8日に開催された。京都に戻り，博士号を授与されるまでの6年間は，なにかにつけて腰をあげるのが遅い私を，父と母が身をもって導いてくれた時間だったと思わずにはいられない。旧制三高最後の卒業生で「紅もゆる」を酔余放歌してはばからなかった父と，子どもの教育が何よりも優先だった母の墓前に，本書の完成を報告したい。

　おもえば2000年の冬以来，チェック・トランケーションのことばかり考えてきた。全国銀行協会での検討が凍結しても，頭のなかであれこれ考えては悶々とする日が続いた。さまようように京都大学へたどり着き，出会ったのが日置弘一郎先生である。膨大な読書量に裏打ちされた著作や折々に発せられるコメントはいつも刺激的で，その思考の柔軟さは爽快でさえあった。日置先生に師事したことでチェック・トランケーションの研究をはじめることができたといってよい。

　本書はほかにも多くの方のご協力を得て刊行に至っている。京都大学の吉田和男先生には博士論文のご指導をはじめ，桜下塾での新年会や関西ベンチャー学会で研鑽を積む機会をいただいた。京都大学経営管理大学院在学中，大本俊彦先生，川北英隆先生，高巌先生(京セラ寄附講座客員教授，麗澤大学)，岩城秀樹先生(現京都産業大学)，野沢誠治先生には，アカデミックな世界に不慣れな

社会人学生を丁寧にご指導いただいた。高尾義明先生(首都大学東京)、王英燕先生(広島市立大学)、吉田潔先生(和歌山大学)、大木裕子先生(京都産業大学)、姜聖淑先生(帝塚山大学)、八巻惠子先生(広島大学)、江向華先生(広島大学)、菅万希子先生(帝塚山大学)、松谷葉子先生(相愛大学)、藤岡巧先生(モメッド&シード)には、日置先生に師事したご縁で公私にわたり研究活動を支えていただいている。

決済システム研究の先達である中島真志先生(麗澤大学)、ビジネスの面でもご縁ある日向野幹也先生(立教大学)には日本金融学会での発表を機に多くの学問的示唆を受けている。中牧弘允先生(吹田市博物館館長)、出口弘先生(東京工業大学)、廣山謙介先生(甲南大学)、竹内惠行先生(大阪大学)、三井泉先生(日本大学)、澤野雅彦先生(北海学園大学)には、国立民族学博物館における経営人類学の研究会で、学問の枠にとらわれない侃侃諤諤の議論をさせていただいた。赤岡功先生(県立広島大学)、藁谷友紀先生(早稲田大学)、村田和彦先生(日本大学)、二神志保先生(横浜国立大学)には、しごと能力研究学会を通じて研究活動全般のご指導をいただいている。釣島平三郎先生(太成学院大学)、大野長八先生(大野アソシエーツ)には関西ベンチャー学会で親身なアドバイスをいただいた。佐々木瑞枝先生(武蔵野大学)、レイノルズ秋葉かつえ先生(ハワイ大学)、ジュデット・ヒダシ先生(ブダペスト商科大学)、齋藤誠先生(キエフ国立大学)には日本語ジェンダー学会の国際大会で発表する際、大変お世話になった。島田一さん(金融ファクシミリ新聞社)の現場感覚にもとづく金融市場や経済に対する鋭い主張に接し、多くの刺激と示唆をいただいた。川井德子さん(公益社団法人ソーシャル・サイエンス・ラボ)にはチェック・トランケーションの研究会へのご支援にとどまらず、持ち前のバイタリティと幅広い人脈でいつも勇気をいただいている。井田純一郎さん(サンヨー食品)は、休職中の私に何を問うでもなく、ふらりと上浴されて、笑顔をとどけていただいた。森川龍男さん(MITラボ)、鈴木卓馬先生(大阪大学)、青木義照さん(中蔵)には、経営管理大学院の同窓生として今も何かにつけて相談相手になっていただいている。

おわりに

　伊庭保さんには，チェック・トランケーションの話をさせていただくなかで「本質を突き詰めること」という言葉をいただいた。長く自分ではどうにもならない環境にあって，伊庭さんの言葉を拠りどころにして生きている。出井伸之さんにはソニー・ユニバーシティでチェック・トランケーションについて議論，発表する機会をいただいた。最終プレゼンでの「継続検討」という指示を真にうけて今も勝手に検討を続けている。全国銀行協会では，矢部伸さん，細矢正さん，山本眞樹さん，荒井貞夫さんをはじめ，お名前を書ききれないほど多くの職員の方々とお仕事をさせていただいた。水村健一郎さん，藤井秀延さんにはチェック・トランケーションを通じて銀行の垣根をこえてお世話になった。石坂文人さん，鈴木修さん，小国恭範さん，内藤健吉さん，辻田泰徳さん，小倉喜昭さん，畑宮正憲さん，加賀城加奈さんには全国銀行協会でチェック・トランケーションに取り組むチャンスと地に足のついた議論の場をいただいた。他にも大学院，学会，職場などで私の活動を見守ってくれる皆様にこの場を借りて御礼申しあげる。

　一介の会社員にしては好きなように生きているとおもう。大学院へ留学する際，次女が産まれて一週間後には単身上洛していた。妻はすっかりあきらめているようだ。2人の娘には大きくなったときに分かってもらえるといい。義父母と義姉一家の暖かい心づかいなしには研究活動を続けることはできなかった。末文ながら，家族と親族に謝意を捧げることをお許しいただきたい。

2013年10月15日　　　　　　　　　　　　　　　　　　河野　憲嗣

索　引

ACS　188
AT & T　193
ATM　19, 92
Bank One　91
Barney　5, 45
BCS　104
Bielski　90
BIS　13
BITS　217
BONY 事件　36
BSE　103
Capachin　94
Capital Markets　94
CD オンライン提携　40
CEPC　101
Check 21　87, 88
Citibank　90
Cline　91
CLS　31
CNAPS　97
Costanzo　91
CPSS　27
CREICs　99
CRI　100
CTS　104
Dener　13, 87, 94
DSTU　88
ECCHO　90
ECP　1
Edy　137
Farrel & Saloner　6
First Tennessee Bank　92
Fiserv　91
Five-forces framenetwork　ii
Frazer & Vittas　37
FRB　87

Freeman　31
FSTC　90
Giesen　94
Giro network　103
Green　31
GSE　103
GSIT　100
International Business Machine　91
IRD　88
J. P. Morgan Chase　90, 91
Kalz & Shapior　6
KeyCorp　91
Kotler　116
MAS　104
MICR データ　49
MICR 印字　57
MICS　43
Mills　32
MMF　37
Monahan　94
MT 交換　40
Murphy　86, 90
NTT　193
NTT データ　46, 63
NYCH　87
OCR　60
OFAC　92
Pilecki　92
Porter　5
Revell　37
RPS　103
RTGS　98
SCS　188
SIT　100
Suntrust Bank　91
SVPCo　87

243

SWIFT　5
ten billion problem　93
U. S. Bancorp　91
USB（メモリー）　211

View Pointe（Archive Services LLC）　90
VRIO　165
Wells Fargo　91
X9B　88

あ行

アーカイブセンター　72
青木章　28
アメリカ　22, 86
イオン　136
異議申立提供金　53
磯部朝彦　22
一覧性　16, 197
一般システム　42
伊東光晴　193
イノベーション　193
今久保圭　31
イメージキャプチュア　153
岩原紳作　24
因果関係不明性　45
印鑑照合　72
印鑑証明書　210, 211
印鑑の自動照合　79
インターバンク　43
インド　86
インド準備銀行　98
インフラストラクチャ　35
受入れ銀行　10
裏書（人）　24, 25
売掛債権　16
運営主体　19
大垣尚司　29
沖電気工業　122
オーナーシップ　41
折谷吉治　32

か行

外国人旅行者　206
会長行　19
過剰慣性　6
片木進　35
カーニー　22
貨幣論　4
紙ID　209-212
川邉光信　8, 12
韓国　86
神田秀樹　24
企業間信用機能　16
期近集中取立　74
期近手形　151
期日管理　1, 7
偽造　60
既得基盤　6
規模の経済性　31
キヤノン電子　122
業界構造分析　5, 111
業界標準　6, 185
強制的標準　186
共生　223
競争優位性　45
業務継続性　13
記録期間　16
銀行間共同システム　32
銀行間領収書　75
金融研究会　22, 23
金融システム　34
金融審議会　30

索　引

金融制度調査会　36
金融庁検査　81
金融法務研究会　18, 24
金融リスク　27
久保田隆　29
組戻し　149
公文俊平　35, 42
クリアリング　28
クリティカル・マス　114
クリーニング　37
繰戻し　13
クレジットカード　18
グローバル観光戦略　207
グローリー　122
経済厚生　31
携帯性　197, 198
決済コンソーシアム　217
決済システム　i
決済主体　35
決済手段　35
決済制度　38
決済ネットワーク業界　30
決済の経営学　i, 4
決済のネットワーク化　112
決済媒体　35
決済方法　39
決済リスク　13
検討部会　45
券面イメージ　7
コア・プリンシプル　27
合意標準　186
交換受託銀行　73
交換証券　8
交換尻　11
交換母店　17
広告宣伝(媒体)　207, 208
公式業界標準委員会　88
公社債　75
公正証書　210

小切手　7
国土交通省　205
国有商業銀行　95
国領二郎　190
個人信用情報システム　76
護送船団方式　20
後藤紀一　21
個別直送手形　151
個別取立制度　74

さ行

サービス財　190
債権者　43
債権の流動化　16
債券引受　30
債務者　43
サイン　224
酒井良清　21, 35
サーバ型前払式支払手段　30
参加金融機関　52
産業組織論　4
参入阻止ゲーム　172
JR東日本　136
資金解放時限　50
資金決済システム法　29
資金決済法　17
資金清算業　17, 44
システミック・リスク　13
システム　35
システム・ベンター　119
自然独占　31
支払銀行　11
支払指図　18
支払呈示　24
事務委員会　46
借用証書　31
集中取立　74
集中部門　78
住民票　210, 211

245

宿輪純一　28
ジュネーブ条約　10
仕訳　7
シンガポール　86
信用金庫　17
信用組合　17
信用決算機能　15
信用情報制度　53
信用秩序　53
信用リスク　27
衰退産業　5
スイッチング・コスト　15
すかし　123
スキャナー　78, 92, 123, 158, 201-204, 209-212
スポンサー付き標準　186
税金納付　208
セトルメント　37
セブン・イレブン　114
全銀システム　19
全銀集手　151
全銀ネット　30
全国銀行協会　i
全国銀行資金決済ネットワーク　30
前方垂直統合　127
占有(改定)　24
相殺　40
操作性　197
ソーター　63, 122, 151-154
遡及(権)　22, 24
組織の経済学　32
ソニー　137
その他交換証券　48
ソフト・プレーヤー　174
存在論　42
存在論的分析　44

た行

第一勧業銀行　19

代金後払い　39
代金取立制度　52
代金前払い　39
対象規定的　ii
第2全銀システム　216, 217
代用小切手　88
耐用性　197, 198
代理交換委託金融機関　73
代理構成　24
多角化理論　32
タフ・プレイヤー　174
チェック・トランケーション　i
中央銀行　4, 32
仲介者の仲介者　5
中国　86
「ツー・ボート」制　33
鼡見誠良　15
手形　7
手形交換(事業)　i, 1, 7
手形交換所　5
手形交換所規則　52
出口弘　240
デジュリ　186
デファクト　186
デフォルト　28
テラー　92
テレ為替　55
テレホンバンキング　45
電子(記録)債権　15, 16
電子債権(記録期間)　16
電子手形交換所規則　10
電子手形交換所　9
電磁的記録媒体　26
電子マネー　15
ドイツ　86
統一用紙　209
東京銀行協会　9
東京手形交換所　63
東京三菱UFJ銀行　19

索引

登録債　75
登録制　30
取引停止処分制度　53

な行

内国為替運営機構　30
内国為替制度　23
中島真志　28
仲間組織　32
南波駿太郎　22
二元化　162
日本発条　123
日本IBM　119
日本NCR　119
日本銀行考査　81
日本銀行　9
日本ユニシス　119
認識的分析　44
認識論　42
外部性　ii
農業協同組合　17
農村信用社　97
野村豊弘　24

は行

配当　75
バイラテラル　224
パソコンバンキング　45
破たん　28
バックオフィス　117
パトリオット法　92
ハリガン　222
バリューチェーン　128
ハンコ　224
藩札　15
比較文明論　225
東日本大震災　193, 204
ビジット・ジャパン・キャンペーン　205
日立製作所　119

ビットワレット　137
ファイナリティ　14
深浦厚之　33
富士銀行　19
藤木裕　31
富士ゼロックス　123
富士通　119
プラットフォーム外部性　ii
プラットフォーム財　ii, 191
フランス　86
振込　18
プリペイドカード　135
不良債権処理　169
プルーフシステム　151
フロート　22, 132
不渡り　11
不渡情報　11, 53
不渡処分　26
不渡通知（時限）　11, 49, 50
不渡データ　11
不渡届　58
不渡付箋　26
ペイメント　37
ペーパーレス　198
ベルギー　22
ヘルシュタット銀行事件　36
ポイントサービス　135
ポーター　ii, 222
保証人　25
保全　25
ホログラム　123
香港　86

ま行

マーケティング・マイオピア　6
マイクロ撮影　7
前田重行　24
前田庸　24
前多康男　21, 35

マルチペイメントネットワーク 141
マルチラテラル(・ネッティング) 27, 224
みずほ銀行 19
三井銀行 19
三井住友銀行 19
三菱銀行 19
箕輪重則 23, 111
無数の小さな意思決定 45
名目利子率 31
免許制 30
持ち帰り 7
持帰(銀行) 55
持ち出し 7
持出(銀行) 55
模倣困難性 45
モンデックス 136

や行

ゆうちょ銀行 189
郵便局 17

吉田暁 22, 36
依田高典 5

ら行

(紙のもつ)流通性 198, 211, 215
流動性 13
流動性供給 31
流動性リスク 27
リーダー 19, 63, 146, 149, 169
臨界的加入者数 179
輪番 19
レビット ii
レピュテーションリスク 73
労働金庫 17
ロスチャイルド 225
ロックイン 191

わ行

渡邉喜芳 31

著者紹介

河野　憲嗣（こうの　けんじ）

京都大学博士（経済学）
1964年　京都府に生まれる
1988年　京都大学経済学部卒業，富士銀行（現みずほ銀行）入行
　　　　大阪駅前支店，事業情報調査部，蛎殻町支店，総合事務部調査役を経て，2002年にソニー銀行へ転職，現在に至る。
2008年　京都大学大学院経営管理教育部経営管理専攻　修了
2011年　京都大学大学院経済学研究科博士後期課程　研究指導認定退学
2012年　帝塚山大学経営学部　非常勤講師
2013年　芝浦工業大学システム理工学部　非常勤講師

チェック・トランケーション研究―「決済の経営学」による考察―

2013年11月10日　第1版第1刷発行

著　者　河野　憲嗣

発行者　田中　千津子
発行所　株式会社　学文社

〒153-0064　東京都目黒区下目黒3-6-1
電話　03（3715）1501　㈹
FAX　03（3715）2012
http://www.gakubunsha.com

印刷所　新灯印刷

© Kono Kenji Printed in Japan 2013
乱丁・落丁の場合は本社でお取替えします。
定価は売上カード，カバーに表示。

ISBN978-4-7620-2404-7